Passagère du silence

Fabienne Verdier

Passagère du silence

RÉCIT

Albin Michel

« Tout ne fut pour elle que chant et stridulations, mue d'une cigale. »

BASHO

1

Socquettes blanches et jupe bleue

> *Tant que l'impétuosité de la jeunesse
> n'est pas encore soumise...*

Son enfance, on la subit ; sa jeunesse, on la décide. Je savais ce que je voulais : peindre ; et d'abord apprendre à peindre en maîtrisant une technique picturale. C'est ainsi que j'allais me retrouver en Chine. Chacun croit que sa vie est unique, et pourtant...

Je compare la vie d'un homme à la terrifiante beauté d'un bonzaï ou d'un vieux pin sur les récifs en bord de mer qui a pris les plis du vent avec le temps. On le juge beau à l'automne de sa vie, mais quel sacrifice a-t-il dû accepter pour pousser ainsi ?

S'il a connu un destin singulier, c'est que, dès sa tendre enfance, il a été éprouvé par les tempêtes, ballotté par les vents, les intempéries de toutes sortes. Déraciné, transporté d'un milieu à un autre, subissant les affres d'acclimatations bizarres, il n'est plus jamais à l'aise ni dans un lieu ni dans un autre... Il recherche alors, forcément, inlassablement, l'unité primordiale perdue.

Rien ne sert de régler ses comptes avec ses proches, ses amis, les institutions, une époque ; eux-mêmes sont devenus ce qu'ils sont par réaction aux forces brutales, aux persécutions reçues, et cela depuis la nuit des temps.

La vie est phénoménologie pure, transformation incessante d'une violence inouïe.

Ce que je souhaite retracer ici, c'est le récit d'une peinture, du cheminement suivi pour arriver à ce que je crée aujourd'hui, même si, à un détour, je suis amenée, malgré moi, à révéler certaines anecdotes biographiques. Car je voudrais à la fois décrire les conditions de vie en Chine et montrer en même temps que, dans cet univers carcéral et kafkaïen, survivent encore d'émouvants vestiges d'une magnifique civilisation.

Ceux qui jugent artificielle ma démarche vers la calligraphie et la peinture chinoises ne s'étonnent pas, en revanche, que des Asiatiques viennent en Europe suivre des cours dans nos écoles d'art, qu'ils deviennent, par leurs recherches et leurs travaux, de grands créateurs et participent à l'aventure qu'est l'art contemporain. Je pense à maître Zao Wou-ki en peinture, à maître Yoyoma en musique, ou à maître François Cheng en littérature, entré récemment à l'Académie française.

Pourquoi une Française ne pourrait-elle parcourir le chemin inverse, s'initier à la peinture chinoise, à son éthique poétique et philosophique, pour en tirer la substantifique moelle et, nourrie de cette longue tradition, créer à son tour une œuvre originale et contemporaine ?

J'avais seize ans quand j'annonçai à ma famille que je voulais consacrer ma vie à la peinture. J'étais l'aînée de cinq enfants et ma mère se résignait mal à ce départ précipité. Avec acharnement, elle avait tenté de nous élever seule.

La perte si douloureuse d'un premier amour, le désarroi du divorce, la trahison du serment absolu donné devant Dieu et les hommes auxquels elle n'avait pu tenir promesse avaient à jamais blessé son cœur.

Depuis l'enfance, je captais les moindres frémissements d'une muette souffrance et, à ses côtés, j'ai vécu silencieusement cette injustice pendant de longues années, avec une sourde révolte intérieure.

Est-ce pour cela qu'à l'époque je n'étais pas très facile à vivre ? Si petite et déjà triste, écorchée vive. Enfant et déjà en quête d'un ailleurs...

En socquettes blanches et jupe bleue, je quittai ma mère et mon école catholique avec, pour tout bagage, une éducation de jeune fille bien élevée. À peine sortie de Sainte-Geneviève-d'Asnières, je rejoignis mon père avec lequel j'avais cessé de vivre depuis l'âge de huit ans. Il avait suivi des études d'art et une première formation venant de lui me paraissait naturelle pour entreprendre mon voyage d'apprentie peintre.

Je vécus des moments intenses, cloîtrée dans une grande ferme abandonnée de soixante hectares, face à la chaîne des Pyrénées, accrochée sur un coteau sans nulle âme qui vive à plusieurs kilomètres à la ronde. Le lieu était d'une beauté magique, parfumé d'essences de thym et de serpolet, idyllique, mais l'existence s'y révéla dure et austère. Nous étions jugés comme des « nantis », des étrangers au pays ; les habitants des villages voisins n'aimaient guère les Parisiens. Depuis la maison, la vue embrassait à cent quatre-vingt-dix degrés forêts, vallons, vignes des coteaux de la Malpère, perchés quelque part entre Carcassonne et Limoux.

Ce premier choc fut salutaire. Je dus m'entraîner à une rude école : la vie à la campagne.

Mon père n'a lu que trois livres dans sa vie : le premier fut *Vers la libération* de Herbert Marcuse, après avoir participé à Mai 68. Depuis, en crise profonde, il recherchait inlassablement un idéal inaccessible.

Le second, obligeamment placé sur un tabouret à côté des toilettes, son lieu de méditation, fut *Éloge de la fuite* de Henri Laborit. En poursuivant cette quête, il a beaucoup détruit sur son passage.

Mon père disait : « Qui m'aime me suive. » Il comparait l'éducation des enfants à la dure réalité de la nature et pensait qu'il fallait pousser du bec les oisillons hors du nid pour qu'ils prennent seuls leur envol. Si certains tombaient raides morts sans avoir su voler, c'est qu'ils n'avaient pas les forces nécessaires pour survivre et c'était tant mieux... Il avait trop bien assimilé les théories de Konrad Lorenz, sa troisième lecture.

Il aimait les expériences violentes, épuisantes. Pour cette perpétuelle remise en cause, la campagne constitue un lieu idéal. Il courait souvent à la découverte d'espaces vierges où tout était à comprendre, à apprendre pour survivre. Les autres devaient suivre.

Il adorait relever les défis en apparence impossibles. Il fallait sans cesse se débrouiller sur le tas, trouver des solutions. La vie dépendait de notre intelligence sur le terrain. Pour des Parisiens, elle n'était pas de tout repos. Mais il a su ainsi nous communiquer une attitude écologique, un état d'être en harmonie avec la nature. Une intuition spontanée, aussi, de la vie de l'instant. Mon père me posait sans arrêt la question : « Comment ça marche ? », et répondait lui-même : « C'est simple, si t'es con, tu meurs ! » L'expérience valait autant pour mes exercices de peintre que pour les activités de la ferme.

Il m'enfermait dans une pièce avec trois pots en fer trouvés sur une décharge publique, pendant des journées entières. Je devais, devant ces natures mortes, tenter de comprendre, avec mes brosses en soie de porc et une palette bricolée, l'accroche de la lumière, la perspective de la composition, le juste mélange des pigments de couleur aux huiles et essences subtiles. Seule devant la profonde présence de vie de ces modestes casseroles dans l'espace...

Je vivais retirée du monde dans cette maison isolée. Ce lieu d'inspiration m'a initiée à la solitude du peintre, à la proximité du monde sensible et à l'apprentissage d'une vie monacale. Cette ascèse annonçait déjà d'autres épisodes de ma vie. Je ne savais pas qu'un jour je rejoindrais ce dénuement total, que l'isolement me serait nécessaire et que cette solitude, si difficile à vivre, serait le signe d'une recherche approfondie.

De temps en temps, une fourche à la main ou suivi de sa truie préférée, il passait me voir. En souriant, il me demandait si la peinture m'intéressait toujours autant. Le soir, il corrigeait mon travail. Excellent dessinateur, il m'a transmis ses connaissances. L'épreuve a duré des mois. Chaque jour apportait sa découverte et sa colère. Chaque jour, il me fallait comprendre et agir par moi-même pour m'instruire. Parfois avec succès, souvent dans la rage de mon ignorance, dans le désarroi de me voir si démunie devant l'indicible. Cette expérience m'a enseigné la modestie.

13

Quand je commençais une rangée de travail sur vingt-quatre hectares de vigne, mon sécateur à la main pour la taille, que je ne voyais pas la fin de mon ouvrage, j'apprenais l'humilité. J'apprenais surtout la patience illimitée. Elle m'aida, plus tard, dans l'apprentissage de la peinture chinoise.

J'étais aussi chargée du potager et je me suis initiée à l'art du jardinage. J'allais voir les anciens : ils étaient un refuge. Je me sentais bien auprès de ces gens âgés qui m'apprenaient tant. Un vieux paysan m'a enseigné comment reconnaître les champignons, tuteurer les tomates, obtenir de beaux melons, réussir les semis. Mon potager était magnifique et je prenais grand plaisir à modeler la nature.

J'ai résisté, j'ai survécu à la campagne ; je suis devenue « apprentie peintre-ouvrier agricole ». J'étais plus aguerrie qu'en sortant de mon école de bonnes sœurs et fière d'avoir de beaux cals aux mains.

Ce premier enseignement sur le terrain m'a certainement aidée à aborder mes nombreuses aventures en Chine populaire.

Malgré ce que j'apprenais dans cette campagne isolée, le huis clos avec mon père et sa nouvelle famille était difficile. J'ai décidé, puisque nous habitions la région de Toulouse, de faire mes études à l'École des beaux-arts de cette ville. Désirant être indépendante et libre, j'ai trouvé un emploi dans une entreprise de graphisme pour gagner ma vie sans cesser mes études. Je louai une piaule minable dans une rue piétonne de Toulouse, derrière les Beaux-Arts, donnant sur une cour sordide, au-dessus d'un garage. J'habitais là toute seule. La chambre était si petite que je n'arrivais pas à y faire entrer les grands cartons contenant mes épreuves. En revanche, le travail de l'agence m'intéressait : s'astreindre à des thèmes précis et imposés pour des affiches ou des dépliants et, en même temps, imaginer à chaque fois des sujets nouveaux. Mais je n'aimais pas l'esprit dans lequel nous travaillions : il fallait avant tout plaire aux clients, leur en jeter plein la vue. Il n'y avait rien d'authentique dans cette démarche, rien de solide et, finalement, rien de graphiquement beau.

L'enseignement à l'École des beaux-arts m'a déçue. On n'étudiait plus les maîtres, il n'existait plus de modèles sur lesquels s'appuyer, les élèves n'avaient plus le droit de pénétrer dans l'atelier de Léonard de Vinci ; on n'apprenait plus la pratique des techniques, ni aucune expression picturale. « Enfermez-vous dans une pièce et exprimez-vous ! » nous répétaient les professeurs. La psychanalyse avait fait des ravages au sein de l'Éducation nationale. Le problème de savoir s'exprimer quand on n'a pas appris diverses sortes de langage pour y parvenir me rendait folle. À quoi servaient donc les enseignants ? Restaient quelques cours de dessin classique devant un nu, une nature morte ou un plâtre. Pas très excitant pour l'esprit ! Ce qui m'intéressait, c'était le vivant, le trait qui saisit la vie. Les cours de peinture étaient désespérants. Le professeur, machiste, détestait les femmes, ce qui ne facilitait pas les choses. Mais cela importait peu. Le plus redoutable était qu'il nous exhortait à nous « exprimer » sans savoir s'exprimer lui-même. Il peignait ce qu'il nommait une « forme d'abstraction lyrique ». « Il faut un beau jeté », répétait-il, et il admirait les étudiants qui se lançaient dans un idéal gestuel sans aucune

préparation ni aucune technique de composition. Le
« n'importe quoi » était érigé en art du Beau. Braque disait
des écoles des beaux-arts qu'elles ne servaient qu'à une
seule chose : se faire des copains. Même sur ce plan, j'étais
déçue ; je me sentais mal à l'aise dans cette structure universitaire Il existait, certes, une joyeuse troupe de sympathiques gaillards toujours prêts à faire la foire.
Curieusement, je ne suis jamais entrée dans leur groupe.
Ils prétendaient que je les intimidais. J'ignore pourquoi.
J'étais isolée et j'en souffrais. À l'École, je ne jugeais mes
camarades ni très malins ni brillants, sans humour aucun.
Il leur manquait l'intelligence du cœur, cette curiosité passionnée qui pousse l'être jeune à découvrir la face cachée
du monde, l'ivresse et la poésie du jour.

Le professeur de dessin, un petit bonhomme qui ressemblait à Napoléon, piqua un jour contre moi une colère
terrible. Nous étions en train de copier un buste de Beethoven. Il s'approcha, renversa mon chevalet et m'insulta
devant tous les élèves : « Dis tout de suite que tu t'em-
merdes !

— Oui, je m'emmerde. Ce qui m'intéresse, c'est la vie.
Vous me demandez de reconstituer au fusain une perspective, la forme d'un nez, d'une tête qui, pour moi, n'est pas
vivante.

— Fiche le camp ! Dehors ! »

Je suis partie, mon carton à dessins sous le bras, désespérée. Qu'allais-je bien pouvoir dessiner ? Je devais relever le
défi : lui rapporter des dessins. Dès lors, je séchai les cours
et allai me promener dans un lieu merveilleux : le parc du
musée d'Histoire naturelle.

Ce musée devint pour moi une église peuplée d'objets
sacrés. Je partais chaque matin y sacrifier à mon rituel

d'études. J'y vénérais les serpents d'Égypte en bocaux, la galerie des empaillés : du petit lézard *squamata* au *paleosuchus* d'Asie du Sud-Est. Les scorpions de Java voisinaient avec les grenouilles d'Afrique. L'extraordinaire collection de papillons, les vieilles vitrines chargées de volatiles en tous genres – héron huppé à l'œil perçant, chouette chevêche qui semblait à peine endormie, squelettes d'oies sauvages et de grues cendrées –, me permettaient de comprendre la structure interne des insectes et des oiseaux. Cet univers empoussiéré, exhalant une forte odeur de formol, me fascinait. Nul ne fréquentait ce lieu bizarre et, au quotidien, j'y étais seule avec mes carnets de croquis. Sur un vieux parquet grinçant, je déambulais avec jubilation. Je découvrais la nature et, curieusement, la passion du vivant qui m'anime est née là, dans ce cloître du réel empaillé.

Après le cérémonial du musée, je rejoignais mon professeur de dessin dans un bistrot de la Garonne, en face de l'École. Réconciliés : je lui offrais un café et un pain au chocolat ; il regardait mes croquis et me guidait utilement. Jugeant mon travail intéressant, il m'obtint de la conservatrice du musée une autorisation d'aller plus régulièrement y travailler.

J'ai commencé par des dessins au crayon mais la mine de plomb, trop sèche, me convenait mal. Elle écorchait le papier et entravait la perception. L'une de mes amies travaillait comme Giacometti. Dans un visage, elle cherchait aussitôt l'ossature, la structure des traits, elle la montait, l'effaçait, l'estompait pour la reconstruire ensuite. Je souffrais de la voir travailler comme une furie. Elle faisait surgir l'âme de l'être au travers de traits tourmentés, tirant du néant le visage imaginaire du sujet. Pour ma part, j'utilisais d'épais feutres noirs qui me permettaient de mieux rendre le mouvement. Saisir l'instant en un trait, voilà ce qui me fascinait. Je me levais à cinq heures du matin et avant d'étudier les pièces du musée, j'allais dans le parc où, à l'aide de mes feutres, je tentais de suggérer le mouvement du col des cygnes en conversation, des poules d'eau à leur toilette, des pies jacassant à l'ombre des noyers.

Dès qu'un sujet vivant animait le cours de dessin, j'y revenais croquer un sein, une fesse, une silhouette, un profil de vieille femme. Je caressais l'idée de devenir peintre animalier, de voyager pour étudier la nature. Pour le diplôme, on devait choisir un sujet et y consacrer une exposition de l'ensemble de ses œuvres. « D'accord, me dit mon professeur de dessin, passe ton diplôme sur le thème des animaux puisqu'il te passionne. » Comme je travaillais la nuit dans mon agence de graphisme, j'utilisai le matériel nécessaire aux agrandissements, réductions, montages, présentations. J'inventai alors des planches imaginaires et présentai un travail assez élaboré : une série d'études sur la poule en basse-cour, une autre sur les diverses constructions des nids d'oiseaux dans le monde, des planches d'œufs que je traitai à l'huile, comme de petites planètes cosmogoniques. C'est seulement dans un deuxième temps que je m'intéressai aux précurseurs en la matière, les Anglais, peintres animaliers merveilleux, dont j'admirais les ébauches dans le musée.

Un cours m'intéressait, celui de calligraphie, occidentale évidemment. Par chance, je me trouvais dans la seule institution de France où il existait encore : cette tradition était tombée aux oubliettes. Mon professeur, M. Bernard Arin, était sympathique et ne manquait pas de courage ; il en fallait, dans l'ambiance régnante, pour réapprendre humblement à écrire, à dessiner une lettre, un alphabet. Différents styles étaient à l'étude : la rustica, la quadrata, pour laquelle j'avais un faible, la capitale romaine, l'onciale latine primitive, la cursive romaine des VIe-VIIe siècles, la mérovingienne, la wisigothique. De la chancellerie du XVe siècle et la bâtarde, jusqu'à la didone et l'alinéale du XXe siècle, nous revisitions l'histoire de l'écriture. Nous dessinions des pages et des pages d'associations de capitales et de minuscules, sur papier droit ou incliné, pour donner une pulsion différente à l'interprétation de la lettre. Tout tenait dans l'angle d'attaque de la plume. Nous avions souvent des crampes, car les exercices exigeaient de la patience et une extrême rigueur d'exécution.

Je calligraphiais des textes classiques écrits par les vieux sages grecs que nous choisissions ou qui nous étaient imposés. On nous donnait des modèles d'écriture à copier et à recopier sans cesse : la caroline primitive sur des fragments de l'Ancien Testament de l'époque de Pépin le Bref ; l'humanistique du XVe siècle que nous travaillions à la plume d'oiseau sur des textes de Sénèque ; des ex-libris en gothique bâtarde flamande, extraits de fragments de manuscrits anciens, ou même, pour nous divertir un peu, des menus d'autrefois que nous nous amusions à calligraphier. Mon goût pour les courtes maximes philosophiques qui aident à sublimer le quotidien est né alors. Je prenais un grand plaisir à calligraphier des phrases comme : « L'éclosion reste cachée », d'Héraclite (extraite de ses fragments, n° 123) ou encore : « Toute beauté est joie qui demeure », de John Keats.

Grâce à ces modestes plaisirs, commençait à s'ancrer en moi la conviction que, dans l'art calligraphique, se profilait aussi un art de vivre.

Notre professeur nous enseignait également les nuances obtenues avec différentes sortes de plumes dont je fis ma première collection. J'en possédais d'extraordinaires : des plumes allemandes, anglaises, certaines dont le bout représentait un dessin particulier, tel un casque de chevalier du Moyen Âge ou la découpe d'une petite lune, des plumes très fines ou les baïonnettes de Baignol et Farjon dont l'angle donnait des traits originaux. J'avais même déniché une magnifique plume d'aigle qui traçait des lignes d'une intégrité saisissante.

Je regrette de n'avoir pas travaillé plus longtemps avec ce professeur. Il a su nous communiquer l'indicible grâce de l'art calligraphique dans une institution qui ne valorisait pas ce genre de recherche, incongrue, tellement à contre-courant de l'enseignement à l'honneur dans l'École. Pourvue de la formation acquise auprès de mon père et au travail imposé dans l'entreprise de graphisme, j'ai passé mes examens en trois ans au lieu des cinq du cursus habituel.

J'ai complété mon étude du vivant et de la calligraphie en explorant bibliothèques et librairies. « Ce n'est pas chez nous que tu apprendras ce qui t'intéresse, m'avait dit un jour le professeur de dessin. Regarde plutôt vers l'art asiatique. Là, tu trouveras peut-être ton bonheur. » Je suis d'abord tombée sur un livre de François Cheng, *Le Vide et le Plein*, puis ce fut l'éblouissement avec Hokusai et les grands maîtres japonais de l'étude de la nature. J'étais fascinée par les recherches d'Hokusai sur les végétaux et les animaux. J'ai passé des nuits entières à étudier son interprétation au pinceau des dragons, poissons-carpes, fleurs des champs, dames de cour et autres sujets passionnants comme la chauve-souris dormant la tête en bas ou le papillon sous sa chrysalide. Après l'élan spontané qui m'avait portée vers la nature vivante, je voulais savoir comment travaillaient les géants de la peinture animalière, les grands peintres anglais et aussi Pisanello, Léonard de Vinci pour qui le meilleur livre d'étude est la Nature, Dürer enfin, même si la compréhension de son œuvre m'est seulement apparue après mon retour de Chine en regardant son aquarelle : *La Touffe d'herbes.*

Pendant les cours d'histoire de la peinture, j'ai découvert les primitifs italiens et flamands, que j'appréciais bien sûr, mais l'enseignement était d'une telle platitude ! Au moment de sa jeunesse fougueuse, on cherche des expressions qui émeuvent et non une enfilade de noms propres. J'ai toutefois acquis quelques connaissances de base qui m'ont permis d'aller à leur découverte par la suite. Mais c'est la peinture orientale de la nature, chinoise et japonaise, qui fut le point de départ de ma quête. Ces artistes me semblaient les plus accomplis. J'admirais leur sens de l'humour et vénérais l'étude contemplative du monde, extrêmement élaborée dans leurs œuvres. J'ai donc décidé d'apprendre le chinois. Je m'y suis attelée seule, à l'exemple de mes autres recherches. J'ai acheté les manuels qu'on trouvait à l'époque. J'ai rencontré une Chinoise qui m'a donné quelques cours : bases de la grammaire, écriture de certains caractères, quelques mots essentiels du langage parlé. Une passion était née.

Lors de l'examen, les autres élèves, confiants en leur art, se sont lancés dans des abstractions lyriques ou des sujets morbides. Il en résultait une facture simpliste, une violence surfaite. Ils se croyaient les échos des expressionnistes allemands qui avaient souffert et exprimaient leur misère. Eux n'étaient le plus souvent que des petits-bourgeois de province désireux de se faire plaisir. Il eût fallu transcender ces angoisses ou ces visions pour parvenir à un langage plus subtil. Ces courants me répugnaient. Je lisais, en bonne étudiante, des ouvrages de référence et je me souviens de cette pensée de Kandinsky qui, à elle seule, suffit à m'encourager : « L'artiste doit être aveugle vis-à-vis de la forme "reconnue" ou "non reconnue", sourd aux enseignements et aux désirs de son temps. Son œil doit être dirigé vers sa vie intérieure et son oreille tendue vers la voix de la nécessité intérieure. »

J'ai donc présenté des travaux hors norme, hors sujet, hardiesse que personne, curieusement, n'avait eu l'idée de tenter pour ce diplôme, et j'ai réussi brillamment. On m'a offert une bourse pour poursuivre mes études à Paris, que j'ai refusée : c'était en Chine que je désirais aller.

Pour me procurer de la documentation sur ce pays, je suis allée passer quelques jours à Paris, chez ma tante ethnologue, Yvonne Verdier, et son mari mathématicien, tous deux intellectuels, chercheurs, savants fous auprès de qui j'adorais apprendre à vivre et à penser. « Si tu es vraiment si passionnée par ton sujet, me dit ma tante, je connais un enseignant de chinois assez singulier, avec qui j'ai fait quelques études. Il a fondé un petit musée des Traditions populaires asiatiques. Va le voir de ma part. »

J'ai pénétré dans un entrepôt du quartier du Marais, mon carton à dessins sous le bras. Je suis montée jusqu'à la mezzanine où le directeur avait installé son bureau. Je retrouvais l'atmosphère de collection étonnante du musée d'Histoire naturelle de Toulouse. Son grenier était bourré de marion-

nettes, de costumes de théâtre anciens, de masques funéraires, de divinités de toutes sortes. L'ensemble était d'une
beauté inquiétante, troublante. Je n'osais bouger de peur
de déranger ces âmes étiquetées. Ce sinologue farfelu avait
parcouru le monde et rapporté dans son baluchon un pan
de l'histoire des traditions populaires ancestrales d'Asie. Le
choc de notre rencontre fut décisif. J'étais époustouflée
devant cet explorateur des connaissances de l'univers. Toute
sa vie, avec son maigre salaire de professeur, il avait rendu
hommage à son maître de théâtre chinois, M. Kwok On,
enrichissant sa collection pour qu'elle devienne unique au
monde. Caché derrière ses piles de livres, il vivait dans un
capharnaüm indescriptible. Assis à sa table de travail, rêveur,
il oubliait le mégot de sa cigarette qui lui brûlait les doigts.
Avec ce personnage, dans son grand manteau noir râpé, une
sympathie profonde est née. Comme si je l'avais toujours
connu, comme si nous étions liés par un sort commun.

« Monsieur, lui annonçai-je, ma tante m'envoie vers
vous. Je voudrais faire un livre. Voici les dessins d'animaux
que j'ai créés. J'aimerais des poèmes chinois pour les illus-
trer. Pourriez-vous m'aider ? Je suis à Paris pour trois jours
et je cherche un éditeur.

— Mademoiselle, je doute qu'un éditeur accepte ce
genre de livre. C'est invendable...

— Mes dessins n'ont-ils donc aucune qualité ?

— Je ne vous parle pas de la qualité de vos dessins mais
les éditeurs sont des épiciers. Vous n'arriverez pas à les
convaincre.

— En trois jours, je vous assure que je trouverai un
éditeur.

— Je vous le souhaite, mademoiselle. Si vous n'y parve-
nez pas, repassez me voir avant de regagner Toulouse. »

Je suis revenue trois jours plus tard, dépitée.

« Aucun éditeur n'accepte, ai-je dit à ce directeur excentrique.

– Eh bien, moi, je vais vous le sortir, votre bouquin !

– Il faudrait un très bon imprimeur, capable de rendre toutes les nuances des traits...

– La meilleure imprimerie à Paris est Union, qui travaille pour le Louvre. Nous l'imprimerons chez eux ! »

J'avais rencontré un collègue en passion. Il a choisi les poèmes, nous les avons traduits ensemble et le livre, *Les singes crient leur chagrin*, est sorti, publié par le musée Kwok On. Tiré à deux mille exemplaires, en dix ans, il s'en est vendu cinquante.

Mon nouvel ami m'a fait visiter le musée, m'a expliqué les mythes et les histoires qu'évoquaient gravures, reconstitutions de scènes avec des costumes d'opéra, marionnettes, théâtres d'ombres aux figurines découpées dans de la peau d'âne ou de bovidé. Il a ajouté : « Si vous voulez apprendre la peinture et la calligraphie chinoises, ce n'est pas ici que vous le ferez ; il faut aller en Chine. »

De retour à Toulouse, j'ai demandé audience au maire qui me reçut et me proposa d'accompagner le voyage officiel du jumelage de sa ville avec celle de Chongqing, dans la province du Sichuan. J'ai sorti mes cahiers de dessins et lui ai répondu : « Je veux aller en Chine me mettre à l'école des grands maîtres. J'essaie d'apprendre le chinois et je veux partir là-bas pour étudier sérieusement.

– Mademoiselle, vous êtes bien exigeante ! Vous refusez la bourse que vous avez obtenue pour un séjour dans un atelier de la ville de Paris et voilà que vous refusez un voyage officiel avec moi ! Mais peut-être avez-vous raison. Je pars mettre au point ce jumelage ; je verrai là-bas si vous pouvez bénéficier du premier échange d'étudiants. »

Ainsi s'organisa mon départ. Je devais payer mon billet d'avion mais je n'avais pas d'argent. Le directeur du musée Kwok On m'a glissé la somme nécessaire dans la poche. « Vous avez réussi à obtenir ce que vous vouliez, c'est bien, m'a-t-il dit. Disons que je vous dois cette somme pour votre bouquin. » Émue, je reçus l'offrande sans trouver les mots pour le remercier. Je compris alors que j'avais une mission : ne pas décevoir cette belle âme qui, d'instinct, avait confiance en mon destin.

J'avais vingt ans. J'ai quitté ma famille, mes amis... Après une crise de conscience violente, j'ai tout abandonné sans me retourner, jusqu'à ma superbe collection de timbres que j'ai offerte au gardien de l'École des beaux-arts !

Je me suis mise en chemin – c'était une question de survie –, en quête d'une initiation véritable qui m'ouvrirait les portes d'une réalité autre.

Une force tellurique me poussait à m'envoler, sans savoir où j'allais ni comment m'y prendre. Je n'ai d'ailleurs jamais su où était le nord, encore moins où était la Chine ! Mais, tel l'oiseau migrateur, mon horloge biologique ne me laissait pas de répit. Il était temps de partir découvrir le monde. J'emportai le livre qui allait devenir mon compagnon : *Les Propos sur la peinture du moine Citrouille Amère* de Shitao, traduit par Pierre Ryckmans, que le directeur du musée m'avait offert en me disant : « Cet ouvrage vous aidera dans vos études ; mettez-le dans votre sac à dos, c'est un viatique. »

2

Pékin via Karachi

Voyageur qui viens de loin,
pourquoi venir ici
et emprunter ce chemin
si pénible ?

Je partais pour le pays des lettrés et des peintres, le pays du raffinement et de la poésie, de la sagesse et de la cuisine. Le rêve ! Encore fallait-il y parvenir. J'avais pris un billet de la compagnie Air Pakistan pour Pékin. À Roissy, on nous annonça que le vol était retardé de vingt-quatre heures en raison d'un problème technique et on nous installa dans un hôtel immonde. Dans l'avion, le lendemain, il y avait une équipe de joueurs de hockey sur gazon qui rentraient dans leur pays. Escale à Karachi : lors de la descente, une hôtesse nous prévint qu'il faudrait attendre de nouveau vingt-quatre heures à cause d'un réacteur défectueux. Le hall de l'aéroport fut mon premier contact avec l'Asie : c'était l'été, la chaleur était étouffante, la lumière accablante et je me retrouvais face à une foule de miséreux, d'enfants crevant de faim, des mouches dans les yeux. Une

Européenne, c'était l'espoir d'une aumône : ils me tiraient par les cheveux, par mes vêtements, s'accrochaient à mon sac à dos. Je ne parvenais pas à m'en débarrasser, ils arrivaient par nuées de plus en plus serrées. Ce fut un choc dont je me souviendrai jusqu'à la fin de mes jours. À la sortie, d'autres mendiants, encore plus nombreux, me pressèrent. Je tombai, évanouie.

Je repris conscience dans une voiture aux fenêtres voilées par de petits rideaux et je reconnus certains des joueurs de hockey qui se trouvaient dans l'avion. Je me demandais ce qui m'arrivait. Où étais-je ? Où allais-je ? « Vous avez eu un malaise, me dit-on. Nous allons nous occuper de vous. Ne vous faites pas de souci. » Je regardai par la fente d'un rideau : nous traversions des bidonvilles. Il faisait déjà nuit noire. Je les suppliai d'arrêter la voiture. Ils éclatèrent de rire : « Vous ne pourriez pas retrouver votre chemin. Ici, c'est la zone. Une femme ne s'y balade pas comme ça. Vous vous feriez découper en morceaux. » Je ressentis un malaise profond. Qu'allait-il se passer ? Ils m'avaient séquestrée dans la chambre d'une maison abandonnée, dans un quartier perdu, avec une fenêtre fermée par des barreaux. L'équipe au complet était là, l'entraîneur me regardait avec concupiscence. Je réfléchis qu'il valait mieux se faire violer par un seul que par toute la bande car tous criaient qu'ils allaient s'en donner à cœur joie ! Terrorisée, je dis à l'entraîneur : « J'ai compris, passons la nuit ensemble, mais je vous en prie, pourriez-vous laisser vos copains dans la pièce à côté ? » Toute la nuit, les autres ont bu, tapé à la porte pour avoir leur part du gâteau. Ils ne pensaient qu'à ça, criaient de grossières plaisanteries à l'élu ! L'unique chose qui me rassurait, c'était la présence de la lune, seule compagne que je me reconnaissais dans cet univers de violence sordide. Je ne pouvais rien faire ; hurler n'aurait servi à rien. La soumission était la seule attitude de survie. Après cette nuit d'humiliation, je dis à l'entraîneur : « On m'attend à l'ambassade de France. » Ma grande peur était de ne pas regagner l'aéroport. Peut-être ému par mon sort et par cette nuit « mémorable », il m'a protégée et emmenée là où je voulais.

J'atterris sur le sol chinois très mal en point. J'avais été avertie par le Quai d'Orsay qu'on viendrait me chercher. Mais, à cause de ces vingt-quatre heures de retard, il n'y avait personne. C'était un samedi et les diplomates ne travaillaient pas. Il pleuvait. Nous étions en septembre 1983 : il faisait encore très chaud à Karachi ; à Pékin, le temps était lugubre. L'arrivée fut une déception ; j'avais l'impression de débarquer dans un camp militaire cerné de haut-parleurs. Je n'avais pas un yuan en poche, il fallait que je change de l'argent. Je saignais, je me sentais affreusement mal, l'ambassade ne répondait pas. J'avais quelques adresses de professeurs chinois à l'École des beaux-arts de Pékin. Je débarquai chez l'un d'eux qui fut abasourdi de me voir. Je lui expliquai que j'arrivais de Karachi et que j'avais eu quelques ennuis en route. Je devais partir pour l'École des beaux-arts du Sichuan mais il fallait d'abord que je remplisse des papiers à l'ambassade de France fermée pour le week-end. Pouvait-on m'héberger ? Il y avait alors des dortoirs à l'École des beaux-arts de Pékin qui n'existent plus aujourd'hui, l'École ayant déménagé. En fait de dortoirs, il s'agissait plutôt de cellules avec des lits superposés et une Thermos par lit. L'aimable professeur est allé me chercher à manger dans sa gamelle numérotée ! Je n'avais jamais envisagé une telle situation. Le peu de chinois étudié ne me servait pas à grand-chose. J'avais mes petits dictionnaires, je ne savais dire que l'essentiel : manger, merci, bonsoir. Je restai le week-end dans cette école, en compagnie de mon jeune protecteur, effrayé de me voir dans un tel état. Il me proposa de m'emmener à l'infirmerie où je n'osai raconter ce que j'avais subi. Bienveillantes, les infirmières m'ont soignée.

L'Asie n'était pas du tout ce dont j'avais rêvé. J'arrivais avec, dans mes bagages, le moine Citrouille Amère, les propos de grands lettrés remontant à la nuit des temps, de beaux poèmes chinois, et me retrouvais dans une ville grise, une pollution extrême, des embouteillages infernaux. Week-end mémorable. Le professeur m'a fait rencontrer des collègues. Il voulait leur présenter la nouvelle étudiante qui partait pour le Sichuan. Ils se sont esclaffés : « Il n'y a pas la moindre structure d'accueil pour les étrangers dans le Sichuan. C'est l'École des beaux-arts la plus reculée de la Chine ! Que vas-tu faire là-bas ? Nous avons déjà du mal, ici, à nous en sortir. » Ils me disaient tout cela en chinois ; j'arrivais péniblement à comprendre. « Justement, leur répondis-je, il y a là-bas, paraît-il, d'extraordinaires artistes et cela m'intéresse d'aller dans une école où rien n'est organisé pour les étrangers. »

Le lundi, je téléphonai à l'ambassade. Une voiture officielle vint me chercher et je pénétrai dans une petite pièce remplie de Chinois hilares ! Une dame en tailleur Chanel m'accueillit avec des excuses. Quel décalage avec le milieu chinois que je venais de connaître ! L'amusant, en Chine, c'est qu'on se retrouve souvent dans des situations surréalistes. Elle m'hébergea dans son appartement avec une grande gentillesse. J'étais éprouvée par ce que j'avais vécu au Pakistan, sonnée par ce premier choc avec la Chine. Je me demandais si j'allais rester. La réalité ne coïncidait pas avec l'idée que je me faisais de ce pays et de ce que je venais y trouver. Et pendant des années il en fut ainsi. Je ne sais pas ce qui m'a fait tenir, sans doute mes aventures cocasses et incroyables, la découverte d'une nature humaine inconnue et d'un monde inimaginable. Intéressée, amusée, je découvris Pékin, le Pékin des étrangers qui n'était pas le Pékin où j'avais atterri ni celui des vieux quartiers qui subsistaient encore. J'y suis restée quelques jours car les représentants de l'ambassade hésitaient à me laisser partir dans le Sichuan : selon eux, je commettais une folie.

L'ambassadeur se montra furieux : comment une Française pouvait-elle étudier ailleurs qu'à Pékin ou Hangzhou, les deux seules institutions fréquentables ? Celle de Chongqing n'avait jamais été ouverte aux étrangers. « Je n'ai pas le droit de vous laisser partir là-bas, me dit-il. Vous êtes une ressortissante française et je dois veiller sur votre état physique et moral. » Heureusement, je n'avais raconté à personne ce qui m'était arrivé au Pakistan. Je suis incapable d'expliquer pourquoi mais j'ai quand même insisté pour partir. J'étais mal en point, je tenais à peine sur mes jambes. L'ambassadeur se mit en colère contre l'administration française en général et contre le maire de Toulouse en particulier, qui avait osé signer des accords entre deux villes sans passer par le Quai d'Orsay. L'affaire tournait à l'incident diplomatique.

« Laissez-moi essayer, lui ai-je répondu. Aucun Occidental n'a vécu dans cette province depuis 1949. Permettez-moi d'étudier dans cette école. Je vous promets que si la vie y est aussi infernale que vous le dites, je vous demanderai d'organiser mon transfert. Acceptez-vous de me faire confiance ?

– D'accord, dit-il. De toute façon, les accords ont été signés. »

J'ai sauté dans le train. J'expérimentais pour la première fois ce mode de transport en Chine. L'ambassade m'avait, hélas, réservé une couchette dans un compartiment « dur ». Je n'ai su qu'après qu'il existait des couchettes « dures » et des « molles ». Une famille entière, le père, la mère et leurs trois jeunes enfants, était installée sur la mienne. Polie, les voyant entassés et ignorant que le voyage allait durer trois jours, je m'installai sur la banquette. Je suis restée coincée entre ces gens qui dormaient avec moi, sur la couchette dure, les grandes fenêtres du compartiment ouvertes à l'air libre. C'était sympathique et amusant, une vision assez XIXe siècle du voyage. On pique-niquait, chacun piochait dans la gamelle des autres. Je découvrais la vie quotidienne des Chinois. Un employé traversait le train avec du thé chaud dans des Thermos bariolées. J'en ai bu des litres. Toutefois, les toilettes, les odeurs, la promiscuité, le manque d'intimité commençaient à me taper sur les nerfs. Mais l'atmosphère restait bon enfant, les voyageurs se montraient gentils, ils tentaient de discuter avec moi. Je me mis à pratiquer mon chinois, à sortir mes dictionnaires. J'appris ainsi qu'on arrivait trois jours plus tard – trois jours et deux nuits pour parcourir le trajet Pékin-Chongqing, soit moins de deux mille kilomètres ! Le jour où nous devions arriver, j'appris que nous étions revenus à Pékin ! J'ai cru

31

devenir folle. Je ne comprenais pas ce qu'on criait dans les haut-parleurs. On m'expliqua : « C'est exceptionnel. Il y a eu un accident sur la voie. Pendant la nuit, le train est reparti en sens inverse, vers sa destination de départ : il nous faut reprendre notre voyage depuis Pékin en empruntant une autre voie ferroviaire. »

Au bout de six longs jours, je suis enfin arrivée à Chongqing dans un état pitoyable. Je n'avais pas mangé grand-chose. J'étais tombée malade ; ce qu'on servait dans le restaurant du train était infect. Aux petits colporteurs, sur les quais, j'avais acheté quelques galettes de riz, des gâteaux, une aile de canard, des os à sucer, tout cela cuit dans de la graisse de porc ou de l'huile rance. Le matin, on nous apportait sur des chariots une soupe de riz corsée de piment. Je me disais que cela ne finirait jamais. C'était mon premier apprentissage de la Chine.

Enfin, ce fut la gare de Chongqing. Une vision d'horreur s'offrit à moi : des corps entassés qu'il fallait enjamber, des paysans au visage buriné attendant là depuis une semaine ou plus pour essayer de partir je ne sais où, des familles entières, des gens qui crevaient de faim, un paysage humain bouleversant. Dans ce hall immense, des affiches partout, des haut-parleurs qui hurlaient, une cacophonie totale avec des coups de sifflet à droite et à gauche, des gens de la sécurité qui tentaient de régenter la foule, des crachats par terre. Le personnel, en bleu ou en vert de travail, balayait, un masque blanc sur le visage pour se protéger de la pollution. Une atmosphère d'armée en déroute. Tous ces paysans dormaient là ; ils ne trouvaient pas de billet, se bousculaient dans des queues sans fin, s'insultaient, se bagarraient. Au milieu du chaos, une délégation en col Mao, dans une limousine aux vitres fumées et ornée de petits drapeaux rouges, m'attendait. Les officiels criaient, lançaient des insultes et des coups de pied pour me rejoindre au milieu de la foule. J'étais abasourdie par la conduite de ces hommes envers les gens du peuple qu'ils traitaient comme des chiens. Ils se sont frayé un passage jusqu'à moi, qui tenais à peine debout après ces six jours de train. Ils voulaient m'accueillir à la manière officielle chinoise : ils m'emmenèrent à la mairie pour un banquet. J'aurais préféré une chambre et une douche !

Nous traversâmes Chongqing, ville grise, perdue dans un brouillard épais. J'avais l'impression de me trouver dans un film noir des années trente. Par la vitre, j'apercevais une population grouillante. D'un côté de la rue, défilaient des maisons anciennes en bois, avec du linge qui pendait au milieu de pots de fleurs et de bonzaïs, des escaliers à l'infini, car la ville est construite en pente le long du Yang-tseu-kiang, et, de l'autre côté, des bâtiments à l'architecture réaliste-socialiste, avec des drapeaux rouges, des étoiles dorées au-dessus des portes, un aspect glaçant. Le salon de la mairie était meublé de fauteuils de velours rouge crasseux aux appuie-tête en coton blanc, de tapis horribles, de tables basses protégées par une plaque de verre et couvertes de napperons désuets sur lesquels étaient disposées des soucoupes avec quelques cacahuètes et des bonbons qui avaient dû rester dans leurs boîtes pendant des mois, des tasses blanches décorées d'un panda ou d'un cheval dans le style du peintre Xu Beihong. Je subis des discours officiels, qu'une dame me traduisait en anglais, où les Chinois exprimaient leur joie de recevoir la première étudiante étrangère dans la plus grande ville du Sichuan. Je les regardais, vêtus du costume rigide de leur fonction politique et sociale : sur certains visages, je lisais les souffrances passées. Je fus ensuite conduite dans la salle du banquet. Les officiels se levaient tour à tour en portant des toasts de bienvenue et, l'estomac vide, je devais à chaque fois vider un verre d'alcool de riz cul sec. Le premier plat qu'on me présenta fut une assiette de sauterelles grillées. La dame qu'on m'avait affectée comme interprète m'expliqua que c'était là une coutume ancestrale, un honneur que je ne pouvais refuser. Je trouvai l'intention sympathique. Il restait donc des traditions. Mais j'eus du mal à avaler les sauterelles. À la fin, on me remit des cadeaux. Je me souviens d'un petit cahier à la jolie couverture de soie rouge. Je l'ouvris ; la première page était ornée de l'étoile du Parti. Les rites d'accueil étaient terminés. Départ pour l'université. J'étais bel et bien arrivée en Chine.

3

Campus à la chinoise

Il n'y a pas d'heure où,
seule, cachée.
elle ne pleure que pour
apprendre la futilité des larmes.

En compagnie de quelques officiels, nous sommes partis pour l'Institut des beaux-arts situé dans la banlieue de la ville, loin du centre. Bon nombre de personnes m'avaient été présentées au cours du déjeuner et je dois avouer que je les confondais toutes. J'aurais été bien incapable de dire qui s'appelait Li ou Wang. C'est dans la voiture que j'ai découvert qui était le directeur de l'Institut. Son visage ouvert et sympathique me parut de bon augure. Près de lui, la camarade responsable du Parti à l'Institut, avec qui l'avenir me réservait des relations difficiles, Mme Liu, enfin, qui maîtrisait parfaitement l'anglais et allait devenir mon interprète tout au long de ces années. J'ai aussitôt essayé de mettre en pratique les quelques mots de mandarin que je connaissais, mais ce peu de savoir se révéla inutile, tous parlaient le dialecte du Sichuan et je me sentis complètement perdue. Fort gentiment, on m'expliqua que je ne rencontrerais aucune difficulté, que je jouirais d'un traitement de faveur et que Mme Liu traduirait tout. Ces gens se montraient gentils, je croyais à leur honnêteté et, au départ, je leur ai fait confiance. J'étais naïve. J'ai compris plus tard les intentions cachées derrière les mots, au fur et à mesure que je me suis rendu compte de la dure réalité, celle qu'eux-mêmes subissaient et à laquelle, par contrecoup, je n'allais pas échapper. Je sentais déjà qu'ils avaient organisé ma vie, que je ne pourrais rien faire de ma propre initiative.

À notre arrivée, j'ai eu droit à une visite de l'Institut. Le Palais des arts, dont ils se montraient très fiers, était un édifice neuf de cinq étages, avec des salles d'exposition sur plusieurs niveaux ; il détonnait dans ce quartier si désuet, parmi les autres bâtiments bas et vétustes. Nous avons ensuite trouvé les dortoirs des étudiants, tous pensionnaires. On m'a aussitôt précisé qu'il était impensable de m'y installer : chercheur déjà diplômé, j'avais besoin de silence, de calme, j'appartenais à une culture différente, je ne devais pas me mélanger aux autres car ce serait une expérience trop difficile pour moi. Puis nous sommes arrivés dans le bâtiment administratif, au milieu d'un jardinet aux buissons encadrés de briques. Des employés évacuaient une pièce à la fenêtre munie de barreaux, située en face de celle des affaires du Parti. Ils y ont apporté un petit lit avec une paillasse, une bassine en émail et ont laissé un bureau. Un tube au néon répandait un éclairage blafard. C'était ma cellule. J'ai posé mon sac. Mes compagnons ont fermé la fenêtre en disant : « Reposez-vous, nous viendrons vous chercher tout à l'heure pour le dîner. » Je souhaitais faire un brin de toilette. Des « camarades » en bleu de travail occupaient le bureau voisin ; je leur ai demandé où trouver de l'eau. « Impossible. Il n'y a pas d'endroit pour se laver dans l'université. Il n'y a pas d'eau non plus ; et surtout, ne buvez pas l'eau du robinet. Reposez-vous dans votre chambre. On va s'occuper de vous. » Ils m'ont présentée à une vieille paysanne édentée et ratatinée qui traînait les pieds dans le couloir. « Cette femme va prendre soin de vous ; elle est chargée de vous apporter de l'eau tous les jours, mais il n'y a d'eau chaude bouillie que le matin. » Il y avait une chaudière dans une pièce de l'université où les deux mille étudiants allaient remplir leurs Thermos.

Le soir, la responsable du Parti me conduisit au réfectoire. Je traversai le hall où chacun faisait la queue avec sa gamelle numérotée ; les étudiants mangeaient en marchant ou dans leur dortoir, les enseignants rapportaient leur repas chez eux. Elle me fit entrer par une petite porte latérale dans la « salle d'hôte » : une table sale, collante de graisse, des moustiques écrasés sur les murs, des crachats par terre, le sol même pas balayé, des chaises en plastique d'un bleu sinistre, une odeur de cramé à vous donner des haut-le-cœur. Un vieux cuisinier arriva, l'air ravi d'avoir confectionné douze plats spécialement pour moi, des plats délicieux, mais l'amour des habitants du Sichuan pour le piment m'arrachait les tripes : porc aux cacahuètes, porc aux pousses de bambou, porc aux légumes verts... Cela devait le changer des énormes marmites qu'il préparait d'habitude. La responsable du Parti me laissa manger seule et alla faire la queue pour son propre dîner. Elle était au même régime que les autres, portant ses couverts dans un sac plastique et ses tickets à la main. Spectacle touchant et pitoyable d'inhumanité. N'étais-je pas au pays des saveurs subtiles, de l'art culinaire le plus riche et le plus convivial au monde ? Le dîner terminé, elle revint me chercher pour me raccompagner dans ma chambre.

Le lendemain eut lieu la première réunion dans le bâtiment neuf pour décider de ce qu'on allait faire de l'étudiante étrangère. Je me suis retrouvée dans une grande salle meublée, comme à la mairie, des mêmes tables basses recouvertes d'une plaque de verre, des mêmes fauteuils, des mêmes petits napperons. Ce goût vulgaire, cette ambiance glacée dans un pays que j'imaginais si raffiné me surprenaient. Il y avait là le directeur de l'École, les directeurs des départements de peinture à l'huile, de peinture chinoise, de gravure, d'histoire de l'art, de sculpture.

« On nous a dit que tu étais très bonne élève en France », commença l'un des professeurs.

Je leur montrai mon livre *Les singes crient leur chagrin*, qu'ils se passèrent de main en main.

« Que va-t-on t'apprendre ici ? Qu'es-tu venue faire ?

— Je suis venue étudier votre culture.

— Oui, mais tu es déjà sortie première de ton école. À voir ce livre, qui est très beau, que peut-on t'apprendre de plus ?

— On va voir où elle en est », dit l'un des enseignants, plus malin.

On apporta du papier, une pierre à encre, un pinceau.

« Peins un arbre et on verra ton niveau, ce qu'on peut t'enseigner.

— J'en suis incapable. Je ne me suis jamais servie de bâtons d'encre ni de pierre à encre. Je ne connais pas vos rituels et surtout, je n'ai jamais osé travailler au sol, sur un plan horizontal. Nous avons des artistes, en Occident,

38

comme Pollock, qui ont tenté cette expérience : l'acte de peindre au sol ! Pour ma part, permettez-moi de prendre mes carnets de croquis, d'aller étudier les arbres dans le jardin, d'imaginer une composition. Je saurai l'exécuter comme on me l'a enseigné. Il me faut une toile, un chevalet, quelques tubes de couleurs, une ou deux soies de porc, une palette, que sais-je encore... un couteau à peindre. Je réaliserai une ébauche par touches successives, je ferai monter le tableau en étirant les couleurs, en posant couche après couche, avec des reprises en différentes séances. Je prévois ensuite une élaboration patiente de la construction du tableau avec de longs temps de séchage ; puis, petit à petit, une montée de l'œuvre en pâte. Mais j'aurai besoin de quelques semaines pour partager avec vous le fruit de mon travail. Veuillez me pardonner, mais je ne saurais vous peindre un arbre dans l'instant. »

Ils ont éclaté de rire : « D'accord, m'ont-ils dit. Tu recommences à zéro. »

Je venais de prendre une claque magistrale. J'ai pensé : « Ils ont raison, il faut reprendre de la base pour acquérir leurs connaissances ; ils partent de traditions que j'ignore totalement. » Ils ont choisi les cours que je devais suivre et je me suis retrouvée, comme dans une classe de mon école de Toulouse, devant le buste de Beethoven ! Mais ici, il fallait des traits durs, nés de l'esprit du réalisme socialiste...

J'ai étudié dans plusieurs ateliers. L'ambiance, dans les classes, était bien différente de celle de Toulouse. En France, les élèves étaient des je-m'en-foutistes ; leur vie n'était pas en jeu. Il régnait ici un silence surprenant, une application, une atmosphère studieuse. La province du Sichuan comptait quatre-vingt-dix millions d'habitants et entrer à l'Institut était le rêve de milliers de jeunes. La sélection à l'examen d'entrée était draconienne ; des paysans arrivaient avec des cadeaux pour que leur enfant soit accepté parmi les deux mille candidats choisis et les recommandations de personnages politiques jouaient un grand rôle. De la bonne conduite en classe dépendait, en fin d'études, l'affectation à tel ou tel emploi puisque les élèves étaient tous placés à leur sortie. Pendant les cinq années passées à l'école, le moindre cours manqué, la moindre déviation dans l'interprétation de l'idéologie, le moindre relâchement pouvaient coûter le renvoi de l'étudiant dans les campagnes. La menace suscitait une dynamique de travail que je n'avais jamais imaginée.

J'ai voulu apprendre la langue mais ma demande fut refusée. J'étais là pour étudier l'art chinois, non pour mettre mon nez dans les affaires chinoises ; moins j'en savais sur la réalité de la vie dans le pays, mieux ça valait. Mme Liu, mon interprète, m'accompagnait aux cours. Le soir, dans ma chambre, j'apprenais par cœur le dictionnaire que j'avais emporté ; et puis, peu à peu, je me lançai quand même dans la pratique orale.

À l'université, on allait chercher son matériel, comme dans l'armée : carton à dessins, petit tabouret, Thermos pour le thé de la journée, pinceaux, pierre à encre, le tout numéroté et qu'il faudrait rendre à l'examen de fin d'études. Rien ne vous appartenait. Cela me fit un effet bizarre ; un peintre, un musicien sont habitués à posséder leurs propres instruments. Tout, ici, me paraissait déshumanisé. Les premiers mois, j'ai appris exactement ce qu'on me demandait, et même beaucoup appris. Je ne savais ni tenir un pinceau, ni peindre à la verticale sans chevalet, ni broyer l'encre sur la pierre mouillée ; j'ignorais les qualités des différents papiers.

Dans l'atelier de peinture chinoise, on n'enseignait ni la poésie, ni l'esthétique, ni la calligraphie dont les traits ont été repris dans la peinture traditionnelle. Cette grande peinture des lettrés était rejetée, on avait détruit bon nombre d'œuvres pendant la Révolution culturelle et on continuait à la considérer comme décadente. L'idéologie régnante commandait de traduire la vie du peuple dans un style populaire. Il fallait s'inspirer de l'art folklorique, par exemple des papiers découpés, des images de nouvel an dont les paysans, jadis, ornaient leur maison, choisir pour thème la vie dans les campagnes ou les vieilles légendes. On envoyait donc périodiquement les artistes « étudier auprès du peuple » dans les villages. C'était une pratique à double tranchant car elle permettait à des intellectuels et à des citadins de voir ce qui se passait réellement parmi cette majorité silencieuse de paysans vivant encore souvent dans la misère ou, du moins, dans des conditions précaires. Les artistes sont sans doute en Chine ceux qui connaissent le mieux la réalité de leur pays et ils savent qu'il existe un immense fossé entre le discours officiel et cette réalité. L'idéologie imposait le réalisme socialiste, qui n'était plus celui de l'Union soviétique mais qui restait dans la ligne du fameux discours de Mao sur l'art et la littérature : l'art bourgeois occidental était condamné ; si on avait besoin de références, autant se tourner vers l'art populaire ancestral, même s'il était féodal, très stylisé à sa manière. Évidemment, il ne devait exprimer aucune contestation, même voilée. Il faut avouer que cette esthétique très particulière que de jeunes artistes devaient interpréter en imitant les paysans, alors qu'ils n'étaient pas paysans, tout en lui donnant une allure moderne, une expression personnelle à l'intérieur d'un cadre politique rigide, donnait parfois des œuvres sympathiques et même des réussites attachantes, comme les peintures de Wang Yishi, qui étudiait avec moi dans cet Institut et qui est devenu célèbre, même en dehors de son pays.

Je suivais également un cours de gravure sur bois, genre très développé en Chine. Les volumes, depuis l'invention du papier par Cai Long au début de notre ère, étaient imprimés par des planches en bois gravées les unes à la suite des autres sur des rouleaux de papier. Avec l'apparition du livre, il y eut une planche par double page et certaines comprenaient des illustrations. Les Chinois inventèrent l'imprimerie à caractères mobiles à peu près à la même époque que Gutenberg, mais ne s'en servirent pratiquement pas ; la langue chinoise comporte trop de caractères pour une utilisation pratique. Ces illustrations de livres, soit en pleine page, soit au-dessus du texte avec une illustration par page (sorte d'ancêtre de la bande dessinée) et les images de nouvel an que les paysans collaient chez eux – images de dieux pour protéger la maison et même les écuries, ou images décoratives pour égayer la demeure – me paraissaient, même s'il s'agissait d'un art populaire, faire partie de la grande tradition chinoise au même titre que les peintures à l'encre des lettrés.

Avant la guerre, Lu Xun, le grand écrivain des années vingt, et Zheng Zhenduo, l'historien de la littérature qui avait étudié et remis à l'honneur les genres de la littérature populaire, ont essayé de redonner une actualité à la gravure sur bois. Ils ont fait regraver des planches à partir de gravures anciennes et notamment organisé des expositions d'œuvres du graveur allemand Franz Masereel pour montrer qu'un genre traditionnel pouvait être repris par les créateurs d'art moderne.

Le professeur de gravure sur bois était l'épouse du directeur. Elle était très appréciée et aidée par les autorités car elle était tout à fait dans la mouvance de ce que le gouvernement attendait. Cadre dirigeant ayant participé à la Révolution culturelle, elle voulait bâtir une Chine nouvelle et croyait, avec une foi religieuse, à la construction d'un monde affranchi du passé. Elle avait créé un style nouveau. Elle utilisait de grandes planches en poirier, qui devaient coûter très cher à cause de leurs dimensions, mais le Parti payait. Son thème était la glorification des femmes et des ethnies minoritaires. Ces minorités nationales, comme on les appelait, étaient des populations que les Han, ou Chinois proprement dits, avaient repoussées aux régions frontalières ou dans les montagnes, et qui conservaient, malgré les efforts de sinisation du gouvernement, leurs coutumes et leur langue. Quand leurs habits traditionnels n'avaient pas encore été remplacés par le costume bleu à la Mao, ils attiraient les peintres par leur allure exotique. Notre professeur avait suivi les instructions officielles. Elle était allée voir ces populations et, séduite par des reproductions d'œuvres de Klimt, elle avait créé un style curieux qui faisait tomber celui de Klimt dans la mièvrerie pour le faire basculer vers celui de l'affichiste tchèque Mucha. L'ennui, c'est qu'elle voulait m'enseigner sa découverte. Elle était tyrannique. Très vite, je lui ai expliqué que les thèmes traités ne m'inspiraient pas, surtout de la manière dont elle les représentait. Je lui ai montré des reproductions de gravures anciennes chinoises : « Voilà ce qui m'intéresse, me fascine. » Elle s'est vexée. Je refusais sa ligne artistique

43

alors qu'elle était célèbre dans toute la province, bien placée politiquement, et que journaux et revues parlaient d'elle. Je l'avais offensée, d'autant plus que jamais les étudiants n'auraient osé se rebeller contre elle, et je pouvais lire sur leurs visages qu'ils se réjouissaient qu'une étrangère jetât un tel pavé dans la mare. Nous avons tout de même trouvé un compromis : je lui ai demandé de m'apprendre les légendes populaires dont elle s'inspirait pour ses gravures. Mme Liu, l'interprète, fut donc mise à contribution. J'ai écouté ces histoires :

Celle de Zhong Kui, le dominateur des esprits qui vécut au VIIIe siècle : candidat malheureux aux examens impériaux, il se suicida. Il apparut en rêve à l'empereur ; celui-ci le vit en train d'attraper de petits démons qui hantaient le palais impérial et Zhong Kui déclara au souverain que, n'ayant pu le servir de son vivant, il le protégeait après sa mort. L'empereur fit peindre et accrocher son portrait pour effrayer les esprits maléfiques, geste repris par le peuple : Zhong Kui devint un thème de gravures.

Celle de Guanyin, bodhisattva qui s'incarna en princesse : elle refusa de se marier et devint nonne dans un monastère bouddhique ; son père, furieux, fit incendier le monastère, mais elle parvint à s'échapper. Son père étant tombé malade et ne pouvant être sauvé que par quelqu'un qui sacrifierait un de ses yeux et une de ses mains, Guanyin s'arracha un œil et se trancha une main. Bouleversé de remords, son père la reconnut et elle lui apparut alors sous sa véritable forme de bodhisattva compatissante aux mille yeux et aux mille mains. Je vis en effet, plus tard, cette représentation sous forme de sculptures dans des temples.

Celle du Bouvier et de la Tisserande : le Bouvier,

chassé de chez son frère, entendit son buffle parler et lui dire de se rendre au bord d'un certain lac où il verrait des fées célestes se baigner. Il cacha les vêtements de l'une d'elles, fit ainsi sa connaissance et l'épousa. Le couple eut deux enfants. Mais un jour, la Reine Mère du Ciel vint rechercher la fée, car c'était la Tisserande qui brodait les nuages du couchant. Quand le Bouvier revint, le soir, sa femme avait disparu et ses deux enfants étaient en pleurs. Entre-temps, le buffle était mort mais, avant de mourir, il avait recommandé au Bouvier de garder sa peau et de la mettre sur ses épaules s'il voulait qu'un de ses vœux se réalise. Le Bouvier mit donc la peau sur ses épaules, plaça chacun de ses enfants dans un panier aux deux bouts d'une planche, demanda à rejoindre sa femme et s'éleva dans le ciel. Quand la Reine Mère du Ciel vit qu'elle allait être rattrapée, elle tira une épingle à cheveux de son chignon et traça un trait dans le ciel ; ce fut l'origine de la Voie lactée et, dès lors, le Bouvier et la Tisserande sont devenus deux constellations séparées par la Voie lactée ; heureusement, le septième jour du septième mois lunaire, les pies forment un pont pour permettre aux amants de se rejoindre.

Celle des Dieux Gardiens des Portes : l'empereur Xuan-zong était tombé malade, victime des maléfices d'un dragon. Celui-ci, voulant confondre un devin malgré l'ordre de l'Empereur du Ciel, avait retardé la pluie jusqu'au lendemain pour que la prédiction du devin ne se réalise pas. Condamné à être exécuté par le Premier ministre chinois, il apparut alors en rêve à l'empereur et lui demanda de le sauver. L'empereur accepta, convoqua son Premier ministre et, à la date prévue pour l'exécution, l'obligea à jouer avec lui aux échecs toute la nuit. Mais le Premier ministre s'assoupit un bref instant, suffisant pour que son esprit aille décapiter le dragon dont le fantôme, pour se venger, avait provoqué la maladie de l'empereur. Deux généraux s'offrirent à monter la garde nuit et jour à l'entrée de la chambre impériale, empêchant le fantôme de venir troubler la santé du souverain. L'empereur eut pitié de ses généraux et fit peindre leur portrait sur les deux battants de la porte, ce qui eut le même effet. C'est pourquoi, depuis lors, on colle des gravures représentant les deux généraux sur les portes des maisons.

Je me suis inspirée de ces légendes et je suis allée à la bibliothèque de l'Institut demander qu'on me montre des gravures anciennes. Ce ne fut pas facile. « On n'a plus rien, me répondit-on ; tout a été détruit pendant la Révolution culturelle et on n'a pas le droit de montrer celles qui restent. » J'ai insisté en disant que j'étudiais la gravure et j'en ai obtenu quelques-unes. Je faisais des croquis que j'appliquais sur une planche ou je dessinais directement sur la planche que je gravais ensuite. Il fallait évidemment garder à l'esprit que ce qui était à gauche se retrouverait à droite sur l'impression et vice versa. J'avais un petit rouleau pour étaler l'encre et j'appliquais la feuille de papier chinois avec le dos d'une cuillère ou un caillou poli par l'eau du Yang-tseu. J'ai passé des soirées entières à exécuter ce travail qui me procurait un grand plaisir. Il me tirait du cafard qui, parfois, me saisissait. Mais les relations avec mon professeur restaient tendues. Quand je lui montrais mon travail, elle s'emparait de ma planche de poirier, et d'un coup de gouge, pour m'indiquer la ligne à suivre, faisait basculer mon œuvre dans son idéologie.

J'osais remettre en cause son enseignement de cadre dirigeant et de thuriféraire de l'idéologie régnante, à la plus grande joie des étudiants ! Comme je ne cachais pas mon opinion, à savoir qu'elle n'était pas une grande créatrice – ce qu'on s'empressa de propager sur le campus –, elle devint hystérique. Je songeais à la vieille impératrice Cixi de sinistre mémoire. Comme celle-ci, elle avait sa cour qui lui répéta mes propos. J'ai appris plus tard que, mise au courant, elle entra dans une telle colère qu'elle cassa tout chez elle. Elle s'arrangea pour que, dans les jours qui suivirent, la presse locale publie des articles à la gloire de ses talents de créatrice. Je frôlais de graves ennuis, d'autant que son mari était le directeur de l'école. Heureusement, celui-ci, d'une grande beauté – le plus beau Chinois que j'ai jamais vu –, ne lui ressemblait pas : intelligent, humain, c'est grâce à lui que ma situation à l'école allait radicalement changer. En effet, au bout d'un ou deux mois, je préférai suivre d'autres cours, et passer de la gravure au pinceau.

Outre les cours, la vie quotidienne était ponctuée par le réveil à cinq heures et demie, et je ne pouvais y échapper à cause d'un haut-parleur placé au-dessus du bâtiment où je logeais. Après le lever du drapeau national, les étudiants allaient au réfectoire chercher leurs pains cuits à la vapeur ; et moi, je devais rejoindre la salle d'hôte et mes plats mitonnés avec art. Si, par mégarde, je jetais un œil dans l'arrière-cuisine, je pouvais voir de monstrueux cafards noirs escalader les montagnes de petits pains ou de pâtés de soja du jour. Ensuite, il fallait se rendre sur le stade, à la place correspondant à son numéro de matricule ; la mienne était au fond, à droite. Chaque trou signalait une absence, notée par le représentant du Parti, et enlevait des points lors du contrôle de fin de mois. Qui n'avait pas le nombre minimum requis était renvoyé. Un professeur de sport, armé de son sifflet, nous faisait sauter sur place pendant une heure et rythmait la cadence en poussant des hi-han comme les ânes. Une ambiance de caserne pour délinquants ! Cette gymnastique épuisante sur des airs de disco revus et corrigés par les Chinois n'avait rien à voir avec le taï-chi-chuan ou les mouvements de la gymnastique taoïste. Ensuite, il fallait faire quatre ou cinq fois le tour du stade, souvent dans le brouillard car Chongqing est situé sur la pente d'une vallée encaissée du Yang-tseu, là où se jette un de ses affluents. Comme on voyait très mal, tandis que nous tournions au pas de course, les étudiants en profitaient pour me parler, me poser des questions que, pendant plusieurs mois, je ne compris pas. Mon sichuanais se limitait à quelques phrases notées dans un carnet et apprises par cœur : « Je voudrais acheter du sucre », « Où sont les toilettes ? », « Combien coûte ce crayon ? ». Or, pour courir, je n'emportais pas mon carnet. Ces pauvres étudiants avaient des mines fatiguées et ils étaient très maigres ; j'ai compris qu'ils faisaient le trafic des tickets de restaurant afin de s'acheter quelques tubes de peinture supplémentaires pour leurs tableaux. Nous étions logés mais leur bourse se limitait à soixante yuans par mois (environ cinquante francs de l'époque), avec quoi ils devaient vivre et acheter tickets de restaurant et matériel de travail. J'en touchais cent vingt, le salaire d'un enseignant, et j'étais nourrie. Je n'avais pas compris, en partant, que ma bourse me serait versée par le gouvernement chinois et que les étudiants chinois envoyés à Toulouse profiteraient en retour d'une bourse française. Beaucoup portaient des lunettes aux verres épais : l'électricité étant coupée à dix heures du soir, ils devaient, s'ils voulaient continuer à travailler, s'éclairer à la bougie et ils s'abîmaient les yeux.

Parfois, une mutinerie éclatait dans la nuit noire de l'université. La colère des étudiants était telle qu'à l'extinction des lumières, ils tapaient sur leur gamelle pendant au moins une heure. C'était insoutenable. Les professeurs, qui vivaient autour des bâtiments des étudiants, gardaient le silence et les directeurs de l'université ne réagissaient pas. De ma cellule, je n'ai jamais vu revenir la lumière après ces concerts nocturnes. J'étais inquiète, seule, dans le noir, sous ma couette. Je sentais le mécontentement des étudiants monter comme un raz-de-marée, sentiment puissant risquant peut-être un jour de tout détruire sur son passage...

Nous suivions les cours jusqu'à onze heures et demie et nous retournions déjeuner au réfectoire ; puis c'était la sieste pendant une heure, pour la digestion, délicieuse coutume chinoise que j'ai conservée en France. L'après-midi, les cours reprenaient jusqu'à dix-huit heures, heure du dîner. Ensuite, nous avions temps libre jusqu'à l'extinction des feux, à vingt-deux heures. Nous pouvions retourner travailler dans nos chambres ou aller au cinéma. Un film était projeté chaque soir. Les journées étaient longues, chargées, mais je manquais rarement le cinéma. C'était une façon d'apprendre le chinois et cela me détendait. J'ai vu ainsi des tas de films chinois mais aussi des films classiques étrangers. Expérience unique : j'ai entendu Alain Delon et Catherine Deneuve parler chinois ! Le son était difficile à saisir, mes voisins n'arrêtaient pas de croquer des graines de tournesol ou de pastèque, et le sol était jonché d'épluchures. C'était leur grand plaisir, le seul qu'ils pouvaient s'offrir à la petite boutique de l'université qui vendait des sucreries pour quelques maos (centimes). J'ai fini par les imiter et par croquer des graines. Ils fumaient aussi beaucoup. Sans doute la fatigue, la tension permanente expliquent-elles cette forte consommation de cigarettes par les Chinois. Certains profitaient de l'obscurité pour m'aborder, me serrer la main. Le soir, nous étions moins surveillés. Avant d'aller nous coucher, nous pouvions repasser au réfectoire pour une part de riz glutineux, une soupe sucrée ou un petit pain fourré, cuit à la vapeur. C'était la récompense après une journée de labeur. Cet emploi du temps rigoureux, immuable six jours sur sept, cet encadrement sans relâche me faisaient souvent me demander si j'étais dans une université ou une maison de redressement.

Les dimanches, seuls jours de répit, je commençai à explorer les alentours, mais l'Institut était loin du centre. J'ai découvert quelques librairies, bien peu achalandées, où il était évidemment impossible de trouver un livre en langue occidentale. Au bout de trois semaines, j'ai enfin réussi à m'acheter une lampe de chevet qui m'a épargné le tube au néon, et, faute de mieux, une caisse en carton m'a servi de table de nuit. Pour me laver, je n'avais que la bassine et la Thermos d'eau chaude que m'apportait la vieille femme chaque matin. Elle venait également plier ma couette, donner un coup de balai, emporter mes vêtements sales pour les laver : une manière d'inspecter ma vie intime afin de livrer son rapport quotidien !

Les toilettes étaient l'endroit pour causer, le seul où on pouvait bavarder à loisir. Elles ressemblaient à la porcherie où mon père élevait ses cochons. Elles étaient séparées en deux, un côté pour les hommes, un autre pour les femmes.

De chaque côté, une tranchée au-dessus de laquelle on s'accroupissait. L'odeur y était nauséabonde, mais c'était là que les étudiantes osaient m'aborder : « Comment t'appelles-tu ? », « Comment es-tu faite ? », « Tiens, toi, tu as des poils ici ». Gênée, je jouais le clown pour m'en sortir : « Vous voulez voir mon derrière ? Eh bien, voilà, regardez ! » Elles éclataient de rire. Je commençai à me faire mes premières amies.

Un samedi après-midi sur deux, nous avions droit à une douche. Il n'y en avait pas à l'université et nous partions, avec notre petite serviette et notre bassine en émail sous le bras, pour une usine électrique construite par les Soviétiques qui répandait une pollution asphyxiante. C'était dans une grande salle avec des pommeaux de douche et des places numérotées. Les générations s'y confondaient, des petites filles de trois ans jusqu'à des vieilles de quatre-vingts, car les enseignants de l'université et les ouvriers de l'usine venaient là avec leur famille. Toute une gamme de corps nus s'offrait à la vue. On devait mettre des chaussures en plastique car on pataugeait dans une eau sale et croupie. Je n'osais pas me déshabiller, paralysée. Nulle part où s'isoler ni même se cacher un peu. Cela n'avait rien à voir avec une peinture de hammam fantasmé par un Ingres ou un Chassériau. J'enlevais mes vêtements du haut, me lavais comme je pouvais. Les autres se moquaient de moi mais, quand on est pudique, il est dur de se mettre nue devant cent cinquante femmes qui vous regardent comme un phénomène parce que c'est la première fois qu'elles voient le corps d'une Occidentale. Mon interprète m'encourageait : « Ne fais pas attention ; ce n'est pas grave, déshabille-toi. » Les femmes s'astiquaient avec énergie jusqu'à devenir rouge écrevisse et se frictionnaient mutuellement. À la fin de l'opération, les serviettes dont elles se servaient étaient noires de crasse. On aurait dit qu'il s'agissait, pour elles, d'une sorte de rituel de purification. Elles voulaient m'aider, me masser. Mais finalement, je préférais utiliser la bassine et la Thermos dans ma chambre où je me lavais le bout du nez et ce qu'il faut quand il faut. C'est en Chine que j'ai appris à me débrouiller : vous trempez votre petite serviette dans l'eau très chaude, vous l'essorez, puis vous vous la passez sur tout le corps ; nul besoin de se sécher : vous êtes sec en quelques secondes.

La situation était difficile à supporter, surtout avec l'idéologie officielle qu'on retrouvait dans toutes les touches de pinceau, celles des enseignants comme des étudiants. Malgré tout, je n'arrêtais pas d'apprendre. J'étais là comme un peintre ethnologue ou une sociologue étudiant ce qu'était devenue la Chine d'après Mao. Je me sentais terriblement seule. Je n'avais personne à qui parler. Ce qui m'a fait tenir, c'était, le soir, la lecture des méditations de Citrouille Amère. Quand j'étais trop triste, je me replongeais dans ce livre, sur ma paillasse, à la lumière d'une bougie après la coupure du courant. Je n'avais d'ailleurs rien d'autre à lire, sauf mes dictionnaires que j'apprenais par cœur. Je ne pouvais pas croire que la pensée des esthètes ou des poètes d'autrefois ait totalement déserté le monde chinois. J'avais décidé que je ne quitterais pas cet enfer sans avoir mené mon enquête jusqu'au bout. Avais-je entrepris ce long voyage pour rien ? Croyez-moi, souvent, un doute immense troublait mon sommeil, une angoisse profonde : et si je m'étais trompée ? Et si les officiels chinois avaient réellement détruit leurs connaissances ancestrales ?

4

Maison de thé de Jiu Long Po

*Le vent du sud pousse
mon esprit délaissé
et m'emporte en face
d'une taverne familière.*

Au bout de six mois, je commençai à déprimer sérieusement. Un jour, mon chinois ayant progressé, j'ai voulu déchiffrer la notice collée sur ma porte : « Il est interdit de déranger l'étrangère. L'étudiant qui enfreindrait ce règlement sera renvoyé de l'université. » Je comprenais pourquoi, depuis mon arrivée, aucun n'osait me parler, si ce n'est discrètement, en courant autour du stade, ou le soir, pendant la séance de cinéma. Et moi qui croyais que je ne savais pas me faire adopter ! Ivre de colère, j'arrachai le lendemain matin l'affiche officielle calligraphiée, signée du bureau du Parti de l'université. Je décidai d'aller voir le directeur pour lui exprimer mon indignation, car il me paraissait plus ouvert ; et j'emmenai avec moi mon interprète, avec qui j'avais noué des liens d'amitié. Je la sentais mal à l'aise depuis quelque temps ; les sentiments humains, qui existent en Chine comme ailleurs, avaient fini par faire sauter le carcan de sa mission officielle. Je fus arrêtée dans le couloir par la responsable du Parti qui me déclara que je devais m'adresser à elle et qu'on ne pouvait pas déranger le directeur. « Désolée, lui répondis-je, ce n'est pas à vous que je veux parler mais au directeur. » Je savais que cette femme régentait l'université et que sa principale activité consistait à écrire des rapports sur les professeurs et les étudiants. Je n'avais rien à espérer d'elle. Elle se mit à hurler cela tournait à l'esclandre. Le directeur, dont la porte était ouverte, sortit en demandant ce qui se passait. Je repoussai la cerbère et entrai dans son bureau en m'écriant : « Qu'est-ce que c'est que cette affiche ? Je suis une étudiante modèle. Voilà six mois que je fais exactement ce que vous me demandez. Je ne comprends pas pourquoi je dois souffrir le martyre ici. On ne me dit même pas bonjour. C'est quand même la règle de base de l'hospitalité. Elle est jolie, la politesse chinoise ! Cette affiche interdit qu'on me parle. Je comprends maintenant pourquoi les étudiants m'évitent comme une pestiférée. »

L'interprète referma la porte et s'adressa au directeur. J'ai alors senti entre eux une intimité que je n'avais pas perçue auparavant. Elle s'est emportée contre lui en dialecte local et j'ai au moins compris une phrase : « Ça ne peut plus durer. On ne peut pas lui imposer une existence aussi misérable. » J'avais une chance d'être comprise, que mon isolement forcé provoque une certaine compassion : les Chinois endurent très mal la solitude. Quand ils arrivent dans un endroit inconnu, ils se regroupent ; ils préfèrent même partager leur chambre d'hôtel. Si vous voulez punir un Chinois, enfermez-le seul ; il craquera très vite.

« Qu'est-ce qui ne va pas ? » me demanda le directeur.

Je lui racontai mes problèmes avec son épouse, la professeur de gravure. « Je te comprends », répondit-il en souriant. Lui aussi souffrait de l'autoritarisme de cette femme connue pour son idéologie intransigeante. Elle devait lui chauffer les oreilles. Il enseignait également la sculpture et j'étais déjà allée lui rendre visite dans son atelier gigantesque. On se serait cru dans une cathédrale remplie d'échafaudages en bambou. Perché à quinze mètres de haut, il attaquait des blocs de marbre qu'on avait dû acheminer comme au temps des pyramides égyptiennes. J'aimais cette façon magistrale et courageuse de travailler ; le regarder sculpter était un plaisir. Cependant quand, au bout de quelques mois, j'avais vu émerger du bloc de marbre un monument à la gloire de Mao, une paysanne et son enfant en train de pleurer, je lui avais avoué que je ne le suivais plus. Son réalisme, je le reconnaissais, était celui d'un grand artiste, mais ne valait-il pas mieux, alors, laisser parler la pierre brute, avec ses irrégularités naturelles ?

« Que veux-tu ? me demanda le directeur. Que peut-on faire pour toi ? Il faut que tu comprennes qu'ici personne ne peut agir comme il lui plaît. Nous-mêmes, ton interprète et moi, chacun d'entre nous, sommes régentés, organisés. Nous avons des devoirs à remplir auprès du Parti. Nous menons tous une double vie : je suis directeur de cette école et sculpteur ; ton interprète est professeur d'anglais et, en même temps, elle doit s'occuper de toi, et ce n'est pas une mince affaire. Tu commences à devenir un véritable fardeau. Nous ne sommes pas totalement ignorants des conditions d'existence en Occident. Nous ne pensions pas que tu tiendrais six mois. Mais voilà, tu es encore là !

– Je veux vivre comme les autres, répondis-je. Faites-moi confiance. Je ne suis pas une irresponsable, encore moins une provocatrice. Je sais que je ne vous facilite pas la tâche mais j'ai appris en six mois. Je veux être libre, rencontrer les professeurs, discuter avec les étudiants. Je suis venue ici pour étudier et rien d'autre. Je souhaite comprendre la culture chinoise, vous devez donc me permettre d'avoir des contacts avec les Chinois. Je veux essayer de maîtriser vos techniques car elles sont d'un grand apport pour le reste du monde. »

J'insistai sur l'apprentissage pour mieux le convaincre. « Je ne veux pas de régime de faveur. Le cuisinier me prépare des plats délicieux. Mais c'est insupportable d'être confinée toujours seule pour manger. La porte de la salle d'hôte reste ouverte et, quand je prends mes repas, je vois deux mille étudiants se moquer de moi, assise devant mes douze petits plats cuisinés au quotidien. C'est un vrai supplice, un châtiment que vous m'imposez aux yeux des autres. Vous dites vous-même qu'il faut vivre comme les gens du peuple et vous m'obligez à suivre un régime de capitaliste. Voulez-vous vous moquer de moi ? » J'utilisai leur discours.

« C'est vrai, admit-il, y a quelque chose qui cloche dans notre système. Mais, vois-tu, nous avons essayé de t'offrir ce que nous-mêmes ne pouvons nous offrir. Ne crois pas que nous ayons cherché à te tromper sur la réalité. Nous savons que des efforts en ce sens seraient vains. Nous avons voulu épargner ses côtés les plus pénibles à un visiteur venu d'Occident. Nous n'avons pas tenté de te traiter comme une capitaliste. Nous savons que tu n'en es pas une. Nous t'avons traitée en hôte étranger, puisque c'est ce que tu es. Peut-être nous y sommes-nous mal pris. Que certains cours te laissent insatisfaite, je le comprends, mais tu n'es pas la seule à être insatisfaite. »

Malgré moi, je me sentais émue, tout en sachant qu'il utilisait, comme toujours, le double langage.

« Je dois apprendre le chinois, lui répondis-je, même pour mes études de peinture. Mon interprète est d'un dévouement admirable. Mais, rendez-vous compte, elle ne peut rester avec moi en permanence ; elle-même suit des cours et puis, l'anglais n'est pas ma langue : je dois retraduire en français ce qu'elle me dit. Avouez que ce n'est pas facile.

— Tu es venue étudier l'art, tu veux devenir peintre, pas sinologue.

— Certes, mais il est impossible de vivre dans un pays pendant plusieurs années sans parler la langue. Le cinéma ne suffit pas pour apprendre.

— Entendu. Mais si tu tombes malade, ne viens pas te plaindre. Nous allons te donner des tickets de restaurant, comme aux étudiants. Tu auras droit à tant de grammes de riz et tant de grammes de viande par jour. Ici, c'est ainsi que le système fonctionne. Quant aux cours, et surtout ceux de mon épouse, c'est plus délicat. Veux-tu être assez gentille pour continuer à les suivre ? Sinon, ce sera la guerre à l'intérieur de l'université. Tu donneras un mauvais exemple aux étudiants, qui seront ravis de se servir de toi pour revendiquer. En revanche, tu auras le droit d'aller consulter les derniers vieux maîtres qui habitent encore ici. Ils sont à la retraite ; ils n'ont pas été réhabilités et n'ont pas le droit d'enseigner. Mais tu apprendras auprès d'eux le travail du pinceau puisque c'est ça qui t'intéresse. Je vais donner des instructions en ce sens. Tout cela va me retomber sur le dos. Mais je te comprends. »

J'ai appris par la suite qu'il avait eu les pires difficultés à me faire admettre dans son université, car le bureau politique local jugeait impensable d'y inviter une étudiante étrangère. Après mon départ, il fut arrêté pour avoir soutenu les étudiants lors des manifestations sur la place Tianan men, en juin 1989, qui avaient gagné toute la Chine.

Du jour au lendemain, une nouvelle vie commença : je fis la queue avec les autres au réfectoire, ma gamelle numérotée à la main, pour le bol de riz surmonté d'un mets spartiate « destiné à faire descendre le riz », comme on dit ici. J'assistai à la réunion hebdomadaire où les responsables faisaient le bilan de la semaine, accompagné du discours moralisant de rigueur. Dispensée des cours de marxisme, j'ai été invitée à visiter tous les ateliers. Les étudiants sont venus me parler au réfectoire. « Enfin ! Ce n'est pas trop tôt », disaient-ils. Je ne comprenais pas grand-chose à ce qu'ils me disaient, mais on essayait de communiquer. Assis dehors, par terre, on mangeait le contenu de notre gamelle en faisant des concours à qui lancerait une cacahuète en l'air et la rattraperait dans sa bouche. J'étais courtisée par des garçons qui caressaient l'idée saugrenue de me mettre la bague au doigt pour partir à l'étranger. D'autres, touchants, se montraient curieux et me demandaient des documents sur mon pays. Après avoir été très seule, je n'avais plus un instant à moi.

Un jour, lors d'une réunion de travail, j'ai fait la connaissance d'une étudiante, Houmei, qui est devenue mon amie. Un vrai garçon manqué, haute comme trois pommes, dotée d'un sacré tempérament. Habillée en surplus vert de l'armée, baskets comprises, elle portait toujours une musette réglementaire en toile de même couleur. Elle avait laissé pousser ses cheveux en crinière comme si elle avait voulu se cacher derrière. Elle s'est approchée de moi et m'a offert une cigarette d'un ton nonchalant. Elle tournait autour de moi car je l'amusais ; elle avait envie de me connaître. Je la trouvai sympathique.

« Veux-tu venir avec moi à la maison de thé ? proposa-t-elle.

— Il existe encore des maisons de thé ?

— Oui, mais avant, on n'osait pas te le dire et tu n'aurais pas eu le droit de nous accompagner. Nous y allons, entre les cours, pour nous changer les idées et faire quelques croquis du fleuve. C'est très beau, tu verras. Viens, je t'emmène. »

J'ai accepté avec plaisir. Je n'imaginais pas une maison de thé dans ce faubourg industriel, sombre et pollué.

Le dimanche, j'avais essayé de sortir et pris des bus pour aller dans le centre. Mais les rues étaient pleines de monde, les bus bondés et, pour monter, il fallait se battre, sinon on restait sur le trottoir. Je ne m'étais jamais rendu compte qu'après avoir traversé un boulevard embouteillé, il suffisait de tourner dans une ruelle, puis une autre et encore une, de dévaler quelques escaliers, pour se retrouver dans une autre Chine. Des maisons en bois noir construites les unes sur les autres. On descendait un dédale de marches jusqu'au fleuve ; de vieilles femmes, assises sur de petites chaises en bambou usé devant leur porte, triaient le riz tout en bavardant ; des épis de maïs et des piments séchaient ; des enfants, avec leur culotte fendue au derrière, jouaient dans les cours ; aux fenêtres, des arbres nains en pot, comme des fétiches, au milieu du linge à sécher ; de grosses rondelles de poussière de charbon, trouées au milieu pour le tirage, entassées au bas des maisons, fournissaient le combustible destiné à la cuisine sur de petits poêles ronds. Je devais, plus tard, refaire le même chemin, l'hiver, quand il faisait déjà nuit. Lors des coupures d'électricité, on pouvait voir, dans les intérieurs éclairés à la bougie, des enfants qu'on baignait dans des baquets en bois : tableaux de De La Tour, doués d'une vie qui surgissait de l'obscurité. Cela me faisait du bien de traverser ce labyrinthe d'histoire, de sentir que, malgré le régime totalitaire enduré au quotidien, la vie, ici, reprenait le dessus. À Singapour, on a rasé le vieux quartier chinois pour construire des tours d'une hauteur vertigineuse et « offrir » aux gens des habitations modernes et salubres : le taux de suicide a grimpé aussi vite que ces bâtiments. J'ai appris qu'aujourd'hui on a fait de même dans toutes les grandes villes de Chine, y compris Chongqing...

La maison de thé, une baraque en bois accrochée à un rocher, surplombait la vallée. Tout y était crasseux, les crachats constellaient le sol, mais c'était un lieu unique. Des blocs de ciment servaient de tables et de tabourets. De vieux Chinois en costume gris délavé y jouaient au majong ou aux échecs. Parfois, un conteur chantait des ballades, rythmant sa mélopée avec des baguettes de bambou qu'il entrechoquait d'une main tout en frappant une sorte de tambour bloqué sous son bras, un long tube de bois fermé à une extrémité par une peau de vessie de porc. Pour quelques maos, le patron vous apportait une tasse en porcelaine blanche avec soucoupe et couvercle ; elle contenait les feuilles de thé pour l'après-midi. Une vieille femme passait régulièrement remplir les tasses d'eau chaude à l'aide d'une bouilloire en cuivre au long bec. L'intérieur des tasses avait fini par prendre une couleur marron à cause du dépôt de tanin qu'on ne se donnait pas la peine de nettoyer. La couche était si épaisse qu'il suffisait d'y verser l'eau bouillante pour que le liquide ait le goût du thé. Pour quelques maos de plus, nous avions droit à une assiette de graines de tournesol ou de cacahuètes grillées. De cette maison perchée, on voyait le trafic des bateaux sur le fleuve, les changements incessants du ciel ; des trouées dans la brume créaient un jeu de cache-cache où apparaissait et disparaissait le paysage. Assis là, on voyageait ailleurs ; c'était un moment de répit, de bonheur, de fuite loin du camp universitaire et de son atmosphère de caserne.

Il y avait, jadis, une culture des maisons de thé en Chine, dont celle-ci n'était qu'un vestige, comparable à celle des pubs en Angleterre, ou des cafés en France. C'était le lieu de rencontre où les amateurs dégustaient différentes sortes de thé, dont ils appréciaient les saveurs avec le même éclectisme que les Français quand il s'agit de vins. C'était aussi l'endroit où l'on jouait, notamment aux échecs, de la même façon qu'on poussait le bois au XVIIIe siècle dans les cafés du Palais-Royal. C'était, en outre, un foyer qui maintenait vivante la culture populaire : des conteurs et chanteurs de ballades y retraçaient, l'après-midi et le soir, ces longs récits à épisodes où l'histoire de la Chine est interprétée à la lueur du fantastique, où l'héroïsme et la magie se disputent la vedette. Il fut de tout temps difficile, en Chine, de critiquer le pouvoir. Grâce à l'évocation des personnages antiques, il était possible de rappeler leurs devoirs aux puissants. Ce ne fut jamais une remise en question fondamentale de l'État, quelle que soit sa forme au cours des siècles, mais seulement une protestation contre ceux qui n'appliquaient pas à eux-mêmes les règles qu'ils imposaient aux autres. Comment cette interprétation purement morale de l'Histoire n'a-t-elle pas abouti à une attaque contre le système même de ce gouvernement, qu'il soit impérial ou communiste ? L'explication se trouve sans doute dans le fait que le pouvoir ne s'est pas contenté d'user de la force pour réprimer toute dissension, mais a réussi à imposer l'autocensure autant que la censure. Cette histoire romancée de la Chine ne fut pas écrite par le peuple mais pour le peuple, par des lettrés ratés qui n'avaient pu devenir fonctionnaires faute d'avoir réussi aux examens impériaux et qui, frustrés, critiquaient le pouvoir qui ne respectait pas ses propres lois. Ces lettrés rêvaient simplement d'un État idéal qu'ils fabriquaient à partir du passé, passé d'autant plus merveilleux qu'il était situé le plus loin possible dans l'Antiquité ; ils avaient ainsi créé, qu'ils l'aient cherché ou non, une merveilleuse arme de propagande, que conteurs et chanteurs de ballades répandaient sans se rendre compte qu'ils devenaient les instruments d'un désir de justice incapable de s'en prendre aux racines mêmes de leurs maux. Je voyais à l'université ces gardiens de l'idéologie reprendre les vieilles méthodes et réussir à imposer une autocensure plus étouffante que toute autre forme d'oppression. Les étudiants se permettaient de critiquer tel ou tel excès, mais personne n'aurait osé s'avouer, même à lui-même, que c'était le socialisme à la Mao qu'il fallait abattre.

J'ai eu du mal à me faire accepter dans la maison de thé ; à mon entrée, un silence redoutable mettait fin aux conversations : une étrangère allait attirer l'attention des autorités sur leur petit havre de liberté ! Je dérangeais et ne savais comment apprivoiser mes hôtes, leur faire comprendre que je ne voulais surtout pas troubler un lieu où on pouvait respirer sans angoisse. Un jour, j'ai ouvert mon carnet de croquis et je me suis mise à dessiner certains visages qui m'entouraient. Un vieillard, mû par la curiosité, s'est approché et a éclaté de rire en se reconnaissant. C'était gagné ! Le blocage psychique qui leur faisait croire que j'étais un être humain incapable de les comprendre était brisé. J'offris le dessin à mon modèle. Je fus bientôt entourée par les autres. Je parlais assez bien le dialecte local pour baragouiner avec eux, mais ce qu'aucune parole ne serait parvenue à obtenir, quelques traits de crayon y réussirent. Pour comprendre comment quelques croquis suffirent à ce qu'ils m'accordent leur confiance, il faut se rappeler l'importance du trait en Chine. En Occident, seuls les écrits font foi et restent, alors que la parole s'envole au gré du vent. En Chine, un accord verbal est difficile à obtenir lors des négociations car, traditionnellement, on ne revient pas sur sa parole. Comme chez nos paysans, un oui vaut une signature. Mais les Chinois savent que le discours peut être hypocrite ; ils l'ont appris à leurs dépens. Une peinture, par contre, un dessin ou une calligraphie, tout ce qui relève du trait ne peut tromper ; la vertu morale de celui qui le trace s'y révèle, elle y est mise à nu sans qu'il soit possible de feindre. C'est la personnalité de l'artiste, autant que son œuvre, qu'on juge sur une peinture ou une calligraphie. Celui qui maîtrise le *hua* est le possesseur de ce langage particulier qui ne peut être que vrai. C'est une des singularités de la pensée chinoise. Elle me rappelle un ami chinois qui s'était inspiré d'un style occidental pour réaliser une série de peintures. Celles-ci avaient été exposées dans la galerie d'une capitale européenne et toutes les toiles achetées. Le peintre n'en possédait plus une seule ; il n'a pu m'en montrer que des photos. Il s'est alors posé des questions : « Avec ce genre de peinture, je peux faire illusion, je peux séduire ; mais soyons sérieux, ce n'est pas le produit de ma culture, de ma formation ; c'est un costume dont je me suis déguisé. » Dès lors, ce peintre ne fit plus que de la calligraphie chinoise car, comme il le disait, celle-ci ne pardonne pas ; on ne peut s'en servir pour tromper le monde. L'artiste, en Chine, possède un statut unique car l'art est supposé traduire la vérité d'un esprit, sans faux-semblant. Les clients de la maison de thé, j'aurais pu essayer de les séduire avec de belles paroles. Mes croquis leur avaient révélé le fond de mes intentions.

Une anecdote classique rapporte qu'un pêcheur avait réussi à apprivoiser des mouettes qui venaient se percher autour de lui, sur son bateau. Un jour, son père lui demanda d'en attraper une et de la lui rapporter. Le lendemain, les mouettes tournaient en volant autour de l'embarcation sans se poser. Leur instinct leur avait fait pressentir ce qui les attendait. L'homme ne possède plus cet instinct animal, la culture et la parole l'ont faussé. Mais les Chinois ont créé un art original qui oblige à parler vrai. Pendant la Révolution culturelle, les temples furent saccagés. On a refait, depuis, ces sculptures de divinités qui trônent sur les autels. Ce sont des reproductions exactes et, pourtant, elles sonnent faux, sans qu'on puisse expliquer exactement pourquoi. En fait, elles sont simplement l'œuvre d'artistes pour qui la religion ne signifie plus rien d'autre qu'un ramassis de croyances démodées.

Une fois qu'ils m'eurent adoptée, les petits vieux qui venaient là tous les jours m'ont initiée à leurs jeux, car ce lieu de sérénité était aussi un tripot. J'ai appris comment parier pour gagner et c'est avec plaisir que, très vite, je me suis révélée une bonne élève, même si on ne jouait que des haricots. C'est là aussi que je pouvais retrouver mes camarades de classe critiquées parce qu'elles me fréquentaient. On s'y rencontrait soi-disant par hasard. Combien de stratagèmes ai-je dû inventer pour ne pas attirer l'attention sur une amitié un peu plus intime avec une élève plutôt qu'une autre ! Ici, c'était l'endroit des confidences.

L'amie qui m'avait emmenée là pour la première fois m'y a raconté sa vie. Elle était asociale, repliée sur elle-même. La vie, chez elle, était insupportable. Son père était devenu fou ; il avait des crises de violence, buvait, battait sa mère. Sa sœur était anormale. Quand elle rentrait, le soir, et montrait ses peintures, son père l'insultait et voulait la frapper parce qu'elle n'était pas dans la ligne du Parti ; en fait, parce qu'il avait peur qu'il lui arrive ce que lui-même avait subi. Comme nous étions souvent ensemble, je lui ai proposé de rencontrer ses parents, comme il est normal entre amis.

J'ai essayé d'apprivoiser son père. Le vieil homme avait été un artisan de laque, l'un des plus réputés de sa province. J'ai vu sur son lit, sa table, des vestiges de ses créations.

« C'est vous qui avez fait cela ? lui ai-je demandé.

— Ça vous intéresse ? demanda-t-il d'un air hagard.

— Bien sûr. Quelle est votre technique ? »

Alors il s'est lancé. Sur une section de bois, m'a-t-il expliqué, il fallait maroufler de la toile de soie fine, enduire ce support de couches successives de laque, sorte d'enduit résineux, en laissant sécher chaque couche poncée et polie. Jusqu'à quinze ou vingt passages étaient nécessaires, ce qui prenait des mois. On obtenait alors une matière solide d'apparence fragile, sublime par son toucher, profonde et translucide par sa beauté contemplative. Ensuite, on gravait dans l'épaisseur de laque des motifs décoratifs. Il ajouta même en souriant que la technique des glacis de la peinture flamande était certainement inspirée des laques chinoises.

« D'où vient cette théorie ? lui demandai-je, interloquée.

– En Europe, les peintres des XIIᵉ et XIIIᵉ siècles manquaient de l'huile siccative nécessaire à leur technique. Leurs tableaux restaient de matière visqueuse sans jamais arriver à sécher. Alors qu'en Chine, l'utilisation des laques à base d'huile résineuse date de l'époque médiévale. Nous autres Chinois sommes les premiers inventeurs de ces effets de transparence infinie dans le vernis. De grands explorateurs flamands ou vénitiens, invités en Chine à l'époque des dynasties mongoles, se seraient passionnés pour cette technique des laques. Dès leur retour en Europe, inspirés par leurs découvertes, ils auraient créé le procédé des vernis siccatifs de la peinture à l'huile, qui fut à l'époque une véritable révolution. »

J'étais on ne peut plus surprise par ses propos. Du jamais entendu dans nos écoles d'art !

Il m'a alors raconté son apprentissage : sa formation à la campagne, puis son travail dans un atelier. Il revivait par ce récit. Depuis la Révolution culturelle, il n'avait plus le droit d'enseigner son art. Accusé d'entretenir un culte rétrograde, traité de suppôt du féodalisme, il avait été humilié, battu, torturé, exclu de la société. À présent, condamné à une retraite forcée, il pouvait sortir librement mais vivait chez lui comme en prison car, s'il mettait le nez dehors, il tombait forcément sur ses anciens tortionnaires.

Aucune famille n'avait été épargnée pendant la Révolution culturelle. Même si l'on criait haro sur les autres, on pouvait toujours se retrouver, le lendemain, parmi les accusés. Il n'existait pas de sauf-conduit pour l'impunité. Toute faiblesse, tout accès de sincérité risquaient de vous mettre au rang des ennemis du peuple. Rien, alors, ne vous était épargné et vous étiez éliminé. Un professeur fut hissé sur un appui de fenêtre, en haut d'un bâtiment, menacé d'être jeté en bas, et sauvé in extremis quand son tortionnaire fut appelé dehors. À tel autre, on arracha les ongles. Être roué de coups faisait partie de l'ordinaire. Être traîné par les rues, au milieu d'une foule hurlante, avec un haut bonnet de papier sur la tête et un écriteau accroché au cou où se trouvaient consignés vos crimes supposés était la moindre avanie qui pouvait vous arriver. Beaucoup se suicidèrent, et le suicide était salué par des cris de joie : l'ordure reconnaissait ses crimes ! La fille d'un intellectuel respecté fut envoyée comme caissière dans un supermarché et les hommes, estimant qu'elle ne méritait que mépris, l'insultaient et la pinçaient en se moquant d'elle. Elle avala une bouteille de détergent et mit ainsi fin à ses jours. La femme dénonçait son mari, des enfants leurs parents, par peur, ou saisis par la folie du fanatisme. À présent, ces gens devaient vivre ensemble, les enfants avec la mauvaise conscience de leur crime, des collègues avec la crainte et la gêne de ce qu'ils avaient fait subir aux autres, ou la haine pour ceux qui les avaient torturés avec sadisme. Quand deux personnes se croisaient, un simple regard, un visage qui se détournait en disaient long. On sentait cette haine entre les membres de l'université, capable, semblait-il, d'exploser à la première occasion. Ce n'est peut-être pas le moindre mérite de ce gouvernement que d'avoir réussi à empêcher une explosion de règlements de comptes jusqu'à ce que le temps ait fait son travail et, peut-être, apporté l'oubli.

Un film, *Une nuit de pluie sur les monts Bashan*, provoqua en moi une intense émotion. Sur les premières images, des gens montent sur un bateau, à Chongqing, pour descendre le Yang-tseu-kiang jusqu'à Wuhan en franchissant les gorges du fleuve qui séparent le Sichuan de la province voisine : une jeune fille en pleurs dit adieu à un garçon, un homme marche, menotté, flanqué d'un homme et d'une femme qu'en dépit de leurs habits civils on identifie tout de suite comme des membres de la Sécurité. L'histoire se déroule sur ce bateau en un jour et une nuit. Les passagers s'installent dans le dortoir et, par leurs paroles et leurs réactions, se révèlent au spectateur. Un acteur d'opéra qui interprétait des rôles de clown a été tellement malmené pour avoir participé à ce genre théâtral rétrograde qu'il a décidé de rester désormais sourd à toute parole et garde la tête enfouie sous sa couverture. Une vieille femme a apporté un panier de dattes de jujubier pour les jeter dans le fleuve, en offrande, lorsque le bateau croisera l'endroit où son fils a été tué lors d'un combat entre des groupes de Gardes rouges. La jeune fille finit par avouer qu'elle a dû quitter celui qu'elle aime car son père l'envoie en épouser un autre, dans la province voisine, en paiement d'une dette.

Un homme, arrêté dans un restaurant au moment du déjeuner, est isolé à une table. Un jeune homme, profitant de la distraction des deux gardiens, s'approche et lui raconte qu'il faisait partie des Gardes rouges qui ont fait irruption chez lui, à l'université, l'ont tiré dehors pour le frapper, ont saccagé sa maison, brûlé ses livres. Curieux, au lieu de détruire les poèmes manuscrits trouvés dans un tiroir, il les a emportés pour les lire. Il s'est alors rendu compte qu'il n'était pas l'ennemi qu'il avait imaginé. Depuis, il regrette sa cruauté et le respecte. Au cours de la nuit, allongé sur sa couchette, le poète ne peut dormir. Quand il voit la vieille femme sortir avec son panier de jujubes, il va sur le pont lui tenir compagnie. Plus tard, apparaît la jeune fille. Silencieuse, elle enjambe la rambarde du bateau, se jette dans le fleuve et le poète plonge pour la sauver. À l'aube, au premier arrêt, les passagers s'entendent pour faire évader le poète. La scène finale a lieu quand le bateau repart. La femme de la Sécurité s'approche de son collègue et lui dit que c'est à elle qu'il doit passer les menottes, car elle était au courant du projet d'évasion et a fermé les yeux. Le collègue lui révèle alors qu'il a lui-même organisé l'évasion avec les passagers.

En sortant, je pensais que cette fin heureuse sonnait bien faux, péchait par sentimentalisme, comme tant d'œuvres littéraires modernes. Plus tard, j'ai compris l'intention du réalisateur. Il fallait absolument que cette Révolution culturelle devienne, dans l'esprit de chacun, un moment d'égarement, de folie, où les participants, possédés par le fanatisme ou la peur, avaient commis des crimes affreux, mais où tortionnaires et victimes restaient des humains, les uns comme les autres victimes d'une situation. Sinon, il y aurait trop de comptes à régler et on se retrouverait enfermé dans un cycle de vengeances éternelles.

À mon retour en France, on m'a souvent demandé comment j'avais pu supporter les conditions de vie à l'université pendant six ans, pourquoi je n'étais pas repartie.

Or, chaque jour, j'apprenais des drames, on me racontait des anecdotes de ces dix années noires. Je voyais des gens encore traumatisés par ce qu'ils avaient souffert ; des étudiants de mon âge transgressaient les règles du programme pour tenter de s'exprimer dans leur art. J'expliquais à mes compatriotes que, dans un tel contexte, les problèmes de douche ou de toilettes paraissaient finalement assez dérisoires. Dans cette université, au moins, je me sentais vivre et j'étais une privilégiée ; l'inconfort ou mes difficultés avec le système d'enseignement n'avaient pas le même sens qu'en France. Les étudiants comme les professeurs étaient trop attachants pour que je ne souhaite pas partager leur vie, une vie où l'histoire donne à l'existence les dimensions de la tragédie. J'avais l'impression de n'avoir connu dans mon pays que des faits divers. Il avait fallu que je vienne en Chine pour comprendre ce qu'est une tragédie. Ce qui me séparait finalement des Chinois n'était rien d'autre que le fait qu'ils avaient traversé une telle expérience historique.

5

Quelques avatars de Courbet à Millet

Les couleurs diffèrent
mais nos cœurs ne font qu'un.

Le département de peinture à l'huile attirait la moitié des étudiants de l'université alors que la peinture traditionnelle, considérée comme un art destiné à disparaître, n'intéressait qu'un groupe restreint d'élèves. Il y avait deux ateliers de gravure : celui de la femme du directeur où, suivant la ligne idéologique, on représentait les minorités nationales, et celui d'une enseignante inspirée de Munch et de l'expressionnisme où, à l'aide de contrastes violents, s'exprimait une angoisse morbide. Ce professeur laissait aux étudiants toute liberté et souffrait de la présence de sa collègue désireuse d'écraser toute autre forme de création que la sienne. Mon amie Houmei, par exemple, avait une passion pour Daumier ; elle ne cessait de griffonner dans son carnet de croquis *Don Quichotte et son valet Sancho*. Son expression noire, véhémente, me faisait mal. Habitée par une violence qu'elle parvenait difficilement à maîtriser, elle était hargneuse, malheureuse, incomprise. Je l'écoutais,

71

j'essayais de la consoler par mes taquineries, en partageant avec elle quelques graines de tournesol. Je lui livrais sur les cours officiels mes impressions qui la faisaient sourire.

Je suivis les cours d'un professeur tout à fait dans la ligne, lui aussi, qui pratiquait une technique particulière : il reconstituait des scènes sur une estrade, souvent à l'aide d'hommes nus qu'il fallait croquer au pinceau et à l'encre de Chine. Le pinceau des lettrés servait jadis à reconstruire de manière abstraite des paysages et des scènes. Mais comme l'idéologie exigeait le retour à la nature, on faisait des études de nus ou de natures mortes selon l'antique technique chinoise : sur une feuille de papier posée sur notre carton à dessins. Ce mélange de deux cultures, intéressant, visait à créer de nouvelles formes d'art. Il était très difficile, avec un petit pinceau fait de trois poils de rat, de représenter un paysan ou un vieux en bleu de travail sans oublier naturellement de bien marquer les rides pour donner vie au personnage.

Malheureusement, ce professeur était désagréable et extrêmement misogyne. Il n'arrêtait pas de se moquer de moi et l'atmosphère était détestable. J'étais la seule fille et la seule étrangère intégrée à ce groupe : sur les deux mille diplômés, huit étudiants chercheurs seulement étaient sélectionnés chaque année et bénéficiaient de deux ou trois ans supplémentaires avec une bourse de l'État. Leur technique était solide et je n'arrivais pas à les suivre. Parfois, le professeur nous emmenait au fin fond des campagnes pour dessiner des croquis selon sa méthode, ce qui m'a permis au moins de découvrir la vie dans les villages.

Je suivais également un cours d'histoire de l'art et je devais alors avoir recours à mon interprète. Tous les enseignants avaient beaucoup souffert, mais chacun avait ressenti l'horreur de façon différente et suivi sa propre voie. Mon professeur était touchant. Il avait vécu très jeune la Révolution culturelle, y avait cru et avait voulu tout détruire. À présent qu'elle était terminée, que la Chine s'ouvrait, il découvrait sa propre culture, ignorée jusquelà. Il se mettait à lire les classiques, et la philosophie chinoise prenait l'allure d'une révélation.

Je n'avais aucune éducation chinoise de base, alors que les autres étudiants étaient allés à l'école où, même si l'enseignement touchant à la Chine ancienne était assez limité, il fournissait malgré tout des connaissances qui me manquaient pour comprendre l'histoire de l'art. Les diapositives projetées pendant les cours me permettaient de voir des œuvres, mais c'était insuffisant. Comment comprendre la peinture occidentale, depuis les fresques romanes jusqu'à Delacroix, sans connaître le christianisme, la mythologie grecque et romaine, l'humanisme de la Renaissance, etc. ? Sans parler de la pensée esthétique. Or, même sur cette dernière, en ce qui concernait la Chine, j'en étais réduite à Citrouille Amère. J'ai donc demandé à mon professeur de me donner un cours d'initiation ; finalement, de fil en aiguille, il a couvert toute la civilisation chinoise. Il s'est pris au jeu. Il est allé rechercher des ouvrages pour se documenter et, souvent, il me confiait : « C'est l'enfer. Je cherche désespérément dans les archives, mais on ne trouve plus rien. » Il m'a initiée à la pensée du *Classique des mutations*, aux philosophies taoïstes, à Lao Zi, à Zhuang Zi, au confucianisme, au bouddhisme. Plus on avançait, plus je me passionnais et je lui demandais : « Pourquoi avoir tout détruit ? Pourquoi avoir scié la branche sur laquelle vous étiez assis ? » À chaque fois, je le mettais dans une situation embarrassante car il ne comprenait plus pourquoi il avait participé à cette folie. On ne joue pas impunément avec la folie ou la bêtise : à force d'abêtir les gens, ils deviennent vraiment bêtes et, à force de les fanatiser, ils deviennent vraiment fanatiques. Ce professeur a pris un réel plaisir à m'apprendre ce que lui-même apprenait pour répondre à mon attente. Je m'inquiétais pour lui car il devenait insomniaque et n'était pas loin de sombrer dans la monomanie. Il venait me trouver dans ma chambre avec l'interprète, souvent épuisé et tout excité : « Mademoiselle, je viens de découvrir des aspects nouveaux de notre culture. » L'audace de ce qu'il osait m'enseigner lui donnait des sueurs froides. Il me répétait toujours en fin de cours, tout tremblant : « Que cela reste entre nous. Surtout, ne parle pas du contenu de mes cours. » Je dois beaucoup à mon jeune professeur car j'avais deux handicaps majeurs : si j'étais parvenue, finalement, à parler chinois en apprenant sur le tas et si, grâce aux dictionnaires, j'avais appris un certain nombre de caractères qui me permettaient de les calligraphier, je n'en savais pas assez pour lire des ouvrages en chinois classique ; et si je me sentais capable non seulement de m'initier à leur technique, mais même de la maîtriser, il me manquait la base culturelle que tout Chinois acquiert à l'école et dans sa famille. J'étais comme un étudiant qui entrerait dans un cours universitaire de recherche en mathématiques sans connaître le calcul binaire et la trigonométrie. J'étais enfermée dans des limites frustrantes, prisonnière de mon ignorance encore plus que des règlements agaçants de l'université. Mon professeur m'a aidée à faire reculer les obstacles qui empêchaient mes progrès.

Quand je suis arrivée, en 1983, la peinture à l'huile était la voie royale si on voulait devenir un artiste qui comptait ; elle seule avait, dans cette école, des lettres de noblesse. C'était une peinture tout en épaisseur, en pâte brute, au couteau, sans aucune finesse ni même de glacis pour rendre la lumière. Certains maîtres avaient appris le glacis en Occident mais, apparemment, la technique s'était perdue. Les matériaux qu'on trouvait à acheter étaient de mauvaise qualité, les huiles grossières, les pigments peu raffinés et, en outre, personne ne semblait savoir les utiliser correctement. Cette génération, qui travaillait avec des brosses en soie de porc, sur chevalet, ignorait comment se servir d'un pinceau chinois chargé d'encre et tenu à la verticale.

Les maîtres avaient été formés par des peintres soviétiques à l'époque où l'URSS – le grand pays frère, comme on disait avant la rupture avec Khrouchtchev – envoyait des experts dans tous les domaines. Il fallait donc continuer à servir l'idéologie communiste d'une façon ou d'une autre si l'on voulait ne pas être inquiété et pouvoir continuer à peindre. Je crois savoir que, heureusement, la situation a changé depuis mon départ. On préconisait alors des formats gigantesques, de grandes fresques exaltant la vie des paysans. Dès les années cinquante, l'esthétisme à l'honneur était ce qu'on appelait le « réalisme romantique ». C'était à la fois surprenant et impressionnant ; on y retrouvait une ferveur à la Delacroix. Mais toujours, dans un coin du tableau, le peintre inscrivait la marque de son inspiration intime, comme d'ailleurs en Europe, du temps où la majorité des peintures étaient des œuvres de commande. Ici, c'était l'État qui tenait la place de notre noblesse et de notre bourgeoisie. Devant les tableaux montrant les souffrances du peuple, avant sa libération bien sûr, on imaginait des scènes de la retraite de Russie de Boissard de Boisdenier : c'était affligeant de réalisme et d'horreur, mais très bien exécuté. Certaines scènes villageoises évoquaient Géricault par leur puissance, ou un hommage à Millet et à sa gravité. Un hymne célébrant la femme laborieuse revenait souvent, qui rappelait *Les Glaneuses*. D'autres suivaient une ligne idéologique plus dure et recevaient, de ce fait, des encouragements officiels. Ils traduisaient au bout de leur pinceau la misère du peuple, l'injustice subie par les classes sociales pauvres. J'ai vu de grandes scènes d'ouvriers, dans une atmosphère dramatique de clair-obscur, où surgissaient des machines effrayantes. Certaines toiles rappelaient les cuisines du réfectoire, avec les quartiers de porc sanguinolents suspendus à des crochets au milieu du rougeoiement des foyers. On se serait cru aux portes de l'enfer. Là, on basculait dans Goya et même Soutine. D'autres se rapprochaient des *Casseurs de pierres* de Courbet. J'avais moi-même une grande admiration pour Courbet, en particulier pour des œuvres comme *L'Atelier*, qui m'a toujours fait rêver. En voyant l'esprit et la technique ainsi manipulés pour servir la politique, j'étais à la fois émerveillée par les prouesses chinoises et affligée par la réalité cruelle de la démarche. J'étais surprise de voir comment on passait de la *Jeune fille arrangeant des fleurs* par Courbet à la jeune pionnière au foulard rouge offrant un bouquet à la gloire du Grand Timonier. Il faut l'avouer, c'était très fort.

Pour comprendre cette nouvelle peinture chinoise, il faut évidemment tenir compte des Soviétiques venus enseigner mais aussi, au départ, du rôle de Xu Beihong, déjà célèbre à l'arrivée des communistes, et le mieux à même de jouer le rôle qu'on attendait de lui. Nommé directeur de l'Institut national des beaux-arts à Pékin, institut qui allait servir de modèle à tous les développements ultérieurs, il avait étudié à Paris et maîtrisait la peinture traditionnelle chinoise comme la peinture occidentale à l'huile. C'est lui qui décida des sujets à étudier, ce dont les artistes souffrirent par la suite. Il décréta que Matisse était décadent et qu'il fallait prendre modèle sur Rembrandt. Cela facilitait la voie vers la peinture de type soviétique mais bouchait toute ouverture sur d'autres formes d'art. Personne, à l'origine, ne l'obligea à de tels choix. Il illustre un phénomène que j'ai constaté plusieurs fois en Chine : Xu Beihong n'était pas un communiste mais une star récupérée par le régime ; ses fameux chevaux, qui fleurent la propagande pour l'armée chinoise, ont commencé à envahir les porcelaines, les affiches ; des reproductions étaient offertes aux visiteurs étrangers importants. Alors que les communistes n'ont pas à prouver qu'ils sont communistes, lui a voulu se rallier au régime et, sans doute mal à l'aise, s'est cru obligé d'être encore plus orthodoxe que les survivants de la Longue Marche. Capable de pratiquer la peinture chinoise avec un grand raffinement, un trait enlevé extraordinaire, il a voulu l'empreindre de réalisme socialiste pour plaire aux nouveaux maîtres. Il y eut beaucoup de Chinois comme lui qui, victimes d'une autocensure plus exigeante que la censure et malgré les réserves ressenties au fond d'eux-mêmes, acceptaient de se plier aux nouvelles exigences. Il faut reconnaître que Xu Beihong, qui connaissait bien les survivants de l'art traditionnel, comme Qi Baishi ou Wu Zuoren, les a protégés et qu'il a fait venir Huang Pinghong, le plus grand paysagiste traditionnel chinois, pour enseigner à Pékin. Grâce à lui, Li Keran, un grand peintre lui aussi, est entré à l'Institut. Xu Beihong a eu un rôle très ambigu. C'était sans aucun doute un artiste de génie et l'autorité qu'il a exercée était certes moins monolithique que celle des enseignants soviétiques qui ont prévalu après lui. Plus tard, j'ai rencontré sa femme et son fils. Ils voulaient que j'organise une exposition de ses œuvres à Paris ; je n'ai pu m'y résoudre. J'avais vu trop d'étudiants souffrir des nombreuses perspectives qu'il avait fermées, celle de la peinture abstraite par exemple.

Comme il fallait sortir des ateliers, aller étudier sur place la réalité, une grande diversité s'est offerte aux artistes. Ceux-ci ont immédiatement favorisé la représentation des minorités ethniques aux costumes pittoresques vivant sur le haut plateau tibétain, dans les collines du Sud-Ouest ou dans les régions semi-désertiques, aux confins du Gobi. D'où ces nombreux tableaux de Tibétaines trayant du lait de yak, de courses de chevaux chez les Mongols, de portraits de femmes appartenant aux minorités Miao, Naxi, Yao, etc., de maisons troglodytes dans les falaises de lœss, au nord-ouest. Cet intérêt pictural pour les minorités ethniques s'inscrivait parfaitement dans la perspective gouvernementale qui tenait à les siniser pour ne plus conserver que le folklore comme valeur touristique. Les peintres devinrent donc de grands voyageurs. Ils partaient sac au dos, avec leur carton à dessins et n'hésitaient pas à affronter des conditions de vie difficiles. C'était un grand plaisir, le soir, de les écouter raconter leurs voyages, leurs rencontres avec des populations aux coutumes différentes, à la culture originale. Ce que racontaient, à leur retour, ces explorateurs d'un nouveau genre était loin de correspondre au discours officiel qui soutenait que le gouvernement respectait les mœurs des minorités, leurs croyances, leur assurait des conditions matérielles décentes, alors que la plupart vivaient dans la misère s'ils n'avaient pas eu la chance d'être transformés en animaux de zoo pour les touristes. C'était à qui revenait avec les histoires les plus extraordinaires, s'était aventuré dans les régions les plus reculées ! Il faut aussi avouer que ces peintres voyageurs ont très vite compris l'avantage matériel qu'ils pouvaient tirer de leurs expéditions. Ils rapportaient des costumes, des masques, des statues, des peintures religieuses achetés pour quelques sous à ces gens démunis et les revendaient. Combien de fois ai-je entendu : « Mademoiselle Fa (de mon prénom, les Chinois avaient fait un nom de famille), tu ne connais pas un étranger qui aimerait nous acheter ça ? » Et je regrettais fort de ne pas avoir les moyens d'acquérir certains objets anciens merveilleux.

Ces peintures de minorités, par la nature même de leur sujet, différaient des peintures plus strictement « réalistes-socialistes ». Les couleurs étaient plus vives, plus chatoyantes, puisqu'il fallait montrer que ces populations étaient heureuses sous la domination chinoise.

Une nouvelle école commençait à naître grâce à quelques audacieux et aussi au directeur de l'université qui permettait leurs innovations « décadentes ». Ces élèves constituaient un groupe à part et il va de soi que je me sentais proche d'eux. Ils avaient décidé de prendre pour modèle Cézanne ou Picasso. Ils voulaient déstructurer la forme pour arriver à une expression autre. *Les Demoiselles d'Avignon* faisaient école dans un style qui aurait sans doute amusé Picasso. Van Gogh provoquait des ravages ; l'artiste fou et maudit correspondait à leur idéal. C'est tout juste s'ils ne se seraient pas baladés avec une oreille en moins ! C'était leur façon de se rebeller grâce à un modèle qui, lui aussi, peignait en plantant son chevalet devant un paysage ou un personnage dans la campagne. Certains peignaient des nus au milieu de la nature, où l'on retrouvait le souvenir de Gauguin, Derain, Matisse, avec des touches fauves et une grande force dans les lignes. Il y avait aussi mes amis les romantiques, qui peignaient, à la Chagall, de jeunes mariés envolés dans les cieux sur un fond de ville glauque. Une démarche authentique et sincère animait ces tableaux nés dans les banlieues industrielles de Chongqing.

Il était extraordinaire de voir ces jeunes s'inspirer entièrement d'une culture étrangère. Mais qu'avaient-ils eu le droit de conserver de la leur ? On leur avait refusé cet héritage sous le prétexte qu'il n'était qu'un ramassis de vieilleries. Reprendre ainsi à leur compte une culture qu'ils ne connaissaient que par des reproductions restait un procédé totalement artificiel chez certains mais, chez d'autres, s'était intériorisé de façon surprenante. Je me suis interrogée sur leur démarche puisqu'elle me concernait directement : au fond, je voulais parcourir le chemin exactement inverse du leur. Voir les meilleurs trouver, petit à petit, leur propre langage m'a encouragée. Avec mes jeunes amis professeurs et peintres de l'époque, Zhang Xiaogang, Ye Yongqing, He Duoling, Zhou Chunya, nous avons connu, pendant de longues années, des échanges vifs et violents sur l'art en général. Nous avons passé des soirées entières à discuter peinture. Ce sont des souvenirs délicieux d'emportement, d'inspiration, de débats impossibles devant nos toiles, une bouteille d'alcool de riz à la main... Certains sont aujourd'hui fort célèbres et vendent leurs œuvres dans les plus grandes galeries internationales. Si une étrangère était capable de pratiquer l'art du pinceau traditionnel chinois comme eux maîtrisaient la peinture à l'huile, elle devait parvenir à créer une peinture nouvelle. J'ai vite compris que l'entreprise exigeait deux conditions indispensables. La première était de maîtriser la technique chinoise, et d'abord la calligraphie, car celle-ci contient tous les traits utilisés par la suite dans le paysage et autres sujets. Cela demandait un travail énorme et beaucoup de patience ; il fallait cet acharnement et ce sérieux dont les étudiants chinois donnaient l'exemple quand ils étudiaient notre peinture à l'huile. Apprendre à écrire quelques caractères dans un cours accéléré, comme je l'ai vu faire par certains étrangers, ne pouvait au mieux que déboucher sur des œuvres d'amateurs, au pire jeter de la poudre aux yeux à quelques badauds ignares. La seconde condition était de ne pas se limiter à la technique. Il fallait acquérir la culture intérieure qui l'accompagne, pas seulement des connaissances livresques, même si elles sont nécessaires. Je devais aussi m'imprégner de la pensée chinoise, devenir un peu chinoise par l'esprit, par toute ma façon d'être et même de vivre.

Ce n'est pas un hasard si des étudiants chinois choisissaient Courbet et Millet. L'art de ces peintres français est inséparable de la pensée socialiste du XIXe siècle qui rejoignait, dans certaines limites, la peinture socialiste qu'ils visaient. Mais, chez eux, la pensée politique était trop omniprésente pour qu'ils puissent s'en dégager, même quand leurs œuvres possédaient une force certaine, si bien que l'aspect de propagande de leur peinture l'emportait sur l'impression esthétique. En revanche, ceux qui avaient étudié Modigliani ou Braque ont finalement créé en peinture une forme d'écriture aujourd'hui reconnue. J'ai vu comment ils procédaient : ils commençaient par copier, copier inlassablement et ce n'est qu'ensuite, après un long travail, que certains trouvaient une écriture personnelle. En cela d'ailleurs, ils honoraient une méthode chinoise. Alors que chez nous, trop vite, les étudiants veulent faire œuvre originale, eux continuaient à peindre comme jadis en Chine, en copiant d'anciens maîtres. Il n'existe pas là-bas, comme en Europe, ce mépris pour la copie ; au contraire. Ensuite seulement, ils voyageaient, découvraient les paysages chinois, leur culture traditionnelle et surtout actuelle pour en nourrir leurs œuvres. Au fur et à mesure se créait une esthétique chinoise, différente de l'occidentale, une nouvelle forme d'art. À l'époque, ils ne connaissaient pas Pollock, la gestuelle abstraite, Tapiès, Barnett Newman, Rothko, ni même les constructivistes comme Mondrian. En revanche, ils connaissaient Picasso et pouvaient représenter un coucher de soleil sur les rizières du Sichuan avec de grands arbres, dans le style de Daubigny peignant les bords de l'Oise. C'était une expérience un peu folle, déconcertante. Le pop art n'avait pas encore frappé, au début des années quatre-vingt. C'est un peu plus tard que Raysse, Liechtenstein et Andy Warhol ont donné l'idée des images maoïstes revues dans un style américain. Ce fut un énorme succès. Les Américains ont acheté ; ils découvraient un art chinois adapté à leur forme d'expression : ils étaient contents. Pour les Chinois, cette facilité à copier tout en adaptant des sujets nationaux représente, certes, un danger : on fait ce qui plaît, on fait ce qui se vend. Aucun problème pour aller dans le sens du vent, pour suivre les modes. J'ai entendu des peintres chinois déclarer carrément : « Je peux tout faire ; dis-moi seulement ce qu'il faut peindre pour séduire le marché occidental. »

Ce dangereux chemin de la facilité, que nombre d'entre eux empruntèrent, m'a servi de mise en garde. J'ai pensé au théâtre en France. Certains metteurs en scène, après avoir vu du théâtre asiatique, ont déguisé des personnages de la tragédie grecque ou de Shakespeare en costumes de kathakali et de kabuki, ont accroché un tissu tibétain au-dessus de la scène. L'innovation a peut-être impressionné un public ignorant mais elle n'allait pas très loin. Au contraire, la recherche de Peter Brook fut pour moi un modèle ; un lent travail pour tirer des théâtres d'Asie ou d'Afrique la substantifique moelle. Avant de monter le *Mahabharata*, il avait fait plusieurs séjours d'étude en Inde avec ses acteurs. J'étais consciente que ma démarche était périlleuse, que certains allaient me critiquer : je n'étais pas chinoise, je ne le serais jamais, et je voulais créer un langage pictural étranger. Mais si un chef d'orchestre coréen était appelé à l'Opéra de Paris pour diriger une musique occidentale, si des Chinois montaient *Le Lac des cygnes*, *Carmen* et Shakespeare, si des artistes chinois s'affranchissaient des limites de l'esthétique chinoise pour créer un art moderne, pourquoi une Occidentale ne pourrait-elle, de même, trouver sa voie dans un langage pictural chinois ? On ne reproche pas à quelqu'un de devenir bilingue au point de pouvoir écrire dans une langue qui n'est pas sa langue maternelle mais qu'il a réussi à maîtriser. Critiquer mon langage pictural chinois reviendrait à blâmer le Polonais Conrad d'avoir écrit en anglais et en français.

Au chapitre des techniques, il faut en mentionner une, typiquement chinoise, à laquelle je me suis initiée : le marouflage.

Maître Li marouflait les travaux des étudiants et des professeurs. Il avait son atelier dans l'université. J'adorais passer des journées avec lui. Je devais, pour mon diplôme, présenter des travaux de calligraphie, des peintures de paysage, des croquis réalisés lors de mes voyages. J'ai donc demandé à suivre ses cours pour apprendre comment contrecoller un papier, comment fabriquer la colle qui doit ressembler au sperme du sanglier... Ce maroufleur chinois m'a appris la technique ancestrale. J'ai passé des moments étonnants avec lui. Il était petit, boudiné dans son tablier ; ses mains, rongées par l'humidité et la colle, étaient constellées de minuscules champignons. De petits pansements recouvraient tous ses doigts. L'été, dans son atelier, il faisait une chaleur insupportable. Chongqing est, dit-on, l'un des quatre fours de la Chine. En cette saison, malgré le ventilateur, même les nuits étaient pénibles. On buvait un verre d'eau, et l'eau était tiède. On baignait dans une moiteur constante. J'avais du mal à rester dans son atelier, mais on y voyait tout ce que faisaient les étudiants comme les professeurs et ce qu'ils allaient présenter. Je l'ai aidé pendant plusieurs mois à maroufler. Après avoir obtenu l'autorisation, je suis devenue son apprentie pour un temps. Il m'enseignait à monter les peintures sur rouleaux selon la technique chinoise. Ce maître était traditionnel ; il m'expliquait les règles de la couleur, la composition des pourtours. Il portait une attention extrême au temps nécessaire pour que la toile se tende en séchant, sans jamais aller trop vite. Avec une telle humidité, faire sécher les peintures en papier est un procédé délicat. Les maroufleurs chinois sont d'une telle habileté que certains sont capables, si on leur confie une ancienne peinture précieuse, de couper le papier dans le sens horizontal si bien que, parfois, ils découvrent une nouvelle peinture qui n'est pas une copie.

Au bout d'un mois, je lui ai demandé :

« Si on s'amusait un peu avec toutes ces techniques ?

– Comment ça, s'amuser ?

– Le soir, on pourrait essayer des compositions nouvelles dans la manière de présenter le tableau par rapport aux harmonies que tu connais. »

L'idée a piqué sa curiosité : « Allons-y, a-t-il dit. Que veux-tu faire ? »

J'ai inventé une nouvelle gamme de montages de rouleaux et tenté toutes les expériences possibles. J'ai monté des croquis faits dans les campagnes chinoises sur papier journal. J'ai composé des teintures spéciales pour obtenir des couleurs et des assemblages comme le jaune, le noir, le rouge des paysans Yi. En quelques semaines de recherche, ce fut une véritable révolution sur les planches de séchage de l'atelier du maroufleur !

À l'université, on n'enseignait que la peinture occidentale et les arts et traditions populaires chinois. Il n'existait aucun cours sur l'art des lettrés. J'ai demandé autour de moi si certains étudiants, au sein de l'Institut, pratiquaient la calligraphie. « Il y a un étudiant en doctorat qui est un fou de calligraphie, m'a-t-on répondu. Il pratique en cachette. Tu ne l'as pas rencontré ? C'est un jeune chercheur qui habite au-dessus des salles de cours, dans un cagibi. »

Je suis allée frapper à sa porte, au fond d'un couloir obscur. Je ne sais pourquoi, à cet instant, je me suis sentie intimidée. Il s'était approprié un bureau réservé aux surveillants. Des dizaines de calligraphies pendaient du plafond et recouvraient même le lit. Une légère brise les faisait s'entrechoquer, la mélodie des papiers qui séchaient rencontrant la symphonie des coups de pinceau ! Ce sombre et sordide cagibi transformé en temple sacré m'a tout de suite impressionnée. De cette pénombre surgissait une joie intense. J'étais ébahie. Enfin, un rebelle ! Ce jeune chercheur avait créé son univers imaginaire malgré l'interdiction absolue des dirigeants de l'école d'étudier cette forme d'art. Un fou de calligraphie mais aussi un grand jeune homme, fort beau, sincère, très sympathique. Comme tout jeune intellectuel, il vivait de rien dans son espace minuscule. Il n'y avait au sol qu'une Thermos, sa gamelle, une serviette de toilette trouée par l'usure.

« Cela fait déjà quelque temps que j'ai remarqué ta présence à l'Institut, me dit-il.

– Je suis vraiment heureuse de voir qu'il existe encore des calligraphes. J'en cherche depuis plusieurs mois. »

Nous avons commencé à discuter dans mon chinois approximatif et sommes devenus amis. Dès lors, j'allai le voir régulièrement. Il me montrait des livres, les grandes calligraphies qu'il préférait, et m'expliquait son travail. Il était un peu le Klee de la calligraphie, dans sa recherche d'un style naïf, enfantin. J'aimais son humour et sa compagnie me faisait un bien fou ; grâce à lui, j'ai commencé à trouver un sens à ce que j'avais vécu jusqu'alors ; grâce à lui, j'ai découvert la présence d'une vie culturelle clandestine et, en dépit des interdits, j'ai rencontré ces êtres pleins d'audace, derniers détenteurs de la tradition esthétique. Il passait ses nuits à copier et recopier des estampes de textes anciens à la recherche d'un style personnel. Un jour, je lui demandai s'il connaissait quelqu'un susceptible de m'apprendre son art. « Il reste deux vieux maîtres à l'Institut, me dit-il. L'un s'appelle Feng Tianwu, l'autre Huang

Yuan. Va les trouver. Mais je te préviens, ils ne sont pas commodes. Ils ne veulent voir personne. Ils n'ont plus enseigné depuis la Révolution culturelle. » Ravie, je me suis renseignée pour savoir où ils habitaient dans le campus. J'ai commencé par aller voir Feng Tianwu, qui était très connu. Le vieux monsieur n'avait pas l'air content du tout d'être dérangé sans avoir été prévenu. La Révolution culturelle l'avait définitivement aigri. Il ne m'a pas intéressée ; je n'éprouvais pas le désir d'aller plus loin avec lui. Je me suis excusée et je suis sortie.

Quelques jours plus tard, je tentai ma chance avec le deuxième. Il vivait misérablement dans une tour sordide. L'escalier était rempli de bicyclettes qui encombraient le passage. Au plafond, des habits pendaient en compagnie de piments et autres condiments, des jouets traînaient dans la poussière ; un vrai capharnaüm. Je frappai à sa porte. Il m'ouvrit et je l'ai trouvé aussitôt sympathique, avec sa vieille veste usée, joliment lustrée par les ans, la longue mèche qui retombait sur son visage, aux lèvres sa cigarette qu'il ne prenait pas la peine d'enlever quand il parlait. Il était en train de donner à manger à son oiseau. Son personnage évoquait la Chine ancienne et je dois dire qu'il m'a séduite. Il émanait de son visage une noblesse extraordinaire, un détachement suprême, une intelligence subtile, une sagesse que je ne saurais décrire mais que je ressentais d'instinct au plus profond de moi-même. Je n'avais d'ailleurs, à ce jour, jamais éprouvé ce sentiment pour aucun de mes professeurs.

« Que faites-vous ici ? Vous êtes perdue ? me demanda-t-il d'un air malicieux.

— Non, je cherche le maître Huang Yuan. »

Il éclata de rire et me répondit poliment :

« Maître Huang Yuan, comme vous dites, mademoiselle, n'existe plus depuis des années ! Entrez ! »

Il me versa une tasse de thé.

« J'ai entendu parler de vous, lui dis-je, et le directeur accepte que je vienne étudier votre travail. »

Une grossière insulte en sichuanais fusa de sa bouche.

« Même mes propres enfants ne sont pas fichus de comprendre mon travail ! Mon fils étudie ici, mais il préfère aller vendre des jeans sur le marché pour partir aux États-Unis. Ma femme passe ses nuits à jouer au ma-jong pour gagner trois sous en essayant d'oublier notre modeste existence. Moi, je parle avec mon oiseau. Ce que vous proposez est impossible. Vous savez, rares sont les femmes qui ont été calligraphes ; et, en plus, vous êtes étrangère. »

Puis, après un long silence qui semblait peser le poids de l'histoire, il me déclara avec une pointe d'ironie qu'il ne transmettait plus ses connaissances et préférait qu'on évite ce triste sujet.

« D'ailleurs, ajouta-t-il, je suis maintenant bien incapable d'enseigner. »

Enfin j'avais pénétré dans un univers qui correspondait à ce que je cherchais. Parmi ses objets familiers, ses cages à oiseaux, ses livres, ses pinceaux, sa pipe à eau, le pot de miel sous le lit, sa théière yixing, la pierre où il broyait son encre, j'avais trouvé un art de vivre qui m'enchantait. Je percevais une culture, une source vive, celle-là même qui pourrait m'initier. Je l'ai quitté le cœur en fête en le remerciant de son accueil. Il fut très étonné de lire la joie sur mon visage alors que je venais d'essuyer un refus catégorique.

Avant qu'un maître accepte de vous enseigner, avais-je lu, il voulait d'abord être sûr de votre motivation, du sérieux de votre requête, de votre détermination. Il cherchait à vous éprouver. Il fallait se montrer tenace, persévérant. Je me rappelai l'histoire de l'homme désireux d'apprendre la magie taoïste : il va trouver un maître, accepte les tâches ménagères ingrates que celui-ci lui impose. Au bout de plusieurs mois, n'ayant toujours rien appris, impatient, il va voir le maître et lui demande de lui enseigner au moins un tour de magie. Le maître accepte, lui donne la formule pour passer à travers les murs et lui explique qu'il faut se jeter contre le mur sans hésiter. Le disciple met ces instructions en pratique et, tout surpris, se retrouve de l'autre côté du mur. Las de la vie pénible de l'ermitage et tout heureux d'être devenu un passe-muraille, il rentre chez lui et se vante auprès de sa femme de son nouveau pouvoir. Après avoir récité la formule, il se lance contre le mur et retombe par terre avec une belle bosse au front, ce qui lui vaut les moqueries de son épouse. Pour ne pas l'imiter, il me fallait une détermination sans faille. Je suis allée acheter du papier, des livres de reproductions d'estampages des plus célèbres calligraphes et je me suis mise à copier celles qui me paraissaient les plus belles, les plus intéressantes. Tous les soirs, après la classe, je faisais un rouleau d'exercices de feuilles calligraphiées bien ficelées et j'allais le déposer devant la porte de maître Huang Yuan. Cette expérience solitaire a duré des mois, sans réponse.

J'ai persévéré pendant six mois, car je savais par son fils, qui suivait avec moi les cours des étudiants chercheurs, qu'il examinait mes exercices avec beaucoup d'attention et qu'il en était surpris. Mais il ne se manifestait pas et je travaillais à l'aveuglette... Le fils était un peu jaloux : « D'habitude, mon père ne se soucie pas de mes études ;

si je les lui mets sous les yeux, il les écarte ; elles ne l'intéressent pas. Toi, tu as de la chance, il regarde tes pages d'écriture au pinceau tous les soirs. » Il ne comprenait pas que sa démarche vers l'Occident et la modernité, son abandon de la tradition chinoise ne pouvaient qu'attrister son père. Cela m'a donné le courage de continuer. Je ne ressemblais tout de même pas à ce disciple de Bodhidharma qui, pour que son maître, assis en méditation, s'aperçoive de sa présence et consente à l'enseigner, se coupa le bras gauche. Dans la classe, tout le monde se moquait de moi parce que, chaque jour, j'apportais mon rouleau au maître muet ; on riait de moi, on me disait que je me berçais d'illusions, qu'il devait me juger fort agaçante et ridicule, voire irrespectueuse, de troubler ainsi sa retraite.

Lors de cette longue attente, en butte aux quolibets de mes camarades, j'ai recherché un peu de compagnie. Je suis allée sur le marché, avec mes économies, acheter un oiseau pour égayer ma vie de cellule. Je finis par dénicher un marchand d'oiseaux et de cages. Je commençais à bien me débrouiller dans le parler local et j'avais mon badge de l'université.

« Je suis étudiante aux Beaux-Arts. Je me sens seule. Peux-tu faire quelque chose pour moi ? demandai-je tout de go au marchand.

— Bien sûr. Il te faut un oiseau qui parle.

— Un oiseau qui parle ? Avec qui je pourrais converser ?

— Oui. J'ai des oiseaux qui pourraient même t'apprendre notre dialecte. Voici un mainate ; il appartenait à un vieux maître qui est mort. C'est un oiseau admirable. Au début, il ne parlera sans doute pas. Mais quand tu l'auras apprivoisé, ça viendra. Il sait déjà dire "s'il vous plaît", "entrez", "qu'est-ce que tu fous, espèce d'abruti ?" car il a une fâcheuse tendance à préférer l'argot.

– C'est une bonne idée, mais crois-tu qu'il va supporter de vivre dans ma cellule d'étudiante ?

– Y a-t-il un jardin ?

– Oui, juste en face de mon bâtiment, où trône la statue du grand écrivain Lu Xun.

– Alors accroche la cage au bras de Lu Xun et tu verras qu'il va lui faire la conversation ! »

Quand il a annoncé la somme, l'équivalent de ma bourse d'un mois, je lui ai répondu que c'était trop cher. Il a fini par me consentir une réduction et je suis repartie avec mon mainate. Quand j'ai débarqué du bus, tout le monde a éclaté de rire, et je suis devenue le clown de l'université. La responsable du Parti a décrété que j'étais un peu fofolle, comme tous les artistes : « On ne peut rien pour elle. Il faut la comprendre, elle se sent seule. Peut-être que la compagnie d'un oiseau va la calmer. »

Je ne voulais pas laisser mon oiseau toujours enfermé dans sa cage et, le soir, tandis que je faisais mes exercices, je le laissais sortir. J'avais remplacé le bureau par une longue planche sur tréteaux ; un bout était réservé à la calligraphie, l'autre à la gravure sur bois. J'avais installé des tas de ficelles au plafond pour faire sécher à la fois mon linge et mes exercices sur papier. C'est au milieu de ce capharnaüm que s'ébattait mon oiseau. Au moment du coucher, j'avais du mal à lui faire réintégrer sa cage. Au début, il ne parlait pas et je croyais m'être fait avoir. Au bout de trois semaines, un jour que quelqu'un frappait à ma porte, il lança : « Entrez ! » J'étais folle de joie ! J'ai commencé à lui parler ; je le chouchoutais. Un soir, tandis que je copiais une estampe, il se mit à marcher sur ma pierre à encre, prit de l'encre dans son bec et la projeta sur ma table de travail en me traitant d'imbécile. Je faillis tomber à la renverse. Ce fut le plus beau jour de ma vie. Il marchait sur la table, les ailes légèrement déployées, croisées dans le dos comme s'il faisait les cent pas pour réfléchir, puis, tout à coup, me regardait et lançait : « Espèce d'abrutie ! » Il était très fort en insultes. Du tac au tac, je lui ai répondu en l'appelant : *Bendan*, « Tête d'œuf », une expression chinoise qui veut dire « Idiot », ce qui amusa tout le monde. Je me promenais avec lui dans le jardin. Le dimanche, je retrouvais le vieux cuisinier qui venait lui aussi sortir son oiseau. Chacun accrochait son mainate à l'ombre, puis nous bavardions. J'ai aussi piqué de grosses colères contre le mien. Son grand plaisir était de prendre son envol et de percer en ligne droite les calligraphies sur papier suspendues au plafond. Ou bien il trempait ses petites pattes dans l'encre et allait signer mes œuvres de son empreinte. C'était un oiseau extraordinaire. Il m'a fait énormément de bien et nous avons vécu des jours heureux ensemble.

Un matin où j'étais en train de travailler avec l'oiseau, on frappa à la porte. L'oiseau cria : « Entrez ! » Comme il trouvait sans doute que je n'allais pas assez vite ouvrir ou que le visiteur restait sourd à son invitation, il insista en répétant : « Entrez, idiot, entrez ! » J'ouvris la porte : c'était le maître Huang Yuan avec mes rouleaux de papier calligraphiés sous le bras.

6

L'enseignement du maître

*Qui pourrait nous dire la fin
des changements sans fin.*

Mon rêve s'était concrétisé : le maître était là, sur le seuil de ma porte, me regardant d'un air tranquille. Il entra, s'installa et me dit, tout en se roulant une cigarette :

« Prépare-moi un peu de thé. Franchement, je suis en train de commettre une pure folie. Tu es une étrangère mais, en regardant tes exercices depuis six mois, on devine à travers tes traits ta valeur morale et spirituelle, qui est surprenante. As-tu choisi toi-même les œuvres que tu as copiées ?

– Oui. Après avoir rencontré le jeune chercheur qui travaille tout seul dans son cagibi, je suis allée acheter pour quelques maos ces livrets de reproductions d'estampages sur stèles où ont été gravés des exemples de calligraphies célèbres. J'ai jeté mon dévolu sur ceux que je préférais et je me suis débrouillée, en essayant de retrouver les mêmes caractères dans les dictionnaires pour comparer la forme imprimée avec celle du calligraphe.

93

— Tu as acquis une bonne culture, car tu as préféré les grands maîtres. Il y a en toi une résonance intérieure qui n'existe pas chez mon propre fils. C'est la source qui produit les œuvres futures et j'ai espoir que tu créeras des choses intéressantes. Je suis impressionné par ce que tu as accompli en six mois toute seule. J'aime ton état d'esprit. Ton niveau de compréhension est déjà étonnant pour une Occidentale. Tu possèdes une intelligence du cœur qui te porte spontanément vers les meilleurs. Ta base intuitive est bonne. Tu mérites d'être enseignée selon les règles. Voilà plus de cinquante ans que je vis dans cette université et je n'ai encore jamais rencontré un élève aussi doué. Depuis la Révolution culturelle, personne n'est venu me demander ce que je pensais d'un trait. Cela va me causer les pires soucis mais je vais faire des démarches officielles pour tenter d'obtenir une autorisation. Pour entreprendre une véritable initiation, il est impensable que tu viennes me voir en cachette le soir. Il faut officialiser nos rapports, ne serait-ce que pour obtenir des cours hebdomadaires. À partir de là, nous pourrons peu à peu commencer un travail de fond. Mais je te préviens, si tu commences avec moi, c'est dix ans d'apprentissage à mes côtés ou rien du tout... »

Du haut de mes vingt printemps, j'étais tellement heureuse que j'ai répondu « oui » sans me rendre compte du poids de cette décision sur mon destin. Voici qu'il était à mes côtés et sa présence justifiait tous mes efforts passés. Avec son aide, j'allais comprendre des idées fondamentales plus ou moins perçues dans les livres et absentes de mon univers universitaire. Inconsciente, j'ai accepté d'être son élève pendant dix ans.

Il a accompli d'éprouvantes démarches, aidé par le directeur et par mon interprète. Même la responsable du Parti, qui avait fini par avouer un peu de sympathie pour moi, devait en référer en haut lieu, car Huang Yuan n'avait pas été réhabilité après la Révolution culturelle. Finalement, à titre exceptionnel, mission lui fut donnée de me dispenser deux ou trois cours par semaine pour initier l'étrangère à l'« utilisation du pinceau chinois ». À partir de là, nous avions gagné. La pratique du pinceau pouvait aisément être étendue à un enseignement plus complet, car l'art des lettrés associe la poésie, la philosophie, la musique et la peinture, l'esprit des créateurs jouant sur ces différents instruments. Or ces arts avaient été détruits, éradiqués. Ils étaient tenus pour le virus majeur responsable de la décadence de la Chine. Ce n'est qu'au début des années quatre-vingt que l'art des lettrés, ce regard particulier sur le monde, fut peu à peu remis à l'honneur, qu'on se remit à publier des livres classiques et des études anciennes ou nouvelles. Il est impossible de comprendre la peinture chinoise sans connaître la culture chinoise. Mais est-ce tellement étonnant ? Imprégnés de notre propre culture, nous ne nous rendons plus compte que notre peinture plonge ses racines dans la civilisation gréco-romaine, dans le christianisme, la Renaissance, le classicisme, le romantisme, le réalisme, et qu'un même classicisme anime les œuvres de Le Brun, Mansart, Rameau et Racine.

La première initiative de mon maître fut déroutante et ce n'est qu'ensuite qu'elle me parut judicieuse. « Avant de commencer à peindre ou à calligraphier, me dit-il, j'aimerais que tu fasses un stage chez un maître graveur de sceaux. Je ne te montrerai pas comment utiliser un pinceau tant que tu n'auras pas compris la puissance des traits qu'illustrent les stèles que tu as étudiées. Les textes des grands calligraphes ont été gravés sur pierre, puis estampés au cours des âges pour en permettre la diffusion. Il n'existait pas, jadis, de reproduction photographique. Or, c'est en gravant les textes dans la pierre qu'on en saisit la qualité intrinsèque. Il faut donc que tu t'inities d'abord à l'écriture sigillaire dont les caractères sont les plus anciens. Tu dois passer par la gouge avant de commencer à tracer tes premiers bâtons au pinceau. Je vais t'adresser au plus grand maître de la province, mais attends-toi à un choc, car il lui est arrivé de grands malheurs. J'espère que tu le supporteras. De toute façon, en ce qui me concerne, je n'entreprendrai rien avant que tu aies suivi cette formation. » Il m'a donné l'adresse du graveur, Cheng Jun, avec une lettre de recommandation.

Un matin, je partis donc voir le maître graveur. J'arrivai dans un quartier poussiéreux, chargé de pollution causée, paraît-il, par les rejets de l'usine électrique russe qui tombaient souvent comme une fine pluie de suie. Les habitants de ce lieu maudit développaient des cancers très jeunes. En plein chantier, au milieu des usines, je me renseignai. « Oui, c'est là-bas, me dit-on, dans le bâtiment abandonné, quatrième étage, troisième porte à gauche. » Je frappai ; l'homme qui m'ouvrit n'avait plus qu'une main. « Vous êtes mademoiselle Fa ? J'ai appris que vous alliez me rendre visite. Entrez. » L'intérieur, meublé d'une petite table avec une serviette pour poser la théière, d'un canapé noir de crasse, respirait la misère ; mais, sur le mur, des empreintes de sceaux remarquablement gravés. « N'aie pas peur », me dit-il en me versant du thé, et l'enseignement a commencé. Maître Huang m'avait dit qu'il avait beaucoup souffert, mais comment imaginer que, pendant la Révolution culturelle, des misérables se soient montrés assez cruels pour couper la main d'un homme uniquement parce qu'il était un artiste traditionnel de grande valeur ? Dans sa détresse, il gardait une vivacité d'esprit extraordinaire. « N'aie pas peur de ma main, dit-il. Tu vois, je continue à graver des sceaux, même s'ils me l'ont coupée. » Il s'était fabriqué une pochette en cuir pour protéger son moignon, tenait la pierre avec son bras et réussissait à graver. J'ai travaillé dur avec lui. Le paradoxe le plus fou de ces régimes totalitaires – phénomène connu que j'ai pu vérifier – c'est qu'ils annihilent, chez les plus faibles, l'individu, sa personnalité, sa liberté. Chez d'autres, au contraire, comme ce maître des sceaux, qui n'eut d'autre choix que de subir les affres de l'histoire, ils créent ou déclenchent une énergie intérieure violente, une puissance de survie nouvelle. Ils nous livrent alors un savoir poignant et bouleversant de vérité. Ils se sont construits seuls, dans l'interdit, et n'auraient sans doute jamais atteint cette qualité d'« Être vrai » dans une vie normale. Ces hommes m'offraient le fruit de leur bataille intérieure : la renaissance et la sauvegarde de leur art. Comment ne pas les suivre ? Dans ses décors à la Zola, la Chine fut pour moi un accélérateur de progrès et de connaissance extraordinaire.

Quand on rencontre des êtres d'exception qui acceptent de vous enseigner leur art au mépris des risques dont le moindre serait de se faire mal voir des autorités, qui vous apportent la somme de leur savoir, la première des choses est de répondre à leur générosité. J'ai passé des mois à copier des sceaux de grands maîtres. Avec mon professeur, nous allions chercher des pierres en stéatite sur le marché. La nuit, je gravais mes sceaux. Il les corrigeait, m'expliquait chaque ligne. Il me dévoilait cette écriture particulière, déchiffrait les pensées poétiques ou philosophiques ; j'ai découvert peu à peu que la gravure de sceaux était un art à part entière, comme la peinture. J'ai compris pourquoi Wen Yiduo, le plus grand poète chinois du XXe siècle, s'y était consacré. Le sceau que l'artiste applique sur sa peinture fait partie de celle-ci ; il doit traduire l'esprit de l'œuvre peinte, être en harmonie avec elle. J'ai appris ce style de caractères très particulier qui conserve les formes les plus anciennes de l'écriture. Le calligraphe doit s'y initier, car celle-ci n'est plus conservée que dans les sceaux ; il plonge ainsi aux sources de son art. C'est seulement par les sceaux que l'on peut encore se familiariser avec la calligraphie de l'Antiquité. Les autres supports d'écriture n'ont pas résisté, à part le bronze, mais il n'est plus question de refaire des bronzes. J'ai copié et recopié les grands maîtres dont je gravais puis imprimais les sceaux sur papier. Des sceaux en bronze de l'époque Shang aux sceaux historiés de l'époque dite des Printemps et Automnes qui représentaient de petits animaux merveilleux. J'interprétais des caractères en différents styles, celui des « Aiguilles suspendues » ou celui des « Oiseaux et insectes » de l'Antiquité...

Comme nous n'étions pas riches, je gravais chaque face d'une même pierre. Et, à mon grand désespoir, nous poncions les exercices de la semaine précédente pour obtenir de nouvelles surfaces miniatures de travail.

L'art du « Pinceau de fer » est éprouvant et, plus d'une fois, par fatigue, manque de maîtrise ou simplement paresse de placer la pierre dans le petit établi en palissandre, je la calais dans ma main gauche et je gravais de la main droite. Mon couteau dérapait. La lame d'acier trempé biseautée entaillait alors rapidement la chair. Au bout de quelques semaines, j'avais les doigts de la main gauche pleins de pansements. C'est normal, constatait le maître des sceaux, c'est le métier qui rentre !

Le soir, à l'aide de mes dictionnaires, je traduisais les sceaux des grands peintres lettrés. Je découvrais avec une joie intense la poésie et l'humour subtil de ces derniers. Shitao, auteur mémorable de mon viatique : *Les Propos sur la peinture du moine Citrouille Amère*, se surnommait également « le Disciple de la grande pureté » ou « le Vénérable Aveugle ». Le moine montagnard Bada Shanren, « Neige à part », « l'Âne » ou « le Bûcheron aux nuages brisés ». Puis vint le jour où j'obtins l'autorisation de graver les miens : « Tempête des pinceaux » ou « l'Univers pour maître ». J'étais bonne élève à l'époque ! Un jour, je me graverais comme surnom « le Légume cuit », « la Tigresse enragée » ou « l'Ignare devant l'Éternel ». Car, voyez-vous, j'ai acquis quelque sagesse en vingt ans de pratique...

Au bout de plusieurs mois, j'ai apporté mon travail au maître Huang et je lui ai dit : « Je crois que j'ai mes bases. » Il a regardé ma main gauche et ce que je lui apportais, puis m'a répondu : « Ce n'est pas mal. »

Quand j'ai voulu lui montrer ce que j'avais appris dans l'atelier de peinture traditionnelle, il m'a aussitôt arrêtée : « Je ne veux rien voir : c'est décourageant. À partir d'aujourd'hui, oublie ce que tu as appris, ce que tu as cru comprendre, les catégories esthétiques du beau, du laid. Tout ça, au panier ! Tu vas commencer par tracer des traits, seulement des traits pendant plusieurs mois. En peinture chinoise, tout se construit à partir de traits ; ils sont les pierres à l'aide desquelles on bâtit la maison. Ne t'imagine pas que nous allons tout de suite copier des estampages de calligraphies anciennes. Il faut d'abord que tu possèdes une base solide. Cette base, c'est le trait horizontal. Tant que tu n'auras pas réussi à donner vie au trait horizontal, nous ne passerons pas aux autres traits, à l'écriture des caractères. L'unité du trait de pinceau est le fondateur. Souviens-toi du début du *Classique de la Voie et de la Vertu* de Lao Zi : le un engendre le deux, qui engendre le trois, qui engendre la diversité de l'existence.

– Il me semble, lui dis-je, que l'un de nos sages grecs a exprimé la même pensée : "De toute chose l'un, et de l'un toute chose."

– C'est cela, me répondit-il. Le trait horizontal est le un, les autres traits sont le deux ; ils donnent naissance aux milliers de caractères. Le trait est une entité vivante à lui seul ; il a une ossature, une chair, une énergie vitale ; c'est une créature de la nature, comme le reste. Il faut saisir les mille et une variations que l'on peut offrir dans un unique trait. »

Je me suis exercée pendant des mois et, à chacune de ses visites, il me corrigeait. Il m'a d'abord appris à broyer mes bâtons d'encre sur la pierre à encre, à profiter de ce rituel, du geste répétitif qui prépare l'artiste à l'acte de peindre. Une manière de quitter le monde des hommes et de faire le vide en soi. Il m'a aussi appris à charger d'encre le pinceau car, dans son manteau de crins, se trouve une réserve intérieure qu'il faut apprendre à maîtriser à la verticale. Il s'agit de prendre conscience de la pesanteur et de la gravitation universelle, le pinceau devenant alors un véritable pendule, un lien entre l'univers et le centre de la

Terre. Il m'a enseigné l'attitude du corps : les deux pieds fermement ancrés à terre pour se nourrir des énergies du sol. Je devais m'entraîner à rester bien droite pour que le courant d'énergie entre le Ciel et la Terre passe à travers moi. Devais-je me transformer en paratonnerre pour capter les puissances telluriques ? Et ce n'était pas une blague ! L'idée peut paraître simple mais elle n'était certes pas facile à pratiquer. J'étais perdue et loin de penser que, pour manier un pinceau et inscrire un trait sur une feuille blanche, il fallait avoir compris intuitivement les grandes lois de la physique fondamentale.

Mon maître venait rarement me voir et me laissait peindre mes bâtons, mes *hua*, seule, toute la journée.

« Je voudrais que ton trait représente une formation nuageuse, avec la mouvance indistincte des nuages, ce souffle qui anime une matière vaporeuse, me disait-il. Essaie. » Et il repartait. Moi, je continuais à exécuter mes traits en essayant de réfléchir à ce qu'il m'avait dit.

Il revenait : « Ton trait, là, ne va pas. Pense à un cheval, à l'os de son fémur. Essaie de représenter cet os par ton trait, avec sa moelle car, même à l'intérieur d'un os, il y a du mouvement. Trace ton trait en imaginant un os. » Et pendant une semaine, je traçais mes bâtons avec un os dans la tête : « Ton os de cheval n'est pas mal, mais il manque encore quelque chose. Ton trait n'est pas vivant. Connais-tu le principe de vie du mystère végétal ? » Il allait dans le jardin cueillir une branche : « Regarde : il y a une ossature externe, et de la sève à l'intérieur ; c'est un fluide qui nourrit la tige. Il y a un mouvement interne et une enveloppe externe stable. J'aimerais que tu reproduises ça avec ton cœur. » Et je ne le voyais plus pendant une semaine. À son retour, il me disait : « Ce n'est pas mal. Tu as à peu près

101

saisi ce qui régit le végétal. Mais tu es trop sèche. Ton trait manque d'eau. Dans toute vie sur terre, il y a de l'eau. Chez l'homme, sans eau, il n'y a pas de chair. Tu as compris l'ossature, tu es en train de comprendre le mouvement sous-jacent, mais il manque la chair. Pense aux rivières, aux cours d'eau, au mouvement de l'onde, à l'humidité, au torrent dans les montagnes et essaie de traduire cela. » Et il me laissait encore des jours et des jours à tenter l'approche de cette dernière pensée.

Pendant ce temps, mes camarades de classe qui me voyaient tracer perpétuellement le même trait depuis des mois et qui n'avaient pas compris le principe de son enseignement se moquaient de moi : « Tu dois être contente d'avoir fait tant d'efforts pour venir en Chine et tracer des bâtons, comme à la maternelle, pendant des mois ! » Mais l'enseignement du maître m'intéressait, même s'il ne prononçait qu'une seule phrase par cours. Il fumait des cigarettes, buvait une tasse de thé et discutait avec mon oiseau qu'il adorait. Il n'en disait pas davantage mais personne avant lui ne m'avait demandé de réfléchir à ce que peut traduire un pinceau dans son expression la plus banale : un trait. Je jugeais ces exigences fort difficiles à exécuter et pourtant elles me paraissaient tomber sous le sens. Je sentais que ses propos touchaient à certaines connaissances essentielles sur l'art de peindre. Alors, je bûchais avec acharnement.

Une fois, il me demanda si je savais monter à cheval.

« Oui, lui répondis-je, et j'adore cela.

— Comment fais-tu pour arrêter ton cheval ?

— Je tire sur les rênes.

— Ce geste de tension, quand tu tires sur les rênes, peux-tu le représenter dans ton trait ? »

102

Il voyait tout ; il voyait que je n'avais pas encore atteint ce que pouvait contenir cette matrice qu'est le trait. Ses petites phrases, très simples, s'inscrivaient dans un principe : comment donner vie à la matière ; et la calligraphie s'inscrivait dans ce principe. « Tout ce qui est dans la nature, tout mouvement humain est une métaphore idéale pour instruire ton esprit à transmettre la vie au trait, disait-il. Avant d'avoir appris à communiquer une tension physique et spirituelle au trait, il ne sert à rien d'aller plus loin. »

Pendant des mois, je me suis exercée encore et encore, et un jour, miracle, mon trait était parfait ! Nous avons fêté ma réussite : il m'a invitée au restaurant, puis à l'Opéra.

« Ce soir, je bois ! s'est-il écrié. Tu as saisi la base. Nous allons pouvoir passer aux autres traits. Nous irons beaucoup plus vite. Le premier pas est le plus difficile ; ensuite, on peut parcourir des infinis. »

Il m'a donc initiée au trait-point, qui doit représenter un caillou dévalant une montagne, prêt à éclater, au trait oblique, qui ressemble à une corne de rhinocéros, au trait vertical, qui est comme un clou rouillé, au trait oblique-appuyé, qui est comme la vague qui se fracasse sur le sable et se termine en roulement de tonnerre. Chaque fois, il m'enseignait à l'aide d'images poétiques. Mais il ne s'agissait pas seulement d'images : il m'interdisait de peindre sans avoir à l'esprit le roulement du tonnerre, le déferlement de la vague ou le caillou qui dévale. « Ils doivent être présents dans ton esprit avant que tu poses ton pinceau sur le papier ; sans cela, tu ne parviendras pas à les traduire. Ce n'est pas un problème de technique. »

Après deux saisons d'exercices infernaux, j'avais fini par comprendre et appliquer le processus mental indispensable. Pour un apprenti peintre, c'était une leçon magistrale.

Ses critiques étaient formulées ainsi : « Ton trait n'a pas de muscles. Il manque de tension », « Celui-ci devrait être plus vif, plus agile », « L'onctuosité n'est pas assez harmonieuse ; cela manque de musique », « Ton ossature est trop faible, trop molle. Que t'arrive-t-il ? Tu es malade ? » Il lisait ma vie intérieure dans mes pages d'écriture. Quand j'avais le cafard, il le voyait aussitôt. « Ça ne va plus du tout ; tu ne maîtrises plus rien. Il faut te changer les idées », « Ici, la chair est excessive », « La consistance de l'encre manque de plénitude ». Il avait une vision anthropomorphique du trait. Pour lui, la calligraphie était un organisme vivant. Il fallait débuter par un apprentissage intérieur, par l'attitude mentale et physique nécessaire pour donner vie au trait. J'ai mis quelques années à m'y entraîner.

Je passais aussi de longues journées chez lui, à compulser des livres de reproductions ou des estampages de calligraphies anciennes. C'était une autre partie de l'enseignement. Il voulait entraîner mon regard, m'apprendre à savoir parler des traits : « Quelle humeur exprime-t-il, quelle impression ou perception ? » Il empruntait des livres auprès d'amis pour me montrer le plus grand échantillonnage possible. Nous passions des heures à les feuilleter. Il m'expliquait ce qu'il lisait dans tel ou tel esprit et pourquoi. Puis il m'interrogeait : « Que penses-tu de ce trait, quelle saveur a-t-il ? » Je lui donnais mon avis et il approuvait ou non. Je passais ainsi souvent plusieurs heures à chercher la secrète inspiration des œuvres. C'était long et fatigant, mais cela m'a énormément appris et aidée dans mes exercices ultérieurs. J'ai acquis une intuition aiguë, très élaborée de la substance et l'essence d'un coup de pinceau. Heureusement, nos séances incluaient le rituel du thé, où il sortait son pot de miel pour sucrer l'eau chaude, ce qui était un grand luxe ; la récréation consistait à faire la causette aux oiseaux.

Nous avons commencé les exercices de copie. Nous avons choisi ensemble des estampages de la *Forêt des Stèles* du musée de Xi'an. L'étape de l'écriture sigillaire fut assez rapide, car je l'avais déjà apprise avec le maître graveur de sceaux et j'avais acquis la puissance nécessaire à ce style. Ensuite, nous avons abordé l'écriture régulière ; chaque caractère devait s'inscrire dans un carré, mais je m'ennuyais à aligner les caractères comme de petits soldats pour un défilé. C'est là que le maître montra son génie. Un autre m'aurait obligée à de nombreux mois de caractères réguliers avant d'aller plus loin ; lui a compris tout de suite que ce n'était pas ce que je préférais et nous sommes passés très vite à la cursive, le style qui m'intéressait.

Le soir, j'essayais de retrouver dans mon dictionnaire les caractères que j'avais copiés, mais c'était très difficile. « Je ne comprends pas le sens des caractères que je calligraphie, lui dis-je. Je me sens frustrée, dépassée par mon travail. Est-ce grave ?

— Cela n'a aucune importance, me rassurait-il. Ne t'occupe pas du sens pour le moment. Ne passe pas ta vie le nez dans les dictionnaires. Suis mon principe : révéler l'élan, le dynamisme, les lignes de force. Mais je ne veux pas d'une prouesse technique. Tu dois arriver à une complète maîtrise de l'encre et du pinceau pour insuffler de la vie au trait. »

Il venait régulièrement dans ma chambre et me calligraphiait des sentences qu'il m'expliquait et que je devais apprendre. Il en avait couvert les murs et je m'endormais en les lisant pour que mon cerveau s'imprègne du chemin que le pinceau parcourait dans l'espace. Il s'agissait de pensées philosophiques car il voulait m'amener insensiblement de la technique à la pensée qui lui est sous-jacente. Il me distillait son enseignement à doses homéopathiques.

À force de manipuler les dictionnaires et d'essayer de comprendre les caractères, j'ai eu envie de calligraphier une pensée poétique de mon cru. J'arrivai un jour, très fière d'être parvenue à écrire en chinois un petit poème. Mon maître a piqué une énorme colère et jeté aussitôt mon papier : « Je me fiche du sens de ce que tu calligraphies. Ça pourrait être le rayon lumineux sur le bec de ton oiseau, la brise du soir qui vient conter des histoires, le tonnerre qui cogne à ta porte. C'est l'éclat spirituel qui doit générer l'œuvre ; la pensée ne doit pas l'emporter sur le naturel de l'ensemble. Le sens du caractère est anecdotique pour l'instant. C'est l'unité qui importe. Tu as voulu traiter ta phrase en oubliant l'harmonie de la composition ; on sent le labeur ; ton travail est mort avant même d'avoir vu le jour. Pars toujours d'une intuition poétique et essaie d'exprimer la substance des choses ; tel est le principe constant. Où est la manifestation du mystère merveilleux ? Tu as laissé échapper le naturel. C'est trop élaboré dans ta tête. » Il m'a raconté deux anecdotes qui figurent chez Zhuang Zi et que j'ai retrouvées ensuite dans la traduction de Liou Kia-hway[1].

Quand le boucher du prince Wen-houei dépeçait un bœuf, ses mains empoignaient l'animal ; il le poussait de l'épaule et, les pieds rivés au sol, il le maintenait des genoux. Il enfonçait son couteau avec un tel rythme musical qu'il rejoignait parfaitement celui des célèbres musiques qu'on jouait pendant la *Danse du bosquet des mûriers* et le *Rendez-vous de têtes au plumage*.

« Eh ! lui dit le prince, comment ton art peut-il atteindre un tel degré ? »

Le boucher déposa son couteau et dit : « J'aime le Tao et ainsi je progresse dans mon art. Au début de ma carrière, je ne voyais que le bœuf. Après trois ans d'exercice, je ne voyais plus le bœuf. Maintenant, c'est mon esprit qui opère plus que mes yeux. Mes sens n'agissent plus, mais seulement mon esprit. Je connais la conformation naturelle du bœuf et ne m'attaque qu'aux interstices. Je ne détériore pas les veines, les artères, les muscles, les nerfs, à plus forte raison les grands os ! Un bon boucher use un couteau par an parce qu'il ne découpe que la chair. Un boucher ordinaire use un couteau par mois parce qu'il le brise sur les os. Le même couteau m'a servi depuis dix-neuf ans. Il a dépecé plusieurs milliers de bœufs et son tranchant paraît toujours comme s'il était aiguisé de neuf. À vrai dire, les jointures des os contiennent des interstices et le tranchant du couteau n'a pas d'épaisseur. Celui qui sait enfoncer le tranchant très mince dans ces interstices manie son couteau avec aisance parce qu'il opère à travers les endroits vides. C'est pourquoi je me suis servi de mon couteau depuis dix-neuf ans et son tranchant paraît tou-

---

1. Tchouang Tseu, *Œuvre complète*, « Connaissance de l'Orient », Unesco, Paris, Gallimard, 1969.

jours comme s'il était aiguisé de neuf. Chaque fois que j'ai à découper les jointures des os, je remarque les difficultés particulières à résoudre, et je retiens mon haleine, fixe mes regards et opère lentement. Je manie très doucement mon couteau et les jointures se séparent aussi aisément qu'on dépose de la terre sur le sol. Je retire mon couteau et me relève ; je regarde de tous côtés et me divertis ici et là ; je remets alors mon couteau en bon état et le rentre dans son étui » *(p. 46)*.

« Ce qu'il y a de précieux dans le mot, c'est l'idée. Mais l'idée relève de quelque chose qui est ineffable. Le monde apprécie les mots et les transmet par les livres. Bien que tout le monde estime les livres, je les trouve indignes d'estime, car ce qu'on y estime ne me paraît pas estimable. De même que ce qui peut être vu ce sont les formes et les couleurs, ce qui peut être entendu ce sont les noms et les phonèmes. Hélas ! Tout le monde considère que les formes et les couleurs, les noms et les phonèmes représentent la réalité des choses et cela n'est pas vrai. C'est en ce sens que "qui sait ne parle pas, qui parle ne sait pas".

« Un jour, le duc Houan lisait dans sa salle surélevée, tandis qu'en bas de la salle, le charron Pien travaillait à faire une roue. Déposant son marteau et son poinçon, le charron monta dans la salle et demanda au duc : "Qu'est-ce que vous lisez là ? – Les paroles des saints, répondit le duc. – Les saints existeraient-ils encore ? demanda le charron. – Ils sont morts, dit le duc. – Alors, ce que vous lisez ne représente que la lie des anciens. – Quand je lis, répondit le duc, un charron n'a pas à me donner son avis. Je te permets toutefois de t'expliquer. Si tu n'y arrives pas, tu seras mis à mort. – Voici ce que le métier de votre serviteur lui a permis d'observer. Quand je fais une roue, si je vais doucement, le travail est plaisant, mais pas solide. Si je vais vite, le travail est pénible et bâclé. Il me faut aller ni lentement ni vite, en trouvant l'allure juste qui convienne à la main et corresponde au cœur. Il y a là quelque chose qui ne peut s'exprimer par les mots. Aussi n'ai-je pas pu le faire comprendre à mon fils qui, lui-même, n'a pu être instruit par moi. C'est pourquoi, à soixante-dix ans, je travaille toujours à faire des roues. Ce que les anciens n'ont pu transmettre est bien mort et les livres que vous lisez ne sont que leur lie" » *(p. 117).*

Beaucoup de sinologues ont écrit sur Zhuang Zi. J'ai eu de la chance : mon maître en avait assimilé l'esprit. Il me disait : « Tu veux devenir peintre, n'est-ce pas ? La pratique de la calligraphie, ce que je t'enseigne, n'a pour but que de te servir à comprendre le processus créateur. La pensée que tu as voulu interpréter, le labeur qui en fut la conséquence ont ôté la vie à ta composition. » Depuis ce jour, je me suis débarrassée de mon complexe : ne pas connaître le sens de tous les caractères chinois. « Oublie tout ça, c'est sans importance. » La calligraphie n'était plus écriture, elle était peinture. Il m'avait libérée de la culture livresque chinoise. C'est dorénavant avec un cœur léger et insouciant que j'ai continué à travailler ; j'étais peintre à part entière ; non plus limitée par l'obligation d'être sinologue.

Je n'en pouvais plus de travailler avec de l'encre noire et je lui ai demandé si je pouvais égayer d'un peu de couleur mes exercices : « Non seulement tu ne vas pas mettre de couleur, mais tu vas encore travailler le noir pendant des années. Tu dois arriver à percevoir que, dans le monochrome, dans les variations infinies de l'encre de Chine, tu peux interpréter les mille et une lumières de l'univers. Si tu recours maintenant à la couleur, tu n'iras plus rechercher les possibilités du lavis, la façon dont il accroche la lumière. C'est difficile, mais fais-moi confiance. Lorsqu'au bout de quelques années tu viendras à la couleur, ton interprétation de la lumière sera d'une richesse bien plus précieuse. Le noir possède l'infini des couleurs ; c'est la matrice de toutes. Même si cela te paraît aberrant, tu en seras persuadée plus tard. Avec les ressources du noir et le vide du papier blanc, tu peux tout créer, comme la nature, à l'origine, a tout créé avec deux éléments opposés et complémentaires, le yin et le yang, qui se fondent en une unité. Toutes les transformations en sont issues. Le noir est le révélateur premier de la lumière dans la matière. »

Il me montrait dans des livres des peintures anciennes de paysages. L'ossature du monde, l'essence des brumes apparaissaient à travers la finesse et la transparence du lavis. Peu à peu, il m'a fait passer de la calligraphie au paysage : « La peinture chinoise n'est pas, comme en Occident, une représentation de la réalité qui nous entoure. La ressemblance ne nous intéresse pas ; elle est pour le vulgaire. »

Je l'interrompis pour lui raconter qu'en France, Charles Baudelaire avait noté ce même affligeant constat. En Occident, disait-il, la peinture de paysages n'a d'autre règle que la vérité du motif, qui se veut science exacte. Il déplorait déjà le manque d'élévation spirituelle de son époque, son maigre imaginaire poétique. « Bien sûr, reprenait le maître. Nous aussi, nous utilisons nos montagnes et nos vallées, de même que nous utilisons les caractères de l'écriture comme source d'inspiration. Il demeure un rapport avec la réalité mais celle-ci représente, si tu veux, un alphabet grâce auquel nous créons notre vision intérieure, l'esprit de la vie de la montagne, ou du paysage que nous choisissons d'interpréter. La peinture chinoise est une peinture de l'esprit ; elle ne vise qu'à transmettre l'esprit des choses à partir des formes, qui ne sont qu'un moyen. »

Je comprenais ces mots mais j'avais du mal à en saisir l'application. De temps en temps, quand je n'avais pas le moral, il me disait : « Viens. Ce soir, je t'ai préparé un flan de lait de soja aux amandes. » Ou bien, quand j'étais fatiguée, il me calligraphiait un poème pour le plaisir :

> *Humble fleur dressée au creux d'un mur*
> *Ton bonheur d'être toi-même te suffit*
> *Pour être au centre de l'univers.*
>
> (Bing Xin, XXᵉ siècle)

Puis il me servait une infusion de gingembre destinée à me redonner des forces. Il allait au marché en acheter du frais qu'il coupait en fines lamelles et auquel il ajoutait une grosse cuillerée de miel. Il accordait une grande attention à ma santé.

Il répétait sans cesse : « Pour trouver l'unité du pinceau, il faut apprendre l'opposition et la complémentarité. Je ne veux pas d'un trait trop souple ou trop enlevé ou trop rugueux ; il doit être preste et retenu ; empreint ni de force ni de mollesse. Il faut allier puissance et délicatesse. La touche ne doit être ni trop légère ni trop lourde. Appuie sur le trait, mais avec un poids plume ; que ton pinceau ne soit ni trop sec ni trop mouillé ; que ta touche ne soit pas trop onctueuse. Il faut trouver le juste milieu pour saisir la vie. Tout est dans la juste mesure des oppositions. En Occident, vous aimez les extrêmes ; pour vous, le juste milieu est synonyme de fadeur. Pour nous Chinois, le juste milieu, c'est épouser la vie, la paix. L'harmonie de la nature est basée sur le juste milieu. Travaille dans cette direction et une dynamique naturelle naîtra dans tes œuvres qui trouveront alors leur unité et une qualité physique organique. »

111

En feuilletant les livres d'art, en présence d'une belle calligraphie il se taisait ; il était presque recueilli face à l'œuvre d'un grand maître ancien. Je respectais ce silence et j'essayais d'entrer en communion avec l'esprit de la peinture, même si je n'avais devant les yeux que de mauvaises reproductions. J'aimais sa phrase : « La mémoire, cette trace furtive, éphémère, nous enseigne doucement, mais sûrement, la saveur de l'immortalité. » J'ai grandi intérieurement à parcourir ces images qui devenaient des entités vivantes. Je me suis éduquée à cette forme très savante de l'art comme on s'éduque à écouter Mozart. Un lien se formait spontanément entre ce que j'essayais de comprendre avec la main dirigée par le cœur et ce que j'apprenais peu à peu avec mon œil. Arrive un moment où tout cela se trouve réuni dans le même petit panier. J'ai appris à vivre un trait en le contemplant, comme on communique dans la musique.

Quand je lui dis que mes camarades se moquaient de mes exercices à répétition, il me raconta l'histoire du vieillard fou qui déplaça la montagne : devant chez lui, une montagne cachait la vue ; avec entêtement, il se mit à la creuser. Tout le village se moquait de lui. « Peu importe, rétorquait-il. Mes fils, mes petits-fils, mes arrière-petits-fils reprendront ma tâche et, finalement, ils déplaceront la montagne. »

Après des mois et des mois d'entraînement, j'éclatai, un matin d'hiver, devant mon maître :

« Ça ne va plus ; je ne sais plus où j'en suis. Bref, je ne comprends plus rien du tout.

— Bien, bien.

– Je ne sais pas où je vais.

– Bien, bien.

– Je ne sais même plus qui je suis.

– Encore mieux !

– Je ne sais plus la différence entre le "moi" et le "rien".

– Bravo ! »

Plus je fulminais, plus il se réjouissait, avec une expression de bonheur et de stupéfaction sur le visage. Il trépignait même, les larmes aux yeux. Je poursuivis, accablée par une douleur intérieure, croyant qu'il ne comprenait pas ce que je disais : « Après toutes ces années de pratique, je me rends compte que je suis toujours aussi ignorante devant l'univers. Je n'arriverai jamais à accomplir ce que tu me demandes.

– Oui, c'est exactement cela », disait-il en frappant de joie dans ses mains.

Il dansait sur place avec une jouissance incompréhensible. À cet instant, j'ai pensé qu'il délirait.

« Tu ne sais pas à quel point tu viens de me faire plaisir ! Il y a des gens à qui une vie ne suffit pas pour comprendre leur ignorance. » Il réfléchit pendant un moment, me tendit son mouchoir crasseux pour que je m'essuie les yeux. « Je suis bien vieux à présent et je n'y suis pas arrivé. Mais toi, petite imbécile que tu es, peut-être que toi, avec ce cœur solitaire et tenace, tu y parviendras. J'en ai l'intuition en cet instant même. Le fait que tu reconnaisses que tu es une ignare devant l'éternel, c'est l'attitude que je désirais que tu aies pour approcher la peinture. C'est la seule attitude valable pour devenir peintre ; sinon, ce n'est pas la peine de s'y mettre. Enfin une compréhension soudaine, juste, de la réalité ! C'est la première fois que tu montres une réaction spontanée, une intelligence claire, limpide.

Tu es enfin sur le chemin de la sagesse que je tente de t'indiquer depuis des années, sur celui de la vraie peinture, celle qui est en harmonie avec le cours naturel des choses. Tu es épuisée, viens à la maison ce soir. Je te ferai de la soupe aux raviolis et nous boirons pour fêter cet heureux événement. »

Avant de le quitter, perdue, je me suis souvenue d'une pensée de Fernando Pessoa dont je n'avais pas compris la profondeur auparavant. Je tentai de la traduire : « "Celui qui aborda de n'être pas fut."

— Ah bon ! fit le maître. Comment un Occidental a-t-il pu comprendre cette sagesse de vie ? » Après un long silence, avec malice il me demanda : « Qui est ce monsieur Pei-Zuo ? »

Il m'a aussi enseigné à vivre les moindres gestes de la vie quotidienne, car c'est en eux que le peintre trouve son inspiration. Une réceptivité totale nous rend attentifs aux vibrations des choses, à la nuance de l'aube. Il m'a appris, en me levant, à sentir la petite brume matinale qui varie chaque jour. Elle éclaire un aspect de soi encore inexploré, un sentiment ignoré. « On enrichit sa peinture en vivant pleinement l'humeur du jour, disait-il. Le peintre ne copie pas la nature, en même temps elle est sa révélation première ; il en restitue les traits, les états, l'ossature. Un brin d'herbe est source de connaissance. Il apprend la ligne drue, coupante, dense. La danse de l'oiseau en vol t'indique comment se déployer, prendre son élan, piquer vers le sol. Il faut te nourrir des vies qui t'entourent. Elles provoqueront des émotions et des perceptions de plus en plus riches et variées. Le peintre, au cours de son existence, se construit une banque de données psychiques à partir de sa connivence avec le monde. C'est ce qu'il restitue dans son trait. Un jour, de cette banque de données naîtra naturellement, en un geste spontané, un acte créatif. »

Le matin, au lieu d'aller suivre les cours de gymnastique obligatoire, il m'a demandé de rester une demi-heure ou une heure assise en tailleur, pour faire le vide en moi. Cela paraît simple mais c'est excessivement difficile. Dès qu'une pensée surgit, mille sentiments s'agitent. « Rien ne sert de lutter. C'est ta nature d'être fougueuse, accepte son désordre. Si une pensée se présente, laisse-la passer, ne la saisis pas. Tu verras que, petit à petit, tout s'apaisera. Exerce-toi ainsi chaque jour. Cette mise en condition te fera beaucoup de bien. Elle est importante pour y voir clair, pour élever l'inspiration, éveiller la perception immédiate. Il faut aussi étudier les plantes. » Il m'a apporté une petite plante en pot. « Tu dois parler à tes plantes, leur donner un peu d'eau, parler à ton oiseau. Ensuite, prépare le thé. Ce rituel te mettra en disposition. » Il m'a également appris à purifier le lieu avec de l'encens. « Il n'est pas inutile de rendre hommage aux anciens, aux esprits, aux divinités. Pense aux ancêtres en brûlant de l'encens. Balaie le seuil de ta porte, retrouve des gestes naturels. »

C'est vrai que, maintenant, je vis ainsi. Je ne peux plus me mettre au travail sans une table impeccable, dépoussiérée ; je décape, je nettoie. Cette attitude, qui paraît banale, aide à la quiétude. Avant, je restais souvent assise dans le jardin. Mais je préfère la marche. Pour chasser les pensées négatives, retrouver la sérénité primordiale, chacun doit chercher l'attitude qui lui convient ; la marche me convient mieux que l'immobilité.

Après une initiation à la calligraphie qui a duré environ trois ans, le maître me proposa des séances de peinture de paysage à quatre mains. Quand j'arrivais, je devais d'abord préparer le thé, parler avec son oiseau, respecter son silence pendant qu'il broyait l'encre. Il déroulait alors du papier blanc, diluait l'encre, choisissait un pinceau pour moi, un autre pour lui. La première fois, paralysée par le vide de la feuille blanche, je ne pus le suivre. Il me dit : « Nous allons exécuter un quatre-mains. J'ai inventé ce système-là pour toi. Je n'en vois pas d'autre pour t'amener à découvrir l'infini du paysage dans le néant. » Il fit une tache et me demanda :

« Que vois-tu là ?

— Une forme qui prend vie.

— Mais encore ?

— Ça peut être un caillou.

— Oui, ça peut être un caillou.

— Ça peut être un début de paroi rocheuse.

— Derrière cette paroi rocheuse, que vois-tu ?

— Je ne vois rien !

— Mais si ! Regarde derrière cette paroi rocheuse. »

Le travail de l'imaginaire commençait : « Essaie d'imaginer un paysage. » J'avais pratiqué, en parallèle avec les exercices de calligraphie, des manuels d'études tels que *Le Jardin grand comme un grain de moutarde*. C'était une autre nomenclature, celle de la représentation du monde : un caillou, deux cailloux, trois cailloux, une méthode pour les disposer dans l'espace, les réunir pour former des montagnes, de jeunes montagnes agressives, des montagnes plus usées par le temps et l'érosion, un pont, une barque, le secret des trente-six défauts de la peinture du prunier, les écorces et troncs d'arbres, les dunes lointaines, l'enseignement élémentaire de la peinture des iris par le maître de la maison Qingzai. Dans ce *Jardin*, j'ai également découvert l'écriture du cœur des fleurs, des étamines, du calice, celle de l'abricotier, différente de celle du pommier sauvage. Ces manuels sont d'une richesse poétique sans égale, l'apprenti peintre les utilise sans fin, comme une partition musicale, suit pour notes les traits de pinceau qu'il interprète afin de saisir le vivant de chaque chose. Quand, le soir, j'avais le courage d'ouvrir mon dictionnaire pour tenter de traduire une citation en face d'une planche, je découvrais une pensée merveilleuse : « Les fleurs possèdent de nombreuses formes : celles de grains de poivre, d'yeux de crabe ou, parfois, d'un sourire... »

J'avais étudié ce manuel seule, mais, maintenant, c'était le grand saut, je n'avais plus rien sur quoi m'appuyer. Il ne s'agissait plus de copier mais d'inventer, d'improviser, de rêver, de créer d'une manière spontanée. Maître Huang avait caché tous les manuels. J'avais des hésitations, des doutes, et c'est lui qui a travaillé à ouvrir les portes psychiques devant lesquelles je reculais : « Chacun à notre tour, nous allons mettre un coup de pinceau, disait-il. C'est comme une partie d'échecs : nous allons voir qui va gagner de nous deux. Un coup de pinceau qui n'est pas empreint de vie, et ta composition meurt. Mais c'est moi, aussi, qui peux perdre la partie. Qui va la gagner ? Qui mettra le coup de pinceau magistral ? Qui terminera l'œuvre avec l'esprit qu'il faut ? C'est difficile. » Évidemment, pendant de longs mois, j'ai perdu les premières parties. C'est ce qu'il appelait « le jeu à quatre mains ». Souvent, au cours des premières séances, le tableau était raté à cause de moi. Chaque fois, il m'expliquait pourquoi : « Là, derrière cette paroi, tu as voulu mettre un arbre, et l'arbre ne s'accroche pas, il s'agence mal ; ce n'est pas spontané. » Il y avait toujours quelque chose qui n'allait pas ; je n'étais pas exercée à sa vivacité d'esprit. Au fur et à mesure des séances, il m'initiait aux théories de la composition, à l'apprentissage et à l'attitude du vide de l'esprit face au papier, que je devais aborder pour donner vie au paysage à partir de mon moi intérieur.

Si j'arrivais à une séance nerveuse, soucieuse, agacée par les soucis quotidiens, mon trait était tremblant, flou, balbutiant, mal maîtrisé, inintelligible. À la fin du cours, il inscrivait sur une feuille : « oisiveté ». « Il faut qu'à la prochaine séance, tu travailles cette idée-là. » Rentrée chez moi, je travaillais l'idée d'oisiveté et de détachement pour faire naître la puissance d'expression naturelle. Un jour, j'arrivais à la séance sûre de moi, dans une forme olympique, décidée à braver toutes les épreuves, audacieuse. Du coup, mon trait était incisif, violent, chargé d'encre, dense, trop noir, basculant aisément dans le vulgaire : orgueil. Il inscrivait sur une feuille : « humilité ». « Tu as déjà oublié ce que je t'ai enseigné sur l'effacement, l'oubli de soi. Si tu veux travailler les perceptions infinies à travers les lavis d'encre, il faut une attitude d'humilité, de transparence ; c'est seulement ainsi que tu feras naître dans tes peintures une présence subtile. Si tu arrives fière de toi, sûre de vaincre, tu basculeras dans la trivialité. Tu as perdu la partie d'échecs. »

Lors d'une séance, j'ai voulu recourir à des stratagèmes pour épater le vieux maître et mon trait s'en est ressenti. Saccadé, il trahissait la ruse. Je m'étais perdue moi-même. Il écrivit sur la feuille : « Quiétude, calme, silence ». « Je t'ai expliqué qu'avant de venir tu devais faire le vide en toi. C'est ce vide qui nourrira ton futur tableau. C'est de ce terrain vierge que naîtra l'intention et la pensée jaillira, comme une étincelle limpide, au moment où je te passerai le pinceau. Si tu y penses avant, tu n'es plus dans l'instant ; tu seras forcément perturbée. »

Parfois, j'arrivais l'esprit fragmenté, sans recul, obsédée par mon sujet : les traits étaient éparpillés ; ils sentaient le labeur, l'oubli de la composition globale. J'intervenais à des endroits différents du tableau ; je n'arrivais pas à retrouver l'unité du sujet. Il notait alors sur la feuille : « Étudier la distance lointaine ». « C'est elle qui permet d'embrasser le tout sans s'attacher aux détails. Tu n'as vu que la mousse sur la pierre ; celle-ci peut nourrir l'inspiration mais en gardant à l'esprit l'unité fondamentale. Avec simplicité, la composition se manifestera d'elle-même et seule subsistera la solitude sublime de ton tableau. »

Nous vivions la transformation sur la feuille blanche : la mutation du ciel devenu eau, de la terre devenue ciel, du caillou devenu nuage, de la barque devenue récif ; soudain, tout était possible, la liberté d'inventer un univers s'offrait... « La pensée ricoche avec le vide, elle nous apprend à sonder les profondeurs du néant et, de l'obscur, peut jaillir la lumière. Du mouvement peut naître la sérénité. » Je pensais à ce film où l'on voit Picasso transformer un sujet en un autre. Au gré de l'intuition, ce jeu de l'esprit devient jouissif, passionnant, surprenant et, avec le temps, on y prend goût : saveurs des découvertes, comme les impromptus en musique, devenus ici impromptus de l'imaginaire. Cela enivre ; on oublie tout ; on vit dans un état second, un bonheur fécond de la pensée créatrice. Mon coup de pinceau faisait écho au sien, le sien au mien ; nous inventions dans l'espace. C'est ce qu'il appelait des exercices pour révéler l'intelligence spontanée.

« C'est l'attitude du cœur, me disait maître Huang, qui fait naître ou non le paysage. S'il est calme et sans entrave, il sera le miroir limpide de l'inspiration qui passe. Par la retenue et l'humilité, il suggérera l'insaisissable, et les élé-

ments du paysage se placeront dans le vide de la composition comme une évidence.

– Vos propos me font penser au grand peintre paysagiste Caspar David Friedrich, pour lequel j'ai la plus vive
admiration. »

Je tentais de lui traduire quelques théories de l'artiste :
« La seule source véritable de l'art est notre cœur » ou
encore : « Ferme l'œil de ton corps afin de voir le tableau
d'abord par l'œil de l'esprit... »

Le vieux Huang était très heureux des réminiscences de
ma culture qui faisaient de temps en temps écho à son
enseignement. Cela le surprenait toujours, il adorait la
réplique lors de nos échanges.

Une fois les principes de composition acquis, la peur de
la feuille blanche surmontée, après l'apprentissage de la
variation illimitée des effets, de la richesse des humeurs
traduisible au bout du pinceau, nous choisissions pour chaque séance un thème différent. Chaque fois, il rajoutait
une difficulté. « Aujourd'hui, nous allons interpréter un
paysage de neige : comment représenter le froid, l'insolite,
sur un lac. Pour traiter ce sujet, je vais te lire un poème :

Sur les mille montagnes, les oiseaux ne volent plus,
Sur les centaines de sentiers, la trace des hommes a disparu ;
Un bateau solitaire, un pêcheur, sous son chapeau et cape de paille,
Pêche, seul, au milieu du fleuve glacial et de la neige. »

Puis je devais songer à un paysage d'automne. J'étais
fougueuse, trop énergique, quand lui représentait l'audace,
la maturité, la modestie, la sagesse. Il m'initia aussi à

l'humour. Il me l'a enseigné par la présence de l'homme dans les paysages, toujours dans des situations cocasses ou drôles, en train de pêcher, d'uriner dans la montagne. Chaque fois, il en souriait, se moquait de sa place si réduite dans l'univers. Il m'expliquait par ces attitudes que nous sommes bien peu de chose. Chaque tableau était pour lui le rêve d'un espace de survie qui l'aidait à supporter la réalité quotidienne. Il ne vivait que dans ses compositions imaginaires. Pendant nos études à quatre mains je songeais souvent à la belle histoire du maître Wang-Fô et de son disciple Ling écrite par Marguerite Yourcenar. Maître et disciple avaient si bien atteint l'oubli de soi-même qu'ils étaient montés ensemble dans la barque qu'ils venaient de peindre. Ils disparaissaient dans le tableau, subtil lavis représentant la pâleur du crépuscule sur une mer de jade infinie inventée par le maître. N'y avait-il pas là, de la part de maître Huang comme de maître Wang-Fô, une initiation à la transcendance dans l'acte de peindre ?

« Le beau en peinture, selon l'enseignement des vieux maîtres, disait maître Huang, n'est pas le beau tel qu'on l'entend en Occident. Le beau, en peinture chinoise, c'est le trait animé par la vie, quand il atteint le sublime du naturel. Le laid ne signifie pas la laideur d'un sujet qui, au contraire, peut être intéressante : si elle est authentique, elle nourrit un tableau. Le laid, c'est le labeur du trait, le travail trop bien exécuté, léché, l'artisanat.

« Les manifestations de la folie, de l'étrange, du bizarre, du naïf, de l'enfantin sont troublantes car elles existent dans ce qui nous entoure. Elles possèdent une personnalité et une saveur propres, une intelligence. Ce sont des humeurs qu'il faut développer. Toi, en tant que peintre, tu dois saisir ces subtilités. Mais l'adresse, l'habileté, la dextérité qui, en Occident, sont souvent considérées comme une qualité, sont un désastre, car on passe à côté de l'essentiel. La maladresse et le raté sont bien plus vivants. »

Au cours de nos exercices à quatre mains, quand je disais que j'avais perdu la partie, raté mon trait, il éclatait de rire : « Le raté n'est pas mauvais du tout. La faiblesse peut même être d'une élégance folle. La maladresse, si elle vient du cœur, est bouleversante. Ce que tu viens de faire là est bouleversant. La maladresse peut même constituer l'esprit du tableau. Si l'expression est sincère, elle habitera forcément l'esprit qui la contemple.

« Garde le côté cru, la fraîcheur dans le rendu. Les légumes crus qui conservent leur saveur sont meilleurs et plus nourrissants que s'ils sont mijotés en sauce et longuement préparés. Il faut œuvrer à la fois avec liberté et rectitude. »

Il était difficile de le suivre ; il disait une chose et son contraire le lendemain. Son enseignement n'était jamais un discours, une démonstration, une théorie. Il procédait par touches, à la fois opposées et complémentaires, pour que, peu à peu, je parvienne de moi-même à l'équilibre. J'avais l'impression qu'il m'apprenait à marcher sur une corde raide, comme un funambule.

« Il s'agit de suggérer sans jamais montrer les choses, disait le maître. L'ineffable, en peinture, naît de ce secret : la suggestion. Tu dois parvenir à saisir cet état, entre le dit et le non-dit, entre l'être et le non-être. À un lettré qui avait écrit un poème sur la pensée, son neveu rétorqua : "S'il existe une pensée, un poème ne saurait l'exprimer parfaitement ; s'il n'y a pas de pensée, pourquoi écrire un poème ? – Mon poème se situe justement entre la pensée et l'absence de pensée", répondit le lettré.

« Il faut de la discontinuité dans la continuité du trait.

La danse du pinceau dans l'espace laisse des blancs pour permettre à celui qui regarde de vivre l'imaginaire dans le tableau, d'aller découvrir le paysage seul, par la suggestion, sans trop en dire, pour faire jaillir la pensée. Si tu tentes d'achever une œuvre, d'enfermer une composition, elle meurt dans l'instant. » Je pensai alors à cette idée de Janké-lévitch : « C'est dans l'inachevé qu'on laisse la vie s'instal-ler. » « Si on tente d'achever le tableau, disait le maître, il meurt. On rajoute toujours un coup de pinceau en trop. Recherche sans cesse et sans répit le singulier, l'insolite, détruis les frontières ou catégories esthétiques forgées par nos cultures et n'aie pas peur de paraître parfois folle ou excentrique car il s'agit de retrouver les mille et une mani-festations de la nature des choses. C'est primordial pour la recherche d'un peintre. Oublie aussi toute la métaphysique de la peinture ! » C'était peut-être là le plus difficile. Il faut mûrir avant d'y parvenir.

Un jour, le vieux maître m'a demandé si je voulais qu'il me trouve un nom chinois. « Non, surtout pas, ai-je répondu. Je ne suis pas chinoise ; je ne veux pas jouer à la Chinoise.

– Tu as raison. D'ailleurs, ton destin est inscrit dans ton prénom français : fa-bi-enne correspond en chinois à *fa*, la règle, mais aussi à celle qui recherche sa voie spiri-tuelle, la méthode, le modèle à suivre ; *bi* à l'étude compa-rative, et *enne* à la bonté, à la générosité, que tu ne dois pas ensevelir sous ta volonté d'être un peintre célèbre. Écris ton nom avec ces caractères chinois, il ressemble un peu à celui d'une nonne bouddhiste ; c'est ton karma ; tu es entrée en peinture comme d'autres en religion. »

7

Au fil inconstant des jours

*La lune approfondit le chagrin
de nos secrets intimes.*

J'ai voulu travailler pour gagner un peu d'argent et m'offrir des livres, ceux qu'on trouvait dans les librairies de la ville. J'ai demandé à mon interprète comment obtenir un emploi rémunéré. « Je vais chercher un journal auquel tu pourrais donner des illustrations », proposa-t-elle. C'est ainsi qu'un magazine pour enfants m'offrit de publier une vingtaine d'illustrations sur le thème des jeux d'enfants chinois. Je suis allée me balader dans les quartiers des bords du fleuve et j'ai dessiné une vingtaine de planches. Le soir, j'essayais, avec mon petit pinceau et à ma manière, d'interpréter ces jeux. J'ai travaillé plusieurs mois sur le sujet. J'ai envoyé mes travaux ; les rédacteurs ont été satisfaits et les ont publiés. Un jour, j'ai reçu un mandat de la poste représentant le règlement de ces mois de travail et de création. J'ai couru chercher mes sous : l'équivalent de sept francs et six centimes ! Cela a bien fait rire mes camarades de classe. J'ai compris qu'il était inutile de travailler dans ce pays : je ne pouvais guère espérer davantage que ce que m'accordait déjà l'État, le double de la bourse attribuée aux étudiants chinois. J'étais privilégiée : j'avais une chambre pour moi. Eux vivaient à huit dans une pièce, avec des lits superposés, quatre d'un côté et quatre de l'autre, un espace au milieu pour étudier, et pas de chauffage.

Un matin, je me suis révoltée. Excédée d'être réveillée par cette musique scandée de défilé militaire, j'ai ouvert ma fenêtre et mis à fond une cassette de musique traditionnelle. Les étudiants étaient hilares. Finalement, j'ai carrément coupé le fil électrique du haut-parleur placé juste devant ma chambre pour ne plus entendre, chaque matin à cinq heures, ce lever au drapeau. « Qu'il y ait des haut-parleurs, je le comprends, ai-je protesté, mais juste au-dessus de ma fenêtre, c'est à devenir folle. » La responsable du Parti me fit la leçon : « Vous rendez-vous compte de la gravité de votre geste ? Si on accepte cela, vous imaginez-vous l'atmosphère à l'université ? » Mais ils ont été gentils et n'ont pas remis le haut-parleur.

J'ai fini par être bien intégrée. J'étais invitée à dîner dans des familles d'enseignants. C'était émouvant : ils étaient très pauvres et me recevaient toujours chaleureusement, mais je savais qu'ils se privaient pour ces repas.

Pendant l'une de ces soirées, quelqu'un a joué de l'accordéon en mon honneur. On se distrayait en faisant des parties de mourre : deux personnes face à face crient un chiffre, de 1 à 10, en même temps que chacune dessine avec les doigts d'une main un chiffre inférieur. Le gagnant est celui qui a crié le chiffre équivalent à la somme des chiffres désignés par les mains des deux adversaires ; le perdant doit vider une coupelle d'alcool de riz. Une autre variante s'appelle : papier, ciseaux, caillou. Une fois initiée à ce jeu stupide et bruyant, je me sentais de taille à relever tous les défis ! À force de perdre, je buvais beaucoup d'alcool et j'ai dû m'affaiblir le foie, ce qui explique sans doute, en plus de la fatigue et d'une mauvaise nourriture, l'hépatite dont j'ai souffert.

Ces années quatre-vingt étaient l'époque des premières surprises-parties à l'université et j'y étais souvent conviée. Une fois, les étudiants ont décoré une salle de classe avec des petites lumières rouges. Le début de la décadence ! On dansait des slows interminables, chantés par Frank Sinatra. Je revivais un peu l'ambiance des écoles des beaux-arts en France.

Lors d'un nouvel an chinois, j'ai été invitée par la télévision. On m'avait demandé d'apprendre une chanson chinoise à la mode. Je n'ai pas osé refuser. On m'a affublée d'une casquette et, toute tremblante, je me suis retrouvée devant les caméras, sous les spots, en train de chanter avec mon petit papier à la main. Ce fut épouvantable. « Voyez, disait le commentateur, les étrangers apprécient la culture chinoise. » On avait fait venir des journalistes qui m'ont photographiée. J'ai été manipulée par la propagande sans m'en rendre compte ; il faut reconnaître que les autorités sont expertes en ce domaine.

J'étais invitée à chaque fête. Par exemple, pour la fête des Morts, le 4 avril, la seule qui correspond toujours à la même date occidentale, car basée sur le calendrier solaire et non lunaire. Cette fête est appelée « le balayage des tombes » : on rend hommage aux ancêtres et c'est l'occasion d'un pique-nique. La première année, des amis dont la sépulture familiale se trouvait au jardin de la Montagne du

Sud, non loin de la ville, ont proposé de m'emmener. Ce fut un pèlerinage en camion au milieu de la campagne. Il fallut traverser le fleuve en bac, remonter des vallées, longer des rizières et des champs, ce qui me permit d'admirer les paysages des environs de la ville. La famille se réunit auprès de la sépulture du grand-père. On passa la journée à nettoyer la tombe, à dépoussiérer, à balayer, à faire des offrandes, à brûler des papiers de fausse monnaie et de l'encens, à se prendre en photo. On pique-niqua gaiement en présence de l'esprit de l'ancêtre. J'ai été très émue par cette fête. Au retour, la nuit était déjà tombée et on voyait au loin la ville illuminée, panorama que mes compagnons furent très fiers de me montrer. Chaque année je choisissais un ancêtre, n'importe lequel, et j'allais balayer sa tombe. C'était à mon avis une noble attitude...

Nous fêtions aussi le double 5, le cinquième jour du cinquième mois lunaire, l'ancienne fête des Eaux, avec ses courses de bateaux à tête de dragon sur le Yang-tseu. C'était la reconstitution folklorique d'une ancienne coutume qui subsistait. Je me rendais dans la maison de la mère de mon interprète parce qu'elle était située au départ de ces courses réputées. La vieille dame avait préparé des cônes de riz glutineux mélangé à des fruits confits, des graines de sésame, des amandes décortiquées, qu'elle enveloppait dans des feuilles de bambou : les fameux *zongzi*, ficelés et cuits à la vapeur. J'en raffolais et pouvais en manger cinq d'affilée, ce qui faisait sourire mon maître. Il connaissait la petite boutique qui vendait les meilleurs *zongzi* de toute la province. Il m'avait raconté l'histoire de Qu Yuan, poète de l'Antiquité dont il aimait beaucoup les œuvres : autrefois, on jetait ces petits paquets dans le fleuve en hommage au grand homme, pour nourrir les poissons afin d'éviter qu'ils s'en prennent au corps du poète. Celui-ci s'était jeté dans la rivière par désespoir, parce que son roi l'avait chassé et conduisait le pays à sa perte au lieu d'écouter ses conseils. Il y avait aussi la fête du double 9, fête des Chrysanthèmes. Mes copains voulaient absolument grimper au sommet d'une montagne pour boire, rendre visite à la lune et se livrer à d'autres jeux.

J'ai assisté à la crémation d'un mort. Le père d'un de mes camarades de classe était décédé. Écrivain public, il calligraphiait des pensées, des sentences à coller sur les murs des maisons. Nous avions obtenu une autorisation spéciale cet après-midi-là pour assister au rituel. Nous sommes montés dans un camion de l'armée décoré de fleurs blanches avec, à l'avant, la photo du défunt ornée de bandeaux noirs. Nous portions tous un brassard noir. On a chargé le mort dans le camion. Curieusement, tout le monde était plutôt gai. Un petit orchestre jouait de la musique mais, comme la famille n'avait pas beaucoup d'argent, le décorum était assez réduit. Nous sommes arrivés au crématorium. Il y régnait une activité incessante. Nous avons fait la queue pour incinérer notre mort, camion après camion. Du crématorium s'échappait la fumée dégagée par les corps calcinés. Des familles ressortaient en pleurs dans une atmosphère d'hystérie collective.

Une fois obtenu le ticket d'entrée et le permis nécessaire, nous avons pénétré dans une énorme fosse qui me faisait penser aux salles de douche ; une usine à cramer les morts, mais de manière automatisée. Il y avait là une dizaine de rails où une dizaine de familles allaient placer leur mort, chacune devant le numéro qui lui avait été attribué. Une machine s'ébranlait, les cercueils partaient sur des roulettes avec un bruit métallique. Les portes des fours s'ouvraient et les familles se lamentaient bruyamment tandis que les cercueils avançaient dans la fournaise.

On avait l'impression d'une mécanique infernale : un numéro, une place, la queue et on passait à un autre corps. La surpopulation provoquait ces incinérations à la chaîne. Dans une grande ville, on est vite débordé par les morts. On n'imagine pas l'inhumanité, l'hystérie, l'indifférence qu'engendre la surpopulation. Le corps n'a plus d'individualité, la multitude vous dépasse ; on devient un numéro. L'atmosphère était lourde de tristesse. La famille repartait, munie d'un coffret contenant les cendres. Rien à voir avec les rituels des campagnes, leur cérémonial rythmé depuis la nuit des temps, le respect des anciens, le culte des ancêtres encore pratiqué assidûment. Ici, la mort n'avait plus rien de sacré. C'était une entrée aux enfers devant des hommes tétanisés, dans une atmosphère de violence insoutenable. La surpopulation est le cancer de la société.

Je n'ai pu supporter la scène et je suis allée vomir plusieurs fois derrière l'usine. Après la crémation, c'était à nouveau la fête. Monter dans le camion, se retrouver réunis, se rendre à la réception offerte par la famille où l'on se goinfrait de cacahuètes et de bonbons : l'humeur changeait avec la situation.

Le soir, je n'avais pas le droit de sortir. Mes copains m'ont remonté le moral : « Ça ne peut pas durer. Ne t'inquiète pas, on va trouver une solution. Connais-tu l'Opéra local ?

— Non, mais j'aimerais bien y aller ; en France, j'écoutais souvent des opéras. »

C'est ainsi qu'avec un groupe de camarades j'ai

commencé à faire le mur. Comme dans une caserne, un projecteur mobile dirigeait son faisceau sur le périmètre de l'enceinte et, à la porte, un vieux surveillait entrées et sorties qu'il notait dans son petit cahier. Il fallait démarrer au moment où le projecteur n'était pas dirigé sur l'endroit à escalader. J'avais du mal à suivre ; les garçons étaient beaucoup plus agiles que moi car entraînés depuis longtemps. Chaque fois, ils devaient me pousser le derrière pour m'aider à franchir le mur. Nous prenions l'autobus car il y avait une douzaine de kilomètres jusqu'au centre-ville. Au retour, nous devions parcourir la même distance à pied car, à la fin des représentations, il n'y avait plus de moyens de transport. Nous buvions tout en marchant et nous arrivions très ivres. C'était de nouveau l'escalade en esquivant le faisceau du projecteur. J'adorais ces fêtes mais la ville n'était pas sûre : on parlait d'histoires de mœurs épouvantables. Il aurait pu nous arriver n'importe quoi. Certes, je n'étais pas seule, mais le jour où les officiels de l'université ont appris mes escapades, ils m'ont reproché mon inconscience car elles étaient réellement dangereuses. Elles restent pourtant de merveilleux souvenirs.

J'ai vu des opéras extraordinaires, fort bien interprétés. Ils duraient des heures. Les étudiants avaient toujours un oncle ou une relation qui travaillait dans le théâtre. Je pouvais donc pénétrer dans les coulisses, voir comment les acteurs se maquillaient et se préparaient. Nous n'y allions pas tous les soirs à cause des douze kilomètres à pied, mais nous nous y rendions assez régulièrement tout de même ; certains étudiants étaient de vrais aficionados de ce genre de spectacle. La majorité du public était constituée de vieillards assez tourneboulés par la Révolution culturelle. Il n'y avait guère de jeunes. La salle n'était pas bondée comme pour un film avec Catherine Deneuve. Les comédiens étaient admirables mais pas le moins du monde respectés. Il ne s'agissait pas de grandes productions et ils luttaient pour perpétuer la tradition au milieu d'une indifférence décourageante. C'est regrettable car, à travers ces opéras, défilaient sur la scène les récits et légendes qui constituent la culture populaire et qui, comme l'écriture, scellent la Chine en un tout unique.

Pendant mes longues années de retraite sichuanaise, j'ai reçu quelques visites. Un jour, un étranger demanda à me rencontrer. C'était un photographe connu. Je l'invitai dans ma modeste cellule, lui offris le thé et lui demandai ce qui l'amenait. Il me répondit : « Je cherche un bel arbre. » J'étais surprise et admirative : il parcourait le monde à la recherche d'arbres ! Délaissant la ville polluée, il est parti dans les rizières où il a découvert un arbre habité par un esprit auquel les paysans rendaient un culte. Il a fait un livre magnifique sur les arbres. Franck Horvat et moi sommes devenus amis. Ce genre de rencontres cocasses crée des liens.

Une autre fois, à l'aéroport de Chongqing, j'ai croisé Joris Ivens dans sa chaise roulante poussée par son épouse, Marcelline. Je l'interrogeai sur les raisons de son voyage. « Je cherche le vent, répondit l'ancêtre, je cherche toujours l'impossible réalité du vent ! » J'étais interloquée. Il voulait monter sur les hauts plateaux du Sichuan et rêvait de saisir, avec l'œil du cœur, caméra en poche, les changements constants de l'invisible souffle. N'était-ce pas ce que je cherchais moi-même, inlassablement, au bout du pinceau ? La beauté intérieure du personnage m'a marquée. J'ai été très touchée par notre entretien et, surtout, profondément heureuse de me sentir un peu moins seule. Il existait donc d'autres excentriques en ce monde pour tenter encore et toujours de grandes aventures poétiques. Je n'ai su qu'en 1988 qu'il avait fini par terminer le montage de son film, *Une histoire de vent*, primé par le Lion d'or du festival de Venise.

Des gens rencontrés à Toulouse, des amis de l'époque, sont venus également me voir en Chine dans l'espoir de me ramener au bercail. Certains soupirants même, alors étudiants comme moi, sont venus me retrouver, espérant me passer la bague au doigt.

Un jour, un jeune biologiste s'est présenté ; il avait traversé le monde pour me saluer. Nous avons passé quelques jours ensemble, à l'université, et il est reparti bredouille. J'en fus désolée pour lui ; fort aimable, sympathique, il m'a laissé une pile d'ouvrages d'une valeur inestimable dans le lieu perdu où je vivais : Leopardi, Whitman, Blake, Bachelard. Relire ces auteurs au cœur de la Chine fut une jouissance extrême car j'avais acquis, grâce au vieux Huang, une nouvelle compréhension de la lecture. Quel plus beau présent pouvais-je recevoir à cette époque de mon apprentissage ? Le moine Citrouille Amère n'était plus seul au chevet de mon lit.

Ensuite, mon ami des Beaux-Arts de Toulouse, le graveur, est arrivé. Comment expliquer mes sentiments ? J'avais totalement changé, non seulement à cause de ce que j'avais vécu mais aussi parce que j'étais incapable d'expliquer pourquoi. Je sentais que je devais rester, poursuivre mon chemin, même si, vu les difficultés rencontrées, ma décision semblait incompréhensible. Mon ami tentait de me convaincre : « Tu as perdu la raison. Pars avec moi ;

pourquoi restes-tu dans cet enfer ? » Il était très inquiet. Je me sentais faible devant lui, ce qui ne me rendait pas très amène. « Laisse-moi vivre ma vie comme je l'entends, lui ai-je répondu. Je ne peux repartir avec toi. Je suis comme la chrysalide, occupée à construire le joli papillon que je serai peut-être un jour. » Comment lui faire comprendre la mutation intérieure que j'expérimentais à ce moment-là ? J'avais commencé une initiation véritable et je ne pouvais plus retourner en arrière. Sans doute me comprendrait-il mieux à présent, après avoir vu mes travaux de peinture. Mais, à l'époque, ce fut dur pour lui et pour moi. J'aurais aimé lui envoyer cette phrase de Dante extraite du *Paradis* (I, 112) : « Et ils voguent vers différents ports, sur la vaste mer de l'être, et chacun porté par l'instinct qui lui a été donné. » J'ai appris par la suite qu'il était parti au Japon, faire à son tour son grand voyage initiatique et j'en fus heureuse.

Un autre ami, fils d'un célèbre écrivain, très amoureux de moi, est venu me rejoindre quelque temps à l'université. Très brillant mais trop à l'ombre de son père, il avait l'impression qu'il ne réussirait jamais rien. Il ne parvenait pas à exister seul. Un temps, j'ai cru que la Chine allait l'aider à se construire, comme moi, et lui donner les forces nécessaires pour devenir enfin lui-même. Il a appris le chinois en quelques semaines. Il était passionné par le jeu de go ; je lui ai trouvé un maître et il a traduit un manuel théorique sur ce jeu. Il passait ses nuits dans les dictionnaires et a traduit ensuite tout le livre avec une passion ardente, inquiétante. Puis il s'est intéressé à la cithare chinoise à sept cordes. Je lui ai fait rencontrer un grand musicien et il a pratiqué les théories musicales concernant cet instrument, assimilant sans peine les principes de musicologie traditionnelle chinoise ! Nous sommes partis ensemble pour des reportages photo dans les environs. Il possédait un vieil appareil soviétique qui balayait l'espace à cent quatre-vingt-dix degrés. Il faisait lui-même ses tirages le soir ; j'aimais étudier avec lui le travail du révélateur sur les images. Il écrivait aussi très bien, incapable pourtant de dépasser sa difficulté d'être. Parfois, il avait des crises graves, violentes, que je ne parvenais pas à apaiser. Pourquoi le génie côtoie-t-il si souvent une certaine forme de folie ? J'espère qu'un jour on publiera ses traductions ou ses reportages photo uniques de ces territoires interdits que nous avions parcourus ensemble, comme il l'avait rêvé.

Ce ballet de jeunes étrangers venus de l'autre bout de la terre pour courtiser l'apprentie peintre a beaucoup amusé les familles chinoises de l'université ! Chacune donnait son avis, son numéro de préférence, et l'on causait gaiement à mon sujet dans les chaumières.

Nous eûmes droit aux premières visites d'étrangers venus donner des conférences, de soi-disant spécialistes de l'art contemporain. Ils débarquaient, payés par le gouvernement français ou par l'Association française d'action artistique, pour promouvoir la culture française, avec la morgue d'un insupportable impérialisme culturel occidental. Arrivés dans un pays dont ils ignoraient tout, ils se permettaient de déclarer : « Nous, ça fait belle lurette qu'on a laissé tomber les pinceaux. Nous, ce qui nous intéresse, ce sont les surfaces en béton couleur Ripolin, les colonnes répétitives de Buren ou des vidéos sur la violence, l'auto-flagellation, la putréfaction... » Ils commençaient par montrer aux étudiants l'urinoir de Duchamp et autres inventions du même type et élaboraient d'abracadabrantes théories énoncées dans un langage ésotérique. Une telle insolence provoquait une réaction violente chez les étudiants qui attendaient des idées, des techniques, des informations sur leurs propres recherches. Il existe déjà un tel décalage, chez nous, entre le commun des mortels et le discours de nos historiens d'art et de nos critiques ! Quand j'entendais ces brillants conférenciers affirmer qu'il fallait laisser tomber les pinceaux, j'avais honte d'être occidentale et, furieuse, je me faisais toute petite dans la salle. Les étudiants se moquaient de moi : « Ils se fichent de nous, les professeurs de ton pays. C'est ça que tu as appris en France ? » On leur prônait une forme d'expression aussi totalitaire que celle qu'ils subissaient. Le régime chinois était suffisamment difficile ; devaient-ils, en plus, remettre radicalement en doute ce qu'ils essayaient de construire avec trois sous et deux tubes de peinture ?

Depuis vingt ans pourtant, nombreux sont les artistes chinois qui ont saisi les concepts de notre art contemporain. Ils ont plus à dire, il est vrai, touchant les souffrances psychiques, physiques ou morales que nos artistes occidentaux bien nourris. De jeunes créateurs chinois ont osé tout remettre en question. L'esprit de la pensée chinoise, malgré les ravages de la Révolution culturelle, est resté vif et d'une richesse inouïe chez certains d'entre eux. Ils n'ont donc aucun mal à représenter sur la scène internationale les plus inventifs et audacieux artistes de notre génération. Aujourd'hui, les travaux de Cai Guoqiang et Huang Yongping en témoignent.

Le directeur de l'école, désireux de créer un marché de l'art pour vendre les œuvres des étudiants, obtint des responsables du tourisme de la province d'organiser un détour des cars d'étrangers pour leur permettre une visite de l'université. Spectacle épique, nous vîmes débarquer de grosses Américaines et Canadiennes ! On s'amusait à parier : « Ils vont sûrement acheter ce qu'il y a de plus ringard ! » À chaque fois, on gagnait. Dans la salle d'exposition du bâtiment dont les officiels se montraient si fiers, chaque département présentait ses travaux. Les miens n'avaient aucun succès. Le département de peinture traditionnelle gagnait beaucoup d'argent. Une petite somme était versée à l'auteur ; le reste revenait à l'école pour continuer les travaux, en particulier la construction d'un nouveau réfectoire. Un jeune peintre a ainsi initié sa carrière. Il vend aujourd'hui aux États-Unis et a gagné des millions de dollars. « Caïd » de l'hyperréalisme, il peignait un monde paysan plus réel que le vrai, jusqu'à la moindre ride des vieux villageois, ce qui plaisait aux autorités.

Ma présence avait donné l'idée aux dirigeants d'arrondir les revenus de l'Institut : ils envoyèrent des dépliants destinés à attirer des étudiants étrangers, à l'exemple d'autres universités chinoises, en exigeant des frais de scolarité très élevés. Des étudiants américains sont arrivés. Ils n'ont pas tenu plus de deux mois. L'un d'entre eux, pourtant, s'est accroché, mais il a attrapé une hépatite lors d'une épidémie qui a ravagé l'Institut et ne m'a pas épargnée non plus. Le pauvre, incapable de marcher, se déplaçait avec une canne et il est bientôt reparti.

Un jour débarquèrent des responsables du festival d'Avignon pour une tournée en Chine en quête de spectacles. « Nous recherchons les bateliers des grands fleuves du monde, m'annoncèrent-ils, mais il est impossible de pénétrer le milieu chinois. Vous vivez au bord du Yang-tseu, pourriez-vous vous documenter, savoir s'ils existent encore, si on peut monter un spectacle avec leurs répertoires de chants ? »

J'ai donc commencé à interroger mes amis peintres, leur famille, les vieilles femmes qui habitaient sur les bords du fleuve et chez qui j'avais assisté aux courses de bateaux-dragons. J'ai appris qu'il existait encore quelques haleurs de bateaux. J'enquêtais discrètement car, si la responsable du Parti avait appris que je recherchais des bateliers, elle aurait fait des histoires. J'en ai découvert dans des coins perdus, habitant des baraquements de fortune. J'ai demandé à des copains de me traduire ce qu'ils racontaient dans leur patois et s'ils se souvenaient de leurs chants. Nous avons passé de longues soirées à boire avec eux. Ils m'ont décrit leur dangereuse vie de galérien, comment ils tiraient les bateaux sur la rive. Beaucoup mouraient d'épuisement, de chutes, de maladie parce qu'ils avaient tout le temps les pieds dans l'eau. Ceux qui avaient survécu étaient robustes. Ils possédaient une grande joie de vivre et beaucoup d'humour. Mon préféré me chantait des chants d'amour et d'encouragement. Il se les rappelait tous. Il m'a dit avec un air malicieux : « Je vais aller voir mes vieux potes. Je te trouverai ce que tu cherches. » Il a réuni ses camarades et nous avons descendu les gorges encaissées du Yang-tseu, terrifiantes à certains endroits. Ils connaissaient chaque lame de fond, chaque méandre du fleuve, ils avaient apprivoisé l'esprit de ces eaux impétueuses.

Hélas, ce paysage, un des plus beaux de Chine, va bientôt disparaître sous les eaux, car on est en train d'y construire un gigantesque barrage ; des villages entiers ont déjà été évacués. J'ai enregistré les chants de mes bateliers sur cassettes et j'ai écrit en France, annonçant que j'avais trouvé des perles rares fort sympathiques qui possédaient le répertoire de leurs anciens chants. Je devais prévenir mon université. La responsable du Parti était entrée dans tous ses états : « Comment peux-tu t'intéresser à de pauvres misérables, des va-nu-pieds qui vivent dans des baraquements ? Il est impensable d'envoyer à l'étranger de tels minables pour représenter notre culture. » Je suis donc allée trouver mon ami le directeur, qui souriait toujours de mes aventures, mais il n'avait jamais entendu ces chants de bateliers. L'affaire s'engageait mal et j'ai décidé d'en discuter avec mes amis, afin de savoir à quelle unité de travail ils appartenaient. Ma question déclencha leur hilarité : « Ça fait belle lurette qu'on n'a plus d'unité de travail ! »

À ma seconde visite, ils avaient disparu. Chez l'un d'eux, j'ai trouvé l'épouse en larmes. « Je ne peux pas t'expliquer ce qui s'est passé. Je ne peux plus te recevoir. Excuse-moi. »

Elle m'a servi une tasse de thé et m'a suppliée de partir. Chez une autre, même accueil. Furieuse, je suis allée voir la responsable du Parti :

« Vous avez écrit un rapport, n'est-ce pas ?

– J'en ai parlé aux autorités, elles étaient effarées par votre démarche. »

Têtue et inconsciente, j'ai pris le train pour Pékin et suis allée accomplir les démarches moi-même auprès du ministère de la Culture. J'ai demandé à rencontrer le responsable des négociations avec les diplomates étrangers. Je lui ai expliqué la mission dont j'étais chargée et je lui ai fait écouter les cassettes.

« Ces bateliers perpétuent un patrimoine passionnant de votre culture, ai-je plaidé. Pourquoi refuser qu'ils participent au festival d'Avignon, l'un des plus grands festivals du monde ? La province est terrorisée par le pouvoir central. Avec votre aide, nous avons peut-être une chance.

Sinon, c'en sera fini des chants des bateliers du Yang-tseu dont il n'existe aucun enregistrement. »

Le responsable fut touché : il n'avait jamais vu une démarche pareille de la part d'un étranger et m'a promis son aide. L'attente se prolongeait et j'étais inquiète car la date approchait. Un mois plus tard, la responsable du Parti est venue me voir avec un sourire amer qui sous-entendait : « Parfait, c'est toi qui as gagné ! » Elle avait un télégramme à la main : « C'est incroyable, mais nous avons reçu une note du ministère de la Culture à Pékin : nous devons t'assister dans ton entreprise. Effectivement, il s'agit d'une forme d'art reconnue par le pouvoir central. Un responsable de l'université de musique va t'aider à monter le spectacle. Il y aura aussi un officiel pour veiller à l'organisation. Je t'ai fait préparer une voiture. »

Du jour au lendemain, j'ai été traitée comme un officiel chinois, avec une voiture munie de petits rideaux et d'un drapeau rouge. J'ai rencontré l'officiel à la mairie et j'ai eu droit au banquet de rigueur. On m'a présenté le spécialiste de musique, fort sympathique, qui avait étudié les chants des bateliers et ceux des minorités. C'était un passionné. Mes bateliers réapparurent immédiatement mais on décida que, sur les cinq que j'avais choisis, seuls deux seraient sélectionnés. Je me suis battue à coups de télégrammes pour garder les trois autres, en vain. Le spécialiste s'est donc transformé en batelier, et on lui a adjoint un chanteur de variétés de l'école de musique. C'était cocasse : les deux anciens apprenaient des variétés et le musicologue à jouer les bateliers ! Tant bien que mal, de bric et de broc, nous sommes parvenus à monter un spectacle. Ensuite, durant l'été 1987, nous sommes partis en France. Mes bateliers en France ! Au festival d'Avignon, on s'en souvient encore. Ils n'étaient pas habitués à notre nourriture ; j'ai dû leur trouver un réchaud et des casseroles pour faire cuire des soupes de riz à côté de leur lit ou dans le couloir de l'hôtel ! Le propriétaire a manqué devenir fou. Je les ai baladés en ville où nous avons eu un grand succès. J'étais heureuse de cette réalisation : ce n'était pas un grand spectacle mais il donnait quand même une idée juste de ce que nous voulions représenter. De retour en Chine, je fus impressionnée par les proportions démentes que prit l'événement pendant deux ou trois ans. La manifestation a eu une immense répercussion dans la Chine entière, des articles furent publiés dans tous les journaux. Mes bateliers sont devenus des stars nationales, on fit des films sur eux, des livres sur leurs chants, des interprétations de ces chants par des chanteurs de variétés. Les chaînes de télévision se les disputaient. Ils ont fait du cinéma et de la publicité. La star de variétés est devenue une plus grande star encore La vie des bateliers a changé. Ils étaient fiers, dans leurs bicoques, de montrer les photos prises devant la tour Eiffel, sur les bateaux-mouches, à Paris. J'ai remercié le festival d'Avignon et le festival d'Automne. Les difficultés n'avaient pas manqué mais j'étais heureuse : nous avions sauvegardé une partie du patrimoine chinois en exaltant la valeur d'un trésor culturel méprisé jusque-là.

À l'université, la propagande politique semblait plus importante que la diffusion de la culture chinoise. Un jour, au réfectoire, faisant la queue quotidienne, ma gamelle à la main, je vis, exposées sur les murs, des photos prises à Nankin et à Shanghai pendant la guerre sino-japonaise. On voyait des Japonais en train de décapiter des Chinois et de jouer aux boules avec les têtes coupées. Ressortir ces photos monstrueuses dans les années quatre-vingt n'était pas anodin : il y avait là une volonté de susciter un mouvement d'horreur qui s'inscrivait dans des visées politiques. Aucun peuple n'est à l'abri de l'horreur.

Un jour, je suis allée dîner chez un couple de peintres très sympathiques. Nous grignotions des cacahuètes et buvions un peu de vin au milieu des tableaux, car ils vivaient dans leur atelier. Ils avaient l'air consterné : « Nous venons d'apprendre, me dirent-ils, que dans le quartier, pas loin d'ici, un homme a mangé son bébé. »

J'avais souvent entendu, en Chine, des histoires qui dépassaient l'entendement.

« C'est impossible.

— Malheureusement si. Nous savons que, dans les campagnes, si une fille naît, on l'abandonne parfois à une autre famille ou même on la tue. Nous avons lu, dans la presse officielle, que des paysans, terrorisés d'avoir engendré une fille, l'ont donnée à manger aux cochons. De telles pratiques existent encore. Officiellement, on n'a droit qu'à un seul enfant. À la campagne, la naissance d'une fille est un malheur. Il n'y a pas de système de retraite pour les paysans. S'ils ont un fils, il entretiendra ses parents quand ceux-ci ne pourront plus travailler. Si c'est une fille, elle sera mariée dans une autre famille et ses parents se retrouveront dans la misère. »

Aujourd'hui, à cause de ces excès reconnus par les autorités, la loi a été modifiée : dans les campagnes, si le premier enfant est une fille, on a droit à un second essai, mais pas à trois. Il existe aussi des arrangements : on paie une amende à chaque enfant supplémentaire. Si le paysan est riche, il paie ; sinon, c'est l'avortement obligatoire.

Un autre jour, en allant au marché, je vis la foule hurler au passage d'énormes camions transportant des détenus enchaînés. On n'observait pas ce silence respectueux qui accompagne le dernier voyage : les gens crachaient sur les malheureux, leur lançaient des morceaux de pastèque.

« Qu'ont-ils fait ? Ils ont tué ? volé ? demandai-je.

— C'est la pègre. Ce jeune a volé des pastèques. Autrefois, on lui aurait tranché la main ; aujourd'hui, on le fusille et c'est normal car il faut des exemples ; sinon, on ne s'en sortira pas. Bien fait pour eux ! »

Je restai interdite en découvrant que ces prisonniers étaient pour la plupart très jeunes. On leur tirait une balle dans la nuque et on faisait payer la balle à la famille : « Il n'y a pas de raison que ça coûte au peuple. » Ce peuple, moi qui commençais à le trouver sympathique, je l'ai jugé alors détestable, inhumain, sans la moindre considération pour la vie d'autrui. Pourtant, il avait tellement souffert. Ne comprenait-il rien à ce que ressentaient ces pauvres prisonniers ? Mais les réactions de masse sont atroces. Un homme dans la foule m'a dit : « De toute façon, nous sommes trop nombreux, tous les moyens sont bons pour nous éliminer... La vie d'un homme n'a aucune valeur chez nous, mademoiselle. »

Il y avait une île, sur le fleuve, où j'entendais assez régulièrement des coups de feu. J'appris qu'on y fusillait les prisonniers de droit commun. On les baladait d'abord dans toute la ville en camion, debout, entassés, enchaînés, rasés, avec un écriteau dans le dos, comme au Moyen Âge. À côté du chauffeur, un officiel hurlait dans un haut-parleur la liste des crimes commis par ces hommes que la populace insultait au passage. Quand le Parti craignait d'être débordé par ces crimes de la pègre, ce qui arrivait fréquemment, il organisait des manifestations contre la délinquance. Dans ces périodes-là, pour le vol d'une bicyclette, on pouvait écoper d'une balle dans la nuque. Tous les mois, on entendait des coups de feu sur l'île, puis un grand silence. Par la suite, ils me devinrent familiers et je les reconnaissais au milieu du vacarme de la ville, ces coups de feu caractéristiques, punition fatale des jugés coupables.

Cette atmosphère tendue pesait en permanence sur mes épaules, telle une chape de plomb. Un régime alimentaire pour le moins spartiate et la fatigue qui en découlait, associés à un rythme d'études harassant, ont fini par compromettre ma santé. D'habitude, quand j'avais un rhume ou quelque bobo, j'allais à l'infirmerie faire la queue avec les autres étudiants. Après la consultation, le médecin nous donnait des petits cachets enveloppés dans un papier avec la posologie écrite dessus. C'étaient des médicaments traditionnels. En cas de grippe, nous avions droit à une injection ; les aiguilles avaient bouilli pêle-mêle dans des récipients rouillés et je me demandais toujours si l'infirmière n'avait pas pris celle du voisin. Quand j'arrivais, elle ordonnait : « Montre-moi ta fesse gauche. Tu as la crève, ce n'est pas grave. Une piqûre et demain ce sera fini. » Je dois reconnaître que cela marchait.

Malheureusement, je m'affaiblissais, j'avais des nausées, plus aucune envie de travailler ; je perdais ma vitalité. Une nuit, j'ai ressenti un malaise affreux : je suis allée aux toilettes, à l'extérieur de ma chambre, aux portes des bureaux du Parti. On m'a retrouvée inanimée, au petit matin, en train de me faire grignoter les orteils par les rats ! Il paraît que je suis restée dans le coma vingt-quatre heures. Quand j'ai repris conscience, j'étais sous perfusion, à l'hôpital du quartier qui se trouvait près de l'université. La première chose que je vis, à mon réveil, ce fut de petits trous bleus le long des veines de mes bras. J'ai interrogé l'infirmière : « C'est à cause du froid : les injections laissent des marques. Tu es sous perfusion depuis une semaine. Tu délirais. Tu as attrapé une *ganyan*. » J'étais loin d'imaginer qu'il s'agissait d'une mauvaise hépatite.

J'avais entendu l'histoire morbide d'un jeune Français étudiant à Chengdu. Un jour, pris d'une crise d'appendicite, il se fait opérer dans un hôpital de la capitale avant de rentrer en France. Plusieurs mois après son retour, il est toujours mal en point. Il va consulter son médecin qui lui demande quelle opération il a subie dans le bas du dos. Surpris, l'étudiant lui répond : « Mais, docteur, les Chinois m'ont simplement enlevé l'appendicite ! » Le docteur, effaré, lui annonce que les médecins, profitant de l'opération, lui ont également ôté un rein. C'est ce qu'on appelle un vol d'organe. Le jeune homme se plaint à l'ambassade de Chine en France ; celle-ci, reconnaissant les faits, lui remet dix mille francs en guise de dédommagement...

Très inquiète, je demandai donc ce qu'était au juste une *ganyan*.

« C'est très grave. Veux-tu qu'on prévienne les autorités françaises ?

— Oh non, surtout pas ! Attendez un peu. Je suis sûre que vous allez bien me soigner. »

En fait, je craignais de mettre en péril l'enseignement de maître Huang si bien commencé. Chaque jour, plusieurs médecins venaient me voir : « Vous allez vous en sortir, me disaient-ils. Faites-nous confiance. Mais ça va prendre du temps. Il faut que vous restiez au moins un mois à l'hôpital. » J'étais toujours sous perfusion et la nourriture ne ressemblait guère aux délicieux petits plats du cuisinier de l'Institut. J'entendais les gémissements des vieillards en train d'agoniser dans les chambres voisines. Des malades s'oubliaient dans les couloirs ou se pissaient dessus ; ils pouvaient mourir, personne ne s'occupait d'eux. Nous portions tous des pyjamas à rayures. Attachée à ma perfusion sur roulettes, je renonçai à marcher ; j'étais totalement épuisée et incapable de rien garder dans l'estomac. Les infirmières étaient adorables : « Qu'aurais-tu envie de manger ? » me proposaient-elles, car je vomissais tout ce que j'avalais.

« Auriez-vous des pommes de terre à l'eau ? » murmurai-je finalement, désespérée. Les infirmières s'inquiétèrent : les pommes de terre étaient réservées aux cochons. « On va quand même aller au marché lui acheter des pommes de terre et on lui préparera de la nourriture pour cochons, s'il n'y a que ça qui lui fasse plaisir... »

Ces quelques années passées à l'Institut m'avaient gagné une foule d'amis incroyable. Les médecins n'en revenaient pas. De la solitude la plus cruelle, je suis passée à un raz de marée d'amitié insolite. J'étais seule dans une chambre à deux lits. L'autre était couvert de présents jusqu'au plafond : des fruits, une multitude de filets d'oranges, des plantes en pot, des friandises... Il y en avait pour tous les malades oubliés de mon couloir. Le vieux cuisinier, en habit du dimanche, arrivait avec un bouillon de poule, riche, me disait-il, en substances indispensables pour recouvrer la santé. Il m'en faisait une fois par semaine et me l'apportait. Je le buvais en cachette pour ne pas mécontenter les médecins. Face au défilé incessant de visiteurs, le personnel est intervenu : « Arrêtez de la gaver. Il faut

145

qu'elle reprenne doucement des forces. » La vieille qui maugréait contre moi chaque matin et surveillait ce qui se passait dans ma chambre m'avait préparé un gâteau de riz glutineux avec des fruits confits. C'était, affirma-t-elle, le mets des Huit Immortels, il ne pouvait me faire que du bien. Même la responsable du Parti me visitait avec son petit filet : elle aussi m'avait préparé quelque chose. Tous les étudiants venaient. L'un apporta une peinture, l'autre un tirage de gravure que je posai sur mon lit. Un autre me déclara qu'ainsi épuisée, le teint livide, les yeux brillants de fièvre, j'étais d'une beauté étonnante ! Ils m'ont témoigné une telle gentillesse ! J'ai traîné ainsi pendant quatre, cinq mois. D'autres sont morts de cette épidémie, dont deux ou trois étudiants.

À mon retour à l'Institut, la vieille qui nettoyait ma chambre avait une nouvelle mission : préparer ma potion quotidienne de médecine traditionnelle. Chaque matin, elle était là, avec son balai et sa marmite en terre cuite, et me disait : « Si tu n'avales pas ça, gare à toi. Et surtout, bois chaud ! »

Je n'ai malheureusement pas conservé l'ordonnance du breuvage. Sa composition était d'une poésie folle, une vraie potion de sorcière à l'odeur insoutenable. J'ai appris plus tard qu'elle était constituée de carapaces de tortues concassées, « carapaces aux neuf côtes revenues à feu doux » ; de poudres diverses « à broyer ou à faire sauter à l'alcool » ; de *radix glycyrrhizae*, par exemple, destiné à « disperser le feu de plénitude du foie » ; une substance qui « modérait l'aigu, calmait la douleur et contrôlait le reflux du foie ». Je devais aussi avaler des formules plus digestives telle « la pilule pour préserver l'harmonie », à prendre avec de l'eau bouillie tiède, pour soigner mon dégoût des aliments et les nausées que me causait souvent leur odeur. Mon état s'améliorant, j'ai eu droit aux soupes reconstituantes et tonifiantes, à la décoction destinée à « reconstituer le centre et aider l'énergie » : un bol de potion tiède à boire entre les repas.

Cette savante pharmacopée, tout droit sortie du *Grand Formulaire des pharmacies d'État* de l'ère Taiping, m'a sauvée !

De grands spécialistes que j'ai consultés par la suite, en France, m'ont affirmé que, grâce à ce traitement, mon foie s'était entièrement reconstitué. « Jamais en France, avec les médecines occidentales actuelles, vous ne seriez arrivée à un tel résultat », reconnut l'un d'eux.

À mon retour à l'université, la responsable du Parti m'a offert de suivre un régime alimentaire spécial. Mais j'avais si peur de retomber malade en mangeant au réfectoire que j'ai refusé. Dès que j'y entrais, je me sentais de nouveau mal. « J'ai un problème, ai-je déclaré aux autorités. Je veux poursuivre mes études ici. Pas question de rentrer en France. Je vous demande seulement la permission de préparer ma nourriture moi-même. » J'ai obtenu l'autorisation, tout à fait exceptionnelle, de m'acheter un petit réchaud électrique que j'ai installé dans ma chambre. Cette « faveur » m'a valu des jalousies parmi les étudiants : non seulement l'usage en était interdit, mais en plus, je grillais davantage d'électricité à moi seule que quarante camarades réunis. J'ai acheté un sac à dos en bambou tressé et je suis allée faire mon marché : j'ai commencé à être très connue des paysans, en marge des frontières de l'université. J'y trouvais tous les légumes. J'avais l'impression de revivre en

147

les faisant bouillir. Enfin une nourriture simple et saine ! Je ne mangeais plus que des légumes bouillis, des fruits cuits, et, petit à petit, quand je suis allée mieux, j'ai acheté quelques morceaux de viande sur lesquels les mouches ne s'étaient pas trop posées. J'essayais de me débrouiller avec les moyens du bord et des familles m'aidaient. Quand les femmes ont su que j'étais tombée gravement malade, elles m'ont appris comment préparer certains plats. Parfois, elles m'achetaient quelques légumes ; ainsi, l'épouse de mon maître me disait : « Passe me voir, je te donnerai des pousses de bambou », et je repartais de chez l'une ou l'autre avec des produits frais. Le pauvre cuisinier était désolé de ne plus me préparer ses plats spéciaux. Il trouvait ma cuisine affligeante mais je préférais m'en tenir à mon régime.

Pendant des années j'étais restée sans nouvelles de ma famille. Je me sentais exilée. Il faut avouer que c'est moi qui avais fait ce choix de retraite totale. Je ne pouvais m'en prendre qu'à moi-même. Au début, j'ai écrit mais, n'obtenant aucune réponse, je me suis lassée. Ma famille m'a dit plus tard m'avoir écrit deux ou trois fois ; mais elle non plus n'avait rien reçu sauf, au tout début de mes études, quelques lettres. C'est possible. J'avais demandé à un ami de m'envoyer des livres sur l'art moderne que me réclamaient les étudiants. Je l'ai rencontré à un vernissage, après mon retour, et lui ai reproché de n'avoir pas envoyé ces ouvrages. Il m'a répondu qu'après avoir dépensé une fortune pour les acheter, il avait été fort étonné que je n'en aie jamais accusé réception. Confuse, je me suis excusée et j'ai préféré ne pas chercher à en savoir plus. Ai-je été victime, au cours de ces années, d'un facteur, d'un douanier collectionneurs de timbres ou de quelque censeur chinois épiant de trop près mes activités dans le pays ? Le mystère reste entier.

Au cours de ma convalescence, j'ai reçu un télégramme de mon père m'apprenant qu'il allait passer à Hong-Kong pour affaires. Il me demandait de le rejoindre quelques jours. Encore épuisée, je me suis débrouillée pour obtenir les autorisations de sortie et rassembler l'argent du billet d'avion. Nous nous sommes donc retrouvés. Comment lui expliquer à la fois mes conditions de vie misérables et que je voulais continuer à étudier en Chine ? C'était irracontable. J'ai préféré me taire. J'avais moi-même du mal à comprendre les raisons de mon entêtement. Je lui ai seulement dit que mes études se passaient bien, même si c'était dur. Il s'aperçut que j'avais beaucoup maigri ; il se montra inquiet : « Es-tu sûre d'avoir fait le bon choix ? me demanda-t-il. Ne veux-tu pas rentrer ? »

Nous nous trouvions dans l'un de ces hôtels de Hong-Kong, hautes tours modernes et, comme les paysans de sortie, j'étais mal à l'aise dans ces ascenseurs vertigineux où l'on voit le vide sous ses pieds... J'étais complètement déphasée, en décalage total entre deux mondes chinois.

Mon père voulait absolument aller à Macao. Initiée par les vieux de la maison de thé aux jeux de tripot, j'ai joué au casino et gagné beaucoup d'argent. Mon père était sidéré, et moi ravie : j'avais gagné plusieurs mois de salaire ! Au moment de nous quitter, il m'a dit : « Tu as laissé des affaires dans des cartons ; ta belle-mère en est encombrée et me charge de te demander ce qu'on doit en faire. » Non seulement il ne comprenait rien à ma vie, mais le peu que je possédais, chez lui, en France, il voulait s'en débarrasser ! On est souvent inconscient de l'impact d'une phrase, qui semble anodine. Violente, je lui ai lancé : « Brûle tout. Ainsi, je n'existerai plus là-bas. » Et je suis repartie à Chongqing, le cœur serré, perdue, en larmes après ces retrouvailles ratées où je n'avais rien su partager de ce que je vivais.

Un jour d'avril, on m'a prévenue qu'un paquet était arrivé de France à mon adresse. J'ai d'abord cru à une erreur. Le cœur battant, j'ai dévalé l'avenue en courant jusqu'au bureau de poste. Comme d'habitude, j'ai fait trois quarts d'heure de queue, trépignant dans ce lieu toujours bondé, et j'ai retiré l'envoi. J'étais comme le Petit Prince qui aurait reçu un cadeau en provenance de la Lune ! Dans ma chambre, très émue, je tournai autour sans oser l'ouvrir. Je profitai de chaque seconde de ce bonheur, de cette douce pensée qui venait de France. Les timbres, le papier d'emballage sentaient le pays. J'étais en manque cruel d'amour, de petits signes d'affection venus de « là-bas », et je ne m'en étais pas rendu compte avant l'arrivée du paquet. L'adresse de l'expéditeur mentionnait la rue d'Assas, à Paris. C'était ma tante Yvonne. Tout à coup, des réminiscences ont surgi : le bureau de poste de Port-Royal, la tasse de thé à la Closerie des Lilas, les livres découverts en fouinant chez Tschann, le libraire. Avec précaution, j'ai ouvert le paquet. Quelle ne fut pas ma surprise ! C'était un œuf de Pâques en chocolat, orné d'un gros ruban jaune, brisé en morceaux au cours du voyage. J'ai éclaté en sanglots ; pleurs de bonheur, de tristesse, du cocasse de la situation, de ma solitude. C'était Pâques et je l'avais oublié ! Je suis restée plus de vingt-quatre heures à contempler mon œuf brisé, seule, en larmes, remettant en cause mon existence, me demandant si j'allais continuer à m'infliger longtemps ce régime invivable. Pendant ces années passées au fin fond de la Chine, ce fut le plus beau colis que j'aie jamais reçu.

Ma maladie n'avait pas été la seule raison de mon affaiblissement ; un autre événement m'avait profondément affectée : j'étais tombée amoureuse de l'étudiant qui faisait de la calligraphie, là-haut dans son cagibi.

J'ai compris beaucoup plus tard que j'étais surveillée vingt-quatre heures sur vingt-quatre. Travaillant assez tard dans ma chambre, j'avais remarqué que disparaissait, dès que j'éteignais la lumière, un garçon, cigarette au bec, qui, jusque-là, restait debout derrière un arbre à regarder qui entrait chez moi et qui en sortait. J'avais été alertée également par des copains : « On s'est fait critiquer parce qu'on est venu te voir tel jour, à telle heure. » Avertie que les gens qui mettaient les pieds dans ma chambre étaient contrôlés, je recourus à une ruse : j'éteignais, le soir, et faisais semblant de me mettre au lit. Je traversais les salles de l'université dans le noir, un fichu sur la tête pour éviter d'être reconnue, afin d'aller retrouver mon camarade. Dans les salles obscures, mon cœur battait la chamade car j'étais en train d'enfreindre un interdit grave. Très vite, on a remarqué mon manège parce que, même la nuit, à une heure du matin, il y avait toujours quelqu'un qui rentrait de je ne sais où et qui avait dû reconnaître ma silhouette. Mon ami a été sévèrement critiqué : « Si vous tenez à votre diplôme de doctorat, il faudrait peut-être vous abstenir de déranger Mlle Fa dans ses études. Vous la voyez d'un peu trop près. » Il a pris peur car il voulait devenir conservateur. Il était de Nankin, son rêve était de s'occuper des musées de cette ville. On se voyait sans jamais pouvoir se rencontrer, exactement comme dans le film *In the Mood For Love*. Chaque fois qu'on se croisait, c'était toujours en présence des autres, sans jamais pouvoir rien se dire, ou exprimer sans mots les émotions qui nous bouleversaient. L'histoire a pris chez moi des proportions extrêmes parce que j'étais très seule. Il m'a fait savoir que je ne devais plus venir le retrouver aussi souvent car c'était dangereux pour lui. Je n'en dormais plus la nuit. J'avais du mal à admettre qu'il accepte aussi facilement la situation. En même temps, en y réfléchissant, je me suis dit : « Je suis trop jeune pour me lancer dans une telle aventure et tout plaquer pour lui. » Il venait d'une grande famille et j'ignorais qu'avant de partir pour l'université il avait été fiancé à une jeune fille d'une autre famille importante, tradition oblige. La responsable du Parti a prévenu celle-ci et suggéré un stratagème. Elle a fait venir la fiancée à l'université. Un soir où j'étais allée chez lui, je vis du linge qui séchait, les calligraphies rangées, son petit univers impeccable et une jeune Chinoise qui me demanda : « Qui cherches-tu ? » Elle était jolie, petite et menue. Je devinai à son attitude qu'elle était follement éprise du calligraphe. J'ai compris que tout était fini : la fiancée était de retour. J'étais horriblement malheureuse. Il a passé ses examens, obtenu son doctorat. Avant de partir, il est venu me voir pour une étreinte d'adieu que je n'oublierai jamais.

De nouveau, j'étais seule. Je ne manquais pas de prétendants à l'université : des graveurs sympathiques avec lesquels j'avais vécu de bons moments, de jeunes professeurs qui peignaient d'assez jolies choses et avec qui j'étais partie en voyage. Mais j'étais amoureuse de mon calligraphe parce qu'il était différent des autres. Il m'avait aussi beaucoup appris. Un jour, n'en pouvant plus des caractères chinois, j'avais peint des branches avec des bourgeons, un peu dans le style que je pratique aujourd'hui, en suivant mon inspiration. Je suis allée le voir pour lui montrer mon essai. Il m'a dit : « C'est bien. C'est dans cette voie-là que tu dois poursuivre. » Nous avions des échanges passionnants. À l'époque, j'étais encore une jeune apprentie, mais il a senti un talent en moi. Il admirait ce que je faisais. Nous n'avons jamais fait l'amour car je n'avais ni pilule ni contraceptif et ne pouvais en trouver dans mon entourage sans risquer d'être dénoncée. En Chine, je devais suivre la ligne « modèle » du Parti ! Je n'ai jamais osé la transgresser, le risque nous aurait été fatal. On m'a retrouvée, quelques jours après son départ, ivre morte d'alcool de riz et de chagrin, errant sur le stade de l'université ! Des camarades m'ont portée jusque chez mon maître qui a pris soin de moi. Ce fut une histoire d'amour impossible.

Quelques années plus tard, à Pékin où j'étais en train de fouiner dans une librairie, je me suis retournée... il était debout, derrière moi, ce grand gaillard au sourire malicieux qui avait retrouvé ma trace. Il avait épousé sa fiancée chinoise, fait un enfant et obtenu son poste de conservateur du musée de Nankin. J'étais heureuse pour lui tout en sentant renaître en moi les tourments causés par notre relation indicible. Il m'a courtisée à nouveau : il avait laissé s'enfuir l'amour de sa vie, il voulait vivre ce que nous n'avions pas vécu alors ; c'était maintenant ou jamais. Pour moi, c'était trop tard : j'avais rencontré celui que j'allais épouser. Mon « fou de calligraphie » venait jusque chez moi, m'offrait des tableaux métaphoriques : deux petits oiseaux sur une branche. C'était triste. Le jour où il est entré dans mon atelier de Pékin, il a reçu un choc :

« C'est toi qui as peint cela ?

– Oui. »

Il s'est effondré dans un fauteuil, tout penaud.

« C'est toi qui vas réussir. Je t'aimais, mais je n'avais pas le choix. Pardonne-moi, m'a-t-il suppliée, s'il te plaît, pardonne-moi... »

Je m'entendais de mieux en mieux avec le directeur de l'école. J'allais le voir travailler dans son atelier ; à chaque fois, il s'enquérait de mes progrès ; on parlait d'art ; il m'invitait à déguster un *huoguo*, fameuse spécialité au piment de la province, évidemment en l'absence de sa femme qui continuait à répandre des méchancetés sur mon compte et à critiquer ceux qui m'approchaient.

Un jour, mon interprète, devenue une amie, arriva chez moi fort agitée. Je lui demandai ce qui lui arrivait :

« Nous sommes assez liées maintenant pour que je te raconte dans quel pétrin je me trouve. Tu connais mon mari, il est photographe. Tu connais aussi ma petite fille. Eh bien, elle n'est pas l'enfant de mon mari. »

J'ai compris avant même qu'elle réponde :

« Elle est la fille du directeur ? »

Sans oser prononcer le mot, son regard disait « oui ».

« Tu as fait le bon choix, ma belle, car, moi aussi, je le trouve très séduisant, ce directeur, dis-je pour essayer de la faire rire.

– Le problème, c'est que sa femme est au courant. Je vais être envoyée à la campagne. Elle intrigue pour me faire muter au fin fond des plateaux du Tibet. Mais moi, je l'aime, et nous ne pouvons plus nous voir nulle part. »

Ce que je vivais avec mon pauvre lettré chinois, chacun le vivait, de la même manière, au sein de l'université.

154

« Comment nous voir ? Je suis surveillée en permanence.
– Rencontrez-vous chez moi. Je vais m'arranger. Ne t'inquiète pas. »

Ne pouvant me faire plaisir, je goûtais au moins celui de faire plaisir aux autres. Une amitié très forte est née de ces rendez-vous secrets. Je partais au cinéma et leur laissais les clés. L'un d'eux arrivait, comme par hasard, suivi de l'autre, une demi-heure après. Ces stratagèmes n'étaient pas faciles à mettre en place car la vieille préposée à ma chambre vérifiait tout. C'est ainsi que je suis entrée plus avant dans l'intimité des Chinois.

Un jour, j'étais sortie faire prendre l'air à mon oiseau pour laisser le directeur retrouver sa maîtresse. Un étudiant s'avança vers moi et me demanda de lui rendre des gravures anciennes qu'il m'avait prêtées.

« Je te les rapporte tout de suite, dis-je en lui tendant la cage. Excuse-moi de ne pas t'inviter à entrer mais mon oiseau a besoin de prendre l'air... »

Je fis beaucoup de bruit avant de mettre la clé dans la serrure ; le directeur s'était caché sous le lit !

Un jour, un professeur d'anglais est venu me déclamer la tirade classique : « Je t'aime. Partons d'ici. Je t'apprendrai tout sur la culture chinoise. » J'ai raconté à mon amie interprète la déclaration véhémente de ce camarade énoncée sans le moindre commentaire ni préliminaire d'approche.

« Sais-tu qu'il bat sa femme tous les soirs ? Elle est couverte de bleus. C'est un fou ! »

Certains Chinois frisaient effectivement la folie tant ils

voulaient sortir de l'enfer où nous vivions. Toutes les ruses étaient bonnes pour quitter le pays.

Le fils de la responsable du Parti réussit à filer, profitant du système d'échange avec Toulouse. C'était un garçon exécrable, arrogant, machiste, pur produit de la jeunesse chinoise, né dans une famille de la nomenklatura. Il traitait sa mère comme un chien ; elle l'avait trop gâté et lui accordait tous les privilèges. Personne ne le supportait, chacun le craignait. Il mangeait comme un porc, ne se lavait jamais, puait. Il était habillé à la cow-boy d'un jean, d'une chemise américaine rose pâle, toujours sale, de fausses Ray-Ban. Il se prenait pour Van Gogh, copiait ses couchers de soleil et se croyait un créateur génial. Quand il sut qu'il allait partir en France, il entra dans ma chambre sans frapper, me courtisa, m'offrit ses monstrueuses imitations de Van Gogh, me demanda de l'introduire auprès de ma famille. J'eus droit à une invitation à dîner de sa mère. Impossible de refuser : elle s'était donné du mal pour préparer le repas et avait fini par me laisser faire à ma fantaisie, prenant des risques malgré les interdits. Je donnai au rejeton l'adresse de mon père, qui l'a reçu et s'en est mal remis. Il m'a raconté cette journée mémorable : le jeune Chinois ne tirait pas la chasse d'eau, laissait le papier toilette par terre ; manger en sa compagnie était une véritable épreuve. Je l'ai revu plus tard à Paris, lors de vernissages : il a trouvé une copine française, réussi dans la décoration et se prend toujours pour un peintre de génie. Évidemment, il n'a jamais voulu revenir en Chine, pour la plus grande honte de sa mère, les enseignants ne se privant pas de commentaires ironiques sur ce parangon de l'éducation socialiste.

Les toilettes étaient le milieu des miasmes et de l'horreur. Elles étaient en même temps l'endroit où on pouvait se rencontrer. Il n'y avait pas de cabine fermée, seulement un mur séparant les hommes des femmes. Certains se débrouillaient pour le sauter. Un soir, j'ai vu un garçon venir y retrouver une fille. N'importe quelle femme pouvait les surprendre. Lui risquait sa vie. Des hommes ont été fusillés pour avoir violé les toilettes des femmes.

J'ai connu un moment terrible quand une jeune fille a avorté dans ces toilettes, seule, avec les baguettes en bois qu'on utilise pour manger. Quand j'ai voulu chercher de l'aide ou tenter de la dissuader, elle m'a répondu avec violence :

« Laisse-moi.

— Tu risques de mourir ; tu perds trop de sang. Je veux t'aider.

— La seule chose que tu peux faire pour moi, c'est me laisser crever. Si tu veux m'aider, surtout, tais-toi. Sinon je suis fichue, je serai envoyée à la campagne. Laisse-moi finir ma besogne et va-t'en ! »

Une fois dehors, choquée par la situation atroce que vivait la jeune fille, je décidai de monter la garde et de la protéger. Je tremblais en l'entendant gémir de douleur. Après son départ, je suis allée nettoyer le sang et jeter les baguettes dans la poubelle.

Je ne l'ai plus revue pendant les jours qui ont suivi. D'autres aussi disparaissaient. Ceux qu'on jugeait « décadents » soit dans leur comportement, soit dans leur peinture. Certains peintres étaient envoyés dans des camps de travail ou, carrément, dans des asiles psychiatriques. Un étudiant m'a raconté sa visite, dans l'une de ces soi-disant maisons de santé, à l'un de ses meilleurs amis, un peintre, auteur de toiles très personnelles et originales. Il vivait dans un véritable cachot, oublié du monde, crevant à petit feu sans que personne puisse lui venir en aide. Je m'inquiétais donc pour cette fille qui avait avorté seule : ou elle était tombée malade et ne s'en était pas remise, ou elle avait été expédiée quelque part. Six mois plus tard, elle a réapparu : elle avait dû s'arranger pour retourner chez elle à la campagne sous prétexte d'une maladie. Elle avait réussi à s'en sortir.

8

Petits et grands voyages

*La terre pour oreiller
et le vaste ciel pour couverture.*

Au cours de mes études, j'ai pu voyager. L'Institut organisait des excursions dans les environs. Nous partions en car avec, sous le bras, siège pliant numéroté, carton à dessins aux couleurs de l'Armée populaire, sans oublier un pot de conserve en verre qui devait nous servir, au long du périple, de gourde ou de Thermos. On y ajoutait, de temps à autre, quelques feuilles de thé vert pour donner un peu de goût à l'eau bouillie. La campagne était magnifique avec ses rizières, les buffles au travail, les paysans sous leurs grands chapeaux de paille, leurs blanches maisons basses avec de petits volets en bois cachées au milieu des vieux pins, des bananiers, des bambous. Lorsque nous nous arrêtions chez eux, ils nous invitaient souvent à partager leur repas et nous découvrions, dans la pénombre de la salle commune, l'autel des ancêtres, des images de divinités, des statuettes et toutes sortes d'offrandes. Un jour, j'ai demandé à un paysan où se trouvaient les toilettes et il m'a indiqué un cabanon au milieu d'un champ. Je suis entrée et j'ai baissé ma culotte dans un endroit sombre aux odeurs innommables. Tout à coup, une créature énorme est venue me lécher le derrière : c'était un gros cochon noir ! Je suis sortie en hurlant, sans même prendre le temps de remonter mon pantalon. Les autres étudiants étaient pliés de rire.

Les vacances se résumaient à une semaine pour le nouvel an chinois, un mois en été et un jour pour la fête nationale. J'étais souvent invitée par des enseignants qui retournaient dans leur village et je passais une semaine chez l'un, une deuxième chez l'autre... Au début de mon séjour, j'ai résidé quelque temps dans ce qu'on appelle le village aux Dinosaures, dans la famille de mon professeur d'histoire de l'art. De nombreux ossements de ces animaux préhistoriques avaient déjà été déterrés, recueillis et réduits en poudre pour entrer dans la composition de la pharmacopée traditionnelle, avant que des savants paléontologues s'arrogent le monopole des fouilles du cimetière devenu plus tard le plus important musée de dinosaures au monde.

Mon grand plaisir était les évasions dans la ville de Chengdu. Certes, Chongqing demeurait la plus grande ville du Sichuan, construite au confluent du Yang-tseu et du Jialing, à flanc de vallée. Quelques ruelles y subsistaient qui dévalaient en escalier vers le fleuve. C'était une ville martyre, martyre de la guerre puis des constructeurs. De 1938 à 1945, le Kuomintang avait transformé la province en véritable forteresse pour résister à l'invasion japonaise et installé le gouvernement à Chongqing. Elle avait subi de si nombreux bombardements que les Chinois avaient creusé les collines pour y organiser l'industrie de guerre. Il

▲ Ma chambre, dans le bâtiment administratif (fenêtre à l'extrême droite) donnant sur la statue de Lu Xun, au centre du campus de l'École des beaux-arts de Chongqing.

▲ Dans ma « chambre-atelier », les soirées étaient consacrées à la copie des manuscrits anciens.

▲▼ Cours de maître Cheng Jun sur l'art de graver les sceaux.

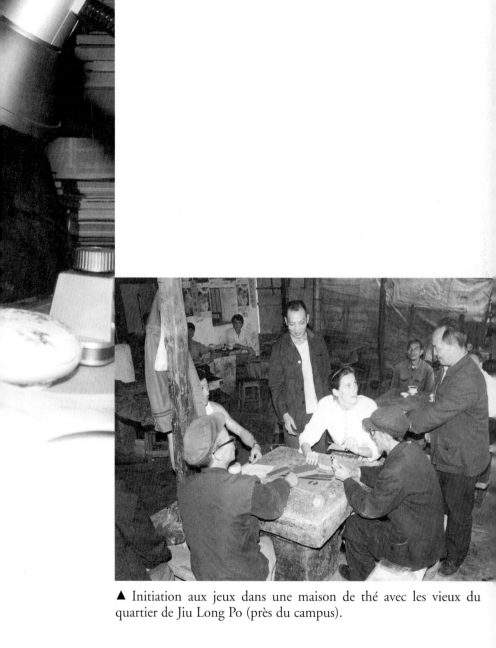

▲ Initiation aux jeux dans une maison de thé avec les vieux du quartier de Jiu Long Po (près du campus).

▲ Cours de marouflage chez maître Li et son assistant.

◀ Les bateliers du Yang-tseu-kiang. Mission auprès du Festival d'Avignon en 1987 pour la création et la présentation d'un spectacle sur les derniers bateliers des grands fleuves du mondes.

▲ Ma chambre (un ancien bureau administratif) fut vite transformée en salle d'étude avec des exercices calligraphiés sur tous les murs et jusqu'au plafond…

▼► Premier voyage d'étude chez les Miao dans la province du Guizhou en 1984.

▲ Au village de Huang Ping, pendant la fête locale, apprentissage de la « danse du Tabouret » par les femmes miao du village.

▲ Accueillie par une famille miao dans la campagne, aux alentours du village de Huang Ping.

▲ Battage du riz glutineux, afin d'obtenir une pâte translucide pour la pâtisserie.

▲▶ Enseignement de maître Huang Yuan chez lui,
à l'École des beaux-arts du Sichuan.

▲ Lecture d'un poème calligraphié sur son balcon.

▲ Dans ma « chambre-atelier ». Cours privé avec maître Huang.

▲ Lors de nos escapades à Chengdu, puis dans les ermitages de montagne.

▲ Lors d'un voyage d'étude dans la province du Guizhou en 1985, je rencontre des jeunes filles buyi. Elles ont une natte énorme, car elles tressent leurs cheveux avec ceux de leur mère, et les portent en coiffe sur le dessus de la tête.

▲ Dans la campagne aux alentours du village de Pudding, balade avec les mères et les filles buyi.

▲ Inconsciente de braver un interdit, je découvre la natte d'un Yi...

▼ En croquant sur les chemins du Liangshan.

▲ Mes camarades de classe et le professeur Bai qui nous accompagnait (deuxième sur a droite), au départ du voyage d'étude chez les Yi sur le territoire du Liangshan, aux frontières du Sichuan, du Tibet et du Yunnan en 1985.

▲ Fumant la pipe avec les anciens.

◄ En compagnie d'un jeune Yi qui m'aidait souvent à retrouver ma route. Une gamelle de soupe de cochon et un quignon de pain pour unique repas.

▲ Avec mon carnet de croquis, je n'arrive pas à me concentrer, bouleversée par le rituel funéraire dans la montagne : le bûcher de l'aïeule du
village...

▲ Voyage au Tibet par la route du Sichuan durant l'été 1986. Étude des drapeaux de prières avec mon carton à dessin.

▲ Campement sur les hauts plateaux de solitude.

◄ Discussion en dialecte sichuanais avec les Tibétains de la petite ville de Hong Yuan.

▲ De droite à gauche : les peintres Ye Yongqing, Pou Liya, Zhang Xiaogang, et l'ami du Yunnan qui nous recevait, lors d'un voyage de convalescence chez les Anni, après mon hépatite en 1987.

▲ Maître Shao Menghai, calligraphe à Hangzhou.

▲ Maître Lu Yanshao, peintre à Shanghai. Explication d'un texte historique gravé sur stèle.

▲ Maître Li Guoxiang, peintre à Shanghai. Durant nos séances d'étude sur manuscrits anciens.

▼ Maître Wu Zuoren, peintre à Pékin, président de l'Association de peinture traditionnelle de Chine (spécialiste des peintures de chameaux). Il vivait en face de mon atelier.

「路曼曼其修遠兮，吾將上下而求索。」

▲ Mon atelier à Pékin.

▼ Exposition de mes « Œuvres de Chine » au Centre culturel français de Pékin en 1991, avec la présence de maître Qi Gong, président de l'Association des calligraphes de Chine. Il est ici inspiré au pinceau lors du vernissage en hommage à mon vieux maître Huang. À ses côtés, sur la droite, l'ambassadeur de France, Claude Martin.

Une magnifique maison traditionnelle à cour carrée à Pékin, celle de maître Wu
ïaolin et de sa famille.

▲ Pendant la cérémonie de mariage à l'hôtel des Collines Parfumées (construit par l'architecte Pei), l'écrivain Shen Dali m'offre mon histoire en Chine calligraphiée par un maître.

▲ Rencontre avec Ghislain en 1989. Balade au tombeau des Ming.

▼ La maison, l'atelier et le jardin, riche pour la contemplation de l'univers-nature, source essentielle de mon travail de peintre.

▲ Le peintre en ascèse de travail dans son atelier. Portrait de la photographe Noëlle Hœppe e
juin 2001. © Noëlle Hœppe / Courtesy AD Paris

▲ Monotype créé avec l'atelier Graficaza. Sérigraphie
 sur toile de lin / coton montée sur châssis à clés, 119 x 168 cm.
Tirage : quatre exemplaires numérotés et signés.
Paysage de la série *Hommage au grand-père, réminiscences des
voyages de Roger Guibert*, 2000.

restait des vestiges de ces grottes un peu partout. Quelques marchands ambulants y avaient ouvert de petits restaurants où l'on servait des repas rapides : bol de nouilles froides au piment ou soupe de riz et beignets de soja. Les tables étaient recouvertes de toiles cirées douteuses et, dans les rues montantes, on entendait grésiller le dernier tube de variétés chinoises. Après la guerre, elle devint une ville industrielle avec ses logements bon marché pour les ouvriers, ses usines dont la pollution se conjuguait au fréquent brouillard, sa surpopulation qui faisait de chaque promenade un effort surhumain pour se frayer un chemin dans la foule. Son grand bâtiment rond, véritable caricature monstrueuse du temple du Ciel à Pékin, ne faisait qu'enlaidir une cité déjà peu attirante malgré son parc et son site dominant le fleuve.

Chengdu, au contraire, restait très attrayante. Ville ancienne, elle avait gardé son statut de capitale de la province avec deux grandes avenues en T bordées de bâtiments neufs fort laids ; mais, derrière, on devinait la vieille Chine avec ses maisons en bois, ses boutiques d'artisans. C'était la seule ville où l'on respirait encore – pour combien de temps ? – une atmosphère typiquement chinoise. Elle avait toujours constitué un centre culturel important ; en 1927 l'université de la province y avait été fondée dans un très beau parc où était conservée une importante collection de pierres gravées provenant de tombes remontant à la dynastie Han. Dans le parc de Du Fu, le grand poète du VIIIᵉ siècle, la chaumière où il avait soi-disant vécu n'était qu'une pâle reconstitution, mais le petit musée, la rivière qui coulait entre les arbres évoquaient ce qu'avait pu être le plaisir de vivre à cette époque. Au bord de la rivière des Brocarts, on cultivait toutes sortes de bambous et on pouvait voir le puits qui avait fourni l'eau à la courtisane et poétesse Xue Tao pour fabriquer son papier orné de motifs. Je me souviens d'un de ses quatrains sur la Lune traduit par mon maître :

Son âme prend la forme d'une mince faucille
Pour tisser peu à peu un éventail tout rond.
Quand sa mince silhouette s'épanouit, devient pleine,
Presque partout, les hommes lèvent les yeux vers elle.

Sur l'autre rive s'alignaient les ateliers d'artisans tisseurs de brocarts, d'où le nom de la rivière. Le temple consacré au stratège et sage taoïste Zhuge Liang était entouré de hauts conifères qui conféraient au lieu une majesté unique. Le temple taoïste de la Chèvre de Cuivre, qui aurait accompagné une apparition de Lao Zi et dont on pouvait admirer la statue, ne communiquait peut-être plus le sens du sacré, mais c'était un endroit agréable pour boire une tasse de thé dans le jardin. Il y avait là une salle du Chaos primitif : « Quand tu te crois perdue dans le chaos, m'avait dit mon maître, tu reviens à l'origine à partir de laquelle on peut créer. » Dans le parc des Ouvriers, une troupe locale jouait des opéras et un groupe de chanteurs de ballades distrayait quelques vieillards nostalgiques d'anciennes légendes. Près d'un monastère bouddhiste, on vendait à nouveau les objets qui accompagnaient le culte des morts. Dans une boutique tenue par une vieille femme, on achetait encore ces chaussures traditionnelles chinoises en tissu et même, suprême rareté, en peau de buffle, à la fois confortables et solides. En plein centre, une maison de thé construite autour d'un bassin était flanquée d'un petit théâtre destiné à l'opéra : elle était si fréquentée qu'il n'était pas toujours facile d'y trouver une place. Les peintres locaux se réunissaient dans une maison traditionnelle où chacun disposait d'un atelier. Si j'avais dû plus tard vivre en Chine, c'est dans cette ville que je me serais installée.

Nous y allions souvent avec mon maître ; c'était sa ville natale. Nous séjournions quelques jours dans un petit hôtel pour échapper à la vie quotidienne de l'Institut ; nous nous promenions à vélo et il était fier de montrer mes travaux à ses amis. Je me souviens du jour où un jeune intellectuel, au courant de notre passage, est venu me rendre visite. Mon maître vit le garçon arriver un matin dans ma chambre : « Jeune homme, lui dit-il, nous sommes en pleine séance de travail ; cela va durer des années, ne nous dérangez plus. » Je protestai, mécontente, car il ne me déplaisait pas de me faire conter fleurette. « Je sais, me rétorqua-t-il, tu es à l'âge de la jeunesse fougueuse où naît naturellement l'amour, mais attention aux passions, aux sentiments, au ressentiment. Le sentiment est perturbateur. On s'y embourbe dans des attachements – source de tracas, d'excitation, de doute, de colère –, et ces états-là éloignent de la voie du peintre. » J'étais furieuse, pourtant, car alors éprise de liberté ; mais il est vrai que l'arrivée du jeune homme perturbait ma concentration. J'étais effectivement ailleurs et, à cet instant, je n'avais plus qu'une envie : batifoler avec lui.

Dans une maison de thé, j'ai assisté à une étrange conversation. Un vieil homme âgé plongé, semblait-il, dans une profonde mélancolie, accablé par une existence quotidienne trop dure, se mit à fouiller dans une poche de sa veste ouatinée et prit une gourde, sorte de coloquinte séchée, qu'il gardait bien au chaud contre son corps. Il parla tout haut à sa gourde percée de trous d'aération, ôta le couvercle en os joliment sculpté et ajouré, et en sortit une minuscule créature : un grillon. Son visage s'éclaira subitement et, le sourire au cœur, il parla à l'insecte. Il avait oublié ses soucis et voyageait, seul, dans l'infiniment petit. Il m'a alors longuement expliqué pourquoi son grillon était un compagnon de vie idéal. Soudain, interrompant son discours il se mit à insulter les clients de la maison de thé : la fumée dégagée par leurs pipes à eau risquait d'affecter la santé de son petit ami ! L'assemblée cessa aussitôt de fumer pour laisser le grillon respirer.

Parfois, nous prenions un autobus pour nous rendre au temple taoïste de la Montagne de Pureté. En chemin, mon maître admirait les étendues jaunes du colza en fleur. Nous nous arrêtions dans une bourgade où l'un de ses fils avait été affecté comme ouvrier dans une usine sordide. Nous déjeunions ensemble. C'était toujours une grande tristesse pour le père de voir son enfant mener une vie si morne. Dans la petite ville se croisaient voitures luxueuses, ânes ou hommes en guenilles attelés à des charges toujours trop lourdes. Le spectacle de ces rues, pour un cœur sensible, était souvent bien misérable. C'était aussi un lieu touristique : on venait voir le barrage construit par Li Bing, en des temps anciens, pour diviser la rivière en trois cours d'eau divergents afin d'irriguer la plaine de Chengdu.

Arrivés au pied de la montagne, nous passions une première porte, et je me souviendrai toujours de l'inscription sur le fronton : *Hua tu ran tian*, qui signifiait : « Tableau fait par le ciel » ou encore : « Peinture-cartographie de la nature céleste ». Quelle plus belle invitation au pèlerinage pour un peintre en quête de beaux paysages ? Le maître disait d'ailleurs que nous allions « en audience sur la montagne ». La première porte nous rappelait que nous quittions le monde des hommes pour entrer dans celui des esprits. Nous grimpions par des chemins tortueux à travers une forêt accrochée à ses flancs. Arrivé là, le maître changeait radicalement. Malgré ses soixante-treize ans, il retrouvait une vivacité de jeune homme. Il insistait pour aller boire dans certaine petite auberge qu'il connaissait bien. Nous n'étions pas les seuls ; en chemin, nous côtoyions de jeunes Chinois en excursion et de vieilles femmes venues en pèlerinage qui soufflaient un peu sur la pente assez raide. Une fois au temple, nous y dînions et y passions la nuit car, comme beaucoup d'autres, celui-ci servait aussi d'auberge pour les pèlerins et pour ces pèlerins modernes que sont les touristes. Vivaient là de vieux moines taoïstes et des nonnes. Je me souviens de l'une d'elles, une grande jeune fille très belle qui, le matin de notre départ, remplit notre baluchon de petits pains d'avoine et d'orge. Dans la cour, le haut des balustrades en pierre était sculpté de personnages grotesques qui faisaient l'amour dans toutes les positions et même avec des animaux. Je ne pouvais m'empêcher de soupçonner les vieux taoïstes d'être arrivés à un grand âge en conservant leur vigueur sexuelle grâce aux antiques recettes transmises, entre autres, par le *Classique de la Fille sombre*. C'était le genre de réflexion dont je n'osais faire part à mon maître. Lui au contraire, inspiré par les lieux, en profitait pour m'expliquer à loisir le taoïsme : la différence entre la religion taoïste, fondée au début de notre ère, et qui avait imprégné la religion populaire, et la philosophie taoïste de l'Antiquité léguée par Lao Zi et Zhuang Zi. Le même tao était à la base des deux,

165

représenté sous la forme d'êtres concrets, de divinités, par les paysans, et sous forme de notions abstraites par les lettrés. Finalement, quand on savait lire et interpréter la pensée religieuse et philosophique, on comprenait qu'elles n'étaient que les deux faces d'une même réalité : les uns préféraient la personnifier, pour mieux en saisir les facettes, les autres jongler avec des concepts pour en comprendre l'unité ultime.

Je suis allée au Tibet avec un groupe de jeunes professeurs. Nous sommes partis en autobus par des routes incertaines ; une fois franchie la frontière entre le Sichuan et le Tibet, nous nous sommes enfoncés vers l'intérieur. Au pied des montagnes, nous apercevions des cascades, des falaises escarpées, des barrières de glace, des sommets qui s'élevaient jusqu'à sept mille mètres mais aussi des carcasses de véhicules au fond des ravins ! Le chauffeur commentait régulièrement des accidents ayant causé vingt ou trente morts. Le bus s'arrêtait parfois plusieurs jours à cause d'une crue qui bloquait le passage. Une fois, nous sommes tombés en panne d'essence et avons dû marcher vingt kilomètres avant de trouver un endroit pour dormir et attendre là quinze jours avant de pouvoir repartir. Nous goûtions donc des retraites forcées, imprévues, souvent dans des conditions spartiates. Mais sur ces hauts plateaux, l'âme s'envolait, tels les drapeaux de prières, vers le ciel. Dans ce genre de voyage on ne sait jamais quand on arrivera ni même si on reviendra un jour ; mieux vaut éviter de partir trop tard en saison : les intempéries, le gel, la neige bloquent les routes.

« Nous n'irons pas à Lhassa car nous nous y ferions

repérer, m'avaient prévenue mes compagnons de route.
L'armée y est trop présente. Il faut rester dans les campagnes. » Nous stoppions dans des bourgades et, de là, partions avec des nomades tibétains menant des troupeaux de
yaks ; en chemin, nous visitions des sanctuaires religieux
perdus dans la solitude.

J'étais aux anges devant ces paysages magiques, ces étendues d'infini ; ils me faisaient mieux comprendre à quel
point le ciel régit l'ordonnance du monde, comme me
l'avait enseigné mon vieux maître. L'air y était vif, pur,
stimulant, et les pensées oubliées renaissaient alors spontanément dans mon cœur, celles de Leopardi, surtout :

> *Assis, je contemple, au-delà, de souverains silences.*
> *Dans cette paix profonde, j'abîme ma pensée.*

Là-haut, j'étais heureuse. La beauté des montagnes, les
nuages si proches de la terre dont les ombres dansaient
dans les champs, parmi les troupeaux de yaks, dilataient
mon cœur d'allégresse.

J'ai découvert le site de Shigatse, lieu surprenant avec
son monastère accroché à flanc de montagne, à l'architecture simple et sobre. Les fresques, à l'intérieur, représentaient Çakyamouni, les Arhats, des bodhisattvas. Un *stupa*
était entièrement décoré à la feuille d'argent et orné de
pierres précieuses.

Mes jeunes professeurs rêvaient de monastères perdus
aux fresques inconnues. Le plaisir qu'ils prenaient à découvrir une culture hors des sentiers battus était sympathique
car, jusque-là, les Chinois ne s'intéressaient pas à la civilisation tibétaine.

Nous passions de la campagne au désert, puis à une sorte de savane ; nous franchissions des torrents. Dans ce monde d'extrêmes, nous traversions des lieux animés d'une profonde religiosité. Nous croisions des Tibétaines qui faisaient la route à pied et à plat ventre. J'ai essayé de les imiter mais n'ai pas tenu un kilomètre. Ce genre de pèlerinage exige une grande force physique et psychique, et une foi sans limites. Elles pratiquaient un au-delà des souffrances du corps et, par leurs prières actives, le don de soi. Certaines ne craignaient pas de parcourir de longues distances pour rejoindre un monastère. J'étais bouleversée de rencontrer sur terre une telle ferveur. Quand, par hasard, mon regard croisait le leur, elles m'offraient un sourire de béatitude d'une inexprimable beauté. Nous vivions avec les Tibétains et dormions dans des monastères. Nous partions à cheval, à dos de yak, avec des enfants, nous traversions des rivières, suivions des chemins de montagne à travers une végétation sauvage.

Pour les femmes, ce n'était pas commode ; il n'y avait pas de pharmacie pour acheter le nécessaire. Elles devaient se débrouiller. J'ai partagé de beaux moments avec les Tibétaines. Ce sont des femmes drôles, vives, intelligentes. Les plus jeunes n'arrêtaient pas de s'amuser et adoraient me taquiner. Elles m'emmenaient au bord des rivières, m'expliquaient comment me laver, me dérobaient mes vêtements quand j'étais au beau milieu de l'eau, ce qui me mettait très en colère. Nous finissions toujours par en rire ensemble. Je ne sais pourquoi mais la vie, là-haut, était un bonheur sain et authentique. Pourtant, tout y était dur, aride, et les nuits étaient glacées. Après nos longues journées de marche en altitude, nous nous sentions ivres d'exister. J'avais du mal à suivre les Tibétains, habitués depuis l'enfance à la dure vie des hautes steppes. Quand nous avions faim, ils nous découpaient des morceaux de viande fraîche que nous dévorions avec appétit. Ils transportaient le thé sous forme de briques, en cassaient un morceau et préparaient un breuvage au beurre de yak rance ; nous avions froid et nous le buvions sans dégoût car nous en ressentions le besoin. Heureusement, j'ai fait ce voyage avant mon hépatite. À ces hauteurs, le corps a d'autres demandes que celles auxquelles il est habitué. Nous étions obligés de vivre comme ces nomades ou nous n'aurions pas tenu le coup. Ils m'avaient donné des vêtements en peau de bête et j'ai attrapé pas mal de petites bestioles, à force de vivre à leur côté sous la tente. C'était toutefois assez confortable car ils installaient toujours de petits tapis pour s'asseoir et dormir. Ils m'avaient fabriqué un instrument pour sortir, la nuit, de la tente familiale : un *dago*. C'était un poids en métal forgé au bout d'une lanière de cuir, que je devais faire tourner au-dessus de ma tête jusqu'à ce qu'il vrombisse quand je sortais, terrorisée, pour aller aux toilettes. La manœuvre était complexe, destinée à empêcher les chiens de m'approcher et de me mordre les fesses. Matin, midi et soir, nous mangions de la *tsampa*, épaisse bouillie d'orge agrémentée de graines de sésame ou de tournesol. Ces Tibétains étaient des hommes exceptionnels, d'une grande richesse intérieure, très gais et pourtant solitaires. J'aimais leur compagnie. Sur ces plateaux déserts, nous étions des êtres libres, libres comme l'aigle volant dans la plaine, et il était délicieux de le ressentir de manière aussi forte dans un tel paysage.

Aux environs de Shigatse, nous avons découvert un monastère qu'on disait restauré au XIVe siècle. S'y mêlaient les styles chinois, tibétain et népalais. Ses fresques étaient les plus anciennes et les plus belles du Tibet. Elles couvraient les parois de toutes les salles et représentaient, avec les dieux, des scènes de la vie quotidienne. Ces monastères, lieux de vide si complet, abritaient une richesse de vie étonnante.

Dès que nous arrivions dans une ville, nous sentions la présence chinoise ; dès que nous en sortions, nous revenions en territoire tibétain. Le sentiment de haine envers les Chinois était manifeste ; plus retenu toutefois, en apparence, que chez d'autres minorités.

Ce qui m'a le plus frappée, ce sont les maisons tibétaines, entièrement en pierres, comme des châteaux, où le maïs sèche sur le toit à côté de grands piquets auxquels sont attachés des textes sacrés. Ces inscriptions sur des tissus de différentes couleurs ressemblent à des temples éphémères, flottant au vent, qu'on découvre en des lieux perdus, érigés entre ciel et terre, entourés à la base de pierres et de plaques de bois où sont inscrites des citations de soutras. Je n'ai jamais vu plus fragiles et émouvantes constructions. Il régnait là une solitude pleine, une spiritualité vivante, un étonnant jeu de mouvance entre les textes sacrés et le vent.

Dans les bourgades, on vendait des tissus, des soies brocardées et travaillées de fil d'or, d'une qualité artistique surprenante dans ces boutiques si simples au sol de terre battue. Il y avait des trésors cachés dans ces piles de coupons aux couleurs vives, une palette inouïe pour une apprentie peintre travaillant le noir et blanc depuis quelques années déjà. J'étais éblouie par la qualité des teintures et des techniques de tissage, qui donnaient des épaisseurs lissées, des impressions striées, brillantes, miracle d'intelligence et de goût de ces artisans tibétains. N'ayant pas un sou en poche, j'ai troqué ma montre et mon jean pour rapporter quelques coupons merveilleux.

Les motifs des tissus représentaient des *mandalas* fascinants, « cercles sacrés » qui, d'après les Tibétains, symbolisent l'infini, l'absolu, le divin, une sorte d'évocation de l'univers dans son dessin essentiel. Cet archétype de la vie me bouleversait. J'en faisais des croquis étonnants et mon imaginaire s'emballait devant ces cartographies célestes. J'y voyais des merveilles : de l'embryon d'un têtard dans sa bulle protectrice jusqu'aux systèmes solaires ; de l'architecture d'une molécule ou d'un atome jusqu'aux rosaces de nos cathédrales gothiques ; du mystérieux kaléidoscope d'un flocon de neige à la formation de l'iris de l'œil ; du cœur des fleurs jusqu'aux tissages des toiles d'araignées... Dans ces créations, n'existait-il pas un lien avec les rythmes cosmiques ? Pour les Tibétains comme pour les tribus africaines, les vieux philosophes du Moyen Âge ou les grands maîtres calligraphes zen, le cercle est le point central : vide nourricier, plénitude première, lieu de naissance de tout ce qui est. Cette sorte de « cosmogramme » représentait l'expérience du sacré, la diversité du monde dans l'unité.

Les Tibétaines sont très coquettes. Certaines, rencontrées dans les bourgs, me montraient leurs bijoux, leurs colliers de pierres ou d'ambre taillés par leur père ou leurs frères au cœur des montagnes.

J'ai visité en pleine campagne un monastère du XIIIe siècle dans l'esprit des styles Song et Yuan. Le moine nous expliqua qu'il avait été pillé et ne contenait plus grand-chose. Malgré tout, il restait quelques objets de culte et une bibliothèque avec des textes de soutras, des ouvrages sur la culture tibétaine, des traités d'astronomie, de méde-cine, des biographies de lamas célèbres.

Ces balades à l'ombre des nuages ont provoqué un bel éveil à ce que mon maître tentait de me transmettre : une compréhension limpide de l'unité du monde. C'est le nez au vent, là-haut, seule à dos de yak, que j'ai pris conscience de l'authentique absolu du contenu initiatique que je rece-vais. Peut-être avais-je enfin trouvé ce chemin de vérité tant recherché, même s'il faisait moins quinze degrés, même si j'avais l'impression de mourir de froid. Le maître n'était jamais allé au Tibet ; j'ai passé des heures, à mon retour, à lui raconter mon voyage et à lui montrer mes croquis, pour son plus grand amusement.

Une année, je suis partie avec mon interprète dans la province du Guizhou. « Viens avec nous ; nous rendons visite à des amis, m'avait-elle proposé. Ensuite, nous irons nous promener dans les montagnes ; elles abritent des eth-nies extraordinaires, les Buyi, les Miao en particulier. »

Les vêtements des Miao sont splendides. Je leur ai demandé comment ils les confectionnaient. Ils m'ont expliqué qu'ils grattaient le vert de l'écorce des arbres, et s'en servaient comme pigment pour les teintures. Puis ils polissaient le tissu pour obtenir une brillance d'un vert doré, comme le dos des scarabées. Leurs tissages et brode-ries étaient d'une étonnante beauté. Une paysanne m'a appris qu'elle avait mis des années à réaliser le costume de sa fille. Les motifs des broderies étaient liés à leurs mythes et croyances ; ils en conservaient ainsi la mémoire, car c'est un peuple sans écriture.

En me promenant dans les villages, je découvris, dans les maisons entièrement construites en bois de cèdre, de petits dessins gravés sur les parois. Je remarquai des papillons et les copiai sur mon carnet de croquis. Le soir, en dînant chez des Miao, je leur demandai l'explication de ces dessins. Ils éclatèrent de rire en voyant mon croquis de papillon et s'écrièrent : « C'est la Mère Papillon ! » Ils me contèrent alors son histoire. Un jour, un dieu trouva une graine qu'il planta dans la terre. Un arbre en naquit, près d'un étang. Cet arbre était un érable. Il grandit, grandit et devint immense. Les oiseaux sauvages venaient s'y poser car il offrait un abri merveilleux. L'arbre se trouvant près d'un étang, les oiseaux mangèrent tous les poissons. L'arbre fut jugé responsable de la mort des poissons et abattu sur-le-champ. Il se transforma alors en un papillon qui fut fécondé par les gouttes de pluie. La maman papillon pondit des œufs qu'elle couva longtemps et donna naissance au dieu de la Terre, au dieu du Ciel, au dieu de la Montagne. Ces dieux créèrent le premier homme, l'ancêtre des Miao. C'est pourquoi ils représentent la Mère Papillon dans leurs traditions populaires et vénèrent les érables.

Dans un autre village, au pied d'un vieil arbre, je découvris, disposés entre les racines, des offrandes et de petits autels, avec des étoffes rouges, des baguettes d'encens fumantes, preuves de rituels encore vivants. Quand je me renseignai, j'appris que ce rite rendait hommage au dieu du Sol, pourvoyeur de toute chose. Pour les paysans, le vieil arbre symbolisait la fertilité et la longévité : ses racines, plongeant dans les rivières souterraines, assuraient la liaison avec l'eau qui arrose les champs, nourrit les plantes et donne la vie. Il rassurait les paysans car sa vigueur était de bon augure pour les cultures : il était le protecteur du village.

Je n'ai pas rencontré de véritable chaman mais, apparemment, le plus âgé du village remplissait cet office. Il tenait le rôle de l'ancien comme, autrefois, celui qui possédait la parole de sagesse, à qui on a recours pour régler les affaires du village, mais il était aussi le responsable du Parti communiste. Chez les Miao, j'ai vu la famine, la pauvreté mais je n'ai pas senti une présence chinoise aussi forte qu'ailleurs. Repoussés dans des régions ingrates, ils n'attiraient ni cadres ni immigrants. Ils détestaient les commissaires politiques périodiquement chargés de venir surveiller la région mais, autrement, on ne sentait pas le poids omniprésent du Parti.

Dans les années 1940-50, des massacres furent perpétrés par le Kuomintang : les Miao furent pillés, les femmes violées, coupées en morceaux. Pendant la Révolution culturelle, ils connurent de nouveaux pillages de la part des Gardes rouges qui volèrent leurs bijoux. Contraints une fois de plus de se déplacer, ils trouvèrent refuge dans les montagnes. Malheureusement, une fois là-haut, ils ne parvenaient plus à se nourrir car leur aliment de base était le riz, cultivé en terrasses, et on ne trouvait pas assez d'eau pour irriguer les champs. Ils connurent des famines catastrophiques qui duraient encore en 1995. Il n'y avait carrément rien à manger. Les Tibétains parvenaient à s'organiser malgré la misère mais les Miao étaient complètement démunis. Des enfants mouraient de malnutrition, la pénurie alimentaire était très grave. J'ai été choquée de les voir vivre sur la terre battue de leurs maisons, presque nus. Ils n'avaient non seulement rien à manger mais même

pas de quoi se vêtir. La femme chez qui j'habitais m'a dit :
« Il n'y a qu'un pantalon pour tous les hommes. Quand
l'un d'eux doit aller en ville, il le porte. » Les femmes ne
possédaient aucun contraceptif. Elles avaient jusqu'à dix
enfants. Quand elles allaient aux champs, où elles travaillaient comme des esclaves, ils étaient laissés à l'abandon.
Ces gosses me suivaient partout. Chaque fois que je partais
explorer les environs à pied avec mon carnet de croquis,
cinquante gamins en guenilles, squelettiques, m'accompagnaient. M'emboîter le pas les amusait beaucoup mais
c'était dur à supporter. Une femme m'offrit sa petite fille
de trois ans, d'une grande beauté, avec un cadenas votif
autour du cou pour la protéger. « J'en ai sept, me suppliait-
elle. Je ne peux plus les nourrir. » La seule façon de survivre
était de cultiver l'opium. Ils en faisaient le trafic pour obtenir non de la nourriture, mais des outils afin de travailler
leurs champs.

Les Yi sont une autre minorité nationale du sud-ouest
de la Chine. Nous avons visité leurs villages avec le professeur qui enseignait à peindre des personnages à l'encre
pour étudier les types physiques de cette population. Il ne
cachait pas son antipathie à mon égard. Une fille, petite
amie de l'un des élèves de notre Institut, avait obtenu l'autorisation de se joindre à nous car le voyage se déroulait
pendant les vacances. Je n'ai pas sympathisé avec elle : elle
ne m'adressait pas la parole et restait dans son coin, avec
son copain. Les autres camarades n'étaient guère aimables
non plus : « Comment se trimbaler là-haut avec elle ?
Quelle galère ! » se plaignaient-ils. Difficile à supporter :
j'étais le fardeau qu'il fallait chaque fois cacher car les Yi

vivaient dans une région rigoureusement interdite aux étrangers. L'autorisation d'y pénétrer aurait été refusée par la police et nous étions partis sans dire où nous allions. Les routes devenaient de plus en plus dangereuses. À un tournant, nous aperçûmes un car dans un ravin et, comme dans les hautes montagnes tibétaines, le chauffeur nous déclara simplement : « Un accident s'est produit il y a quinze jours ; tous les passagers sont morts. » Dans les descentes, pour économiser le carburant, car il n'y avait pas de postes d'essence, il conduisait en roue libre. Au moment d'entrer dans le territoire interdit, les étudiants prévinrent le professeur : « Les flics sont là. On va monter Mlle Fa sur le toit et la cacher au milieu des paniers, sous les oies. » On fit stopper le car, mes camarades me hissèrent sur le toit, poussèrent les oies et m'installèrent dans un panier rempli de fientes, avec les volatiles sur la tête. À la frontière, les gardes vérifièrent les papiers, tout leur parut en ordre. Contrairement aux Chinois des villes qui ne cessent de se dénoncer mutuellement, les mentalités sont différentes dans les montagnes. Pas une seule des vieilles femmes en route pour le marché et qui, pourtant, savaient que j'étais sur le toit, ne m'a dénoncée. Tout le monde riait et ils ont fait durer le plaisir jusqu'à l'étape suivante, craignant, paraît-il, qu'on me repère de loin. L'odeur des oies était écœurante, j'avais des fientes plein les cheveux. Enfin extirpée de ma cachette, je les ai insultés, folle de rage. J'ai eu le plus grand mal à me nettoyer car il n'y avait pas d'eau. Plus on avançait, moins il était possible de se laver.

Les premières villes où nous nous sommes arrêtés étaient d'une effroyable tristesse, colonisées par l'armée et le gouvernement. Les Yi qui y résidaient étaient plus ou moins payés par le gouvernement pour cohabiter, s'attirant la haine des Yi des montagnes qui les traitaient de « chiens de Yi ». Traîtres à leur culture, ils avaient accepté de devenir chinois. Comme chez les Tibétains, on sentait l'antagonisme entre collaborateurs et résistants. L'armée commençait à peupler les territoires de l'ethnie. Les écoles des Yi étaient fermées, ils n'avaient plus le droit de parler leur langue ni de pratiquer leur culture ancestrale ou leur religion chamanique. Il leur fallait s'adapter à la culture chinoise. Les colons chinois, eux-mêmes malheureux d'avoir été exilés dans un endroit aussi reculé, se montraient agressifs à leur égard. Nous sommes allés rendre visite à des professeurs des Beaux-Arts envoyés là-bas après avoir suivi leurs études dans notre Institut. Eux aussi étaient aigris par l'exil. Affectés dans les villes de la région pour enseigner dans les écoles, ils menaient une existence infernale, si dure qu'ils avaient perdu leur inspiration d'artistes et jusqu'au désir de vivre. À leur place, j'aurais préféré habiter carrément dans la montagne ; mais sans doute auraient-ils jugé une telle condamnation encore plus dégradante.

Les Yi, des montagnards, cultivaient du maïs, du blé, des pommes de terre et surtout, comme les Miao pour survivre, de l'opium. Ils commerçaient avec les gens de Chengdu qui montaient jusque chez eux, et certains s'étaient considérablement enrichis. Il y avait les Yi blancs et les Yi noirs. Les Yi noirs étaient les aristocrates et se mariaient entre eux ; les Yi blancs, leurs esclaves, appartenaient à une caste différente. C'était un système féodal. Dans l'une des villes que je visitai, il ne restait plus qu'un seul Yi noir. Il était l'ami de notre professeur de peinture et c'est lui qui, ensuite, nous servit de guide et nous conduisit dans la montagne. Il était extrêmement intelligent, très beau et parlait chinois.

Le professeur nous a projeté un film tourné au moment de l'arrivée de l'Armée populaire de libération, la politique de Mao consistant à libérer les montagnards en même temps qu'à les utiliser à des fins de propagande. C'était un film en noir et blanc, datant des années cinquante. On y voyait des Yi esclaves, enchaînés et traités comme des bêtes. Le Yi noir nous expliqua qu'à l'époque ses propres ancêtres, nobles, exigeaient un dixième de la récolte. La coutume donnait le droit de vie et de mort sur les esclaves et, si on naissait esclave, on le restait toute sa vie. Après la Libération, les Yi blancs furent effectivement « libérés », mais les cadres et militaires chinois envoyés dans ces territoires exigèrent du jour au lendemain la moitié des récoltes ! Ces anciens esclaves, environ sept cent mille, jugèrent leurs nouveaux maîtres pires encore que les Yi noirs puisqu'ils confisquaient la moitié de la récolte et non plus un dixième. S'ensuivirent des famines effroyables qui compromirent encore une situation déjà dégradée.

La langue yi comprend six dialectes. Elle possède une écriture d'un millier de caractères composée de pictogrammes et d'idéogrammes ravissants. Le seul à la connaître encore était un chaman qui vivait dans la montagne, le seul *bimo* capable de transmettre la culture et les connaissances médicales et astronomiques de son peuple.

Le territoire était dangereux depuis l'arrivée de l'Armée et des Gardes rouges car les Yi, comme les Tibétains, restaient des irréductibles. Une nuit, dans la montagne, nous avons entendu des coups de feu. Le lendemain matin, nous avons interrogé notre ami, le Yi noir. « On les appelle des bandits, nous dit-il, mais ce sont des Yi qui défendent leur culture. De plus en plus pauvres, minés par l'alcool et l'opium, ils guerroient encore contre l'armée chinoise et les Yi accusés de collaboration. Tous les soirs, on s'entre-tue. »

Selon la tradition, quand on recevait un ami ou un visiteur, on buvait à la ronde un verre d'alcool ; dehors, au bord des chemins, assis en rond à même le sol des cabanes ou dans les villes, on pratiquait ce rituel immuable. Un soir où un Yi avait beaucoup bu, il m'a dit : « Ils sont en train de nous tuer les uns après les autres ; nos filles sont obligées d'épouser des Chinois Han. Nous n'y survivrons pas. »

Invités un jour à la grande fête du Feu, nous sommes partis de bon matin, avec nos carnets de croquis, pour une longue marche. La fête se déroulait dans un magnifique paysage de collines dont l'une était entièrement peuplée de Yi venus de partout avec leurs buffles, leurs coqs, leurs filles et leurs épouses en habits chamarrés ; les femmes tenaient des ombrelles jaunes et, avec le soleil, j'avais l'impression de me trouver dans un tableau de Monet ou devant une nuée de papillons voletant et butinant. On chantait, on buvait, on organisait des jeux : courses de chevaux, combats de buffles ou de coqs ; les paris allaient bon train. Soudain, un cortège de jeunes filles s'avança : un jury devait choisir la plus belle femme de tout le pays. Parées de leurs plus beaux atours, avec leur grand chapeau noir, leurs vêtements brodés et leur ombrelle, elles avaient une grâce légère. Les jeunes gens étaient de solides gaillards, comme les Tibétains, au beau visage carré. Il y avait aussi des concours de chants d'amour : garçons et filles, disposés en deux groupes, se faisaient face et, selon le charme de la voix ou du texte, les jeunes filles choisissaient l'élu de leur cœur. À la tombée de la nuit, ils formaient un long cortège qui parcourait les collines avec des torches enflammées. C'était le moment essentiel de la fête, destiné à chasser les mauvais esprits responsables des épidémies. Ce rite d'exorcisme ressemblait à celui mentionné dans des textes chinois de l'Antiquité. Partir de Chongqing et arriver en ces lieux, c'était pénétrer un autre univers. Je comprenais l'enchantement des peintres qui l'avaient connu après les souffrances de la Révolution culturelle, ravis de découvrir un tel paradis de beauté.

Nous nous dispersions avec nos cartons à dessins et nos pinceaux pour croquer les femmes et les enfants. Au pied des collines, devant leurs petites maisons d'une architecture magnifique, tout en bois, ils m'offraient un bol de nourriture et, pour les remercier, je leur laissais quelques croquis. Un étudiant de notre groupe vint me voir lorsque je fus plus tard attachée culturelle à Pékin. De retour d'un nouveau voyage chez les Yi, il m'apprit que mes dessins étaient toujours accrochés aux murs de leurs maisons.

Leurs costumes étaient confectionnés avec de la laine de mouton tissée. Ils portaient des capes en peau de mouton qui leur servaient aussi de couvertures la nuit. Quand je me promenais parmi eux, ils se cachaient sous leur cape et je ne voyais même plus leur visage. Leurs coiffures obéissaient à un code très strict. Un jour où je m'étais tressé une natte pour aller dessiner mes croquis, je rencontrai notre guide qui, très gêné à ma vue, alla trouver mon professeur : « Pouvez-vous ordonner à votre étudiante de se faire deux nattes au lieu d'une ? » Tout le monde éclata de rire : une seule natte signifie qu'on cherche un mari ; deux nattes veulent dire qu'on est marié ; et, après dix-sept ans, quand une jeune fille n'est pas encore mariée, on lui coupe la natte, ce qui signifie qu'elle a le droit d'avoir des rapports sexuels même sans être mariée. Ainsi, on repérait tout de suite celles qui avaient des aventures amoureuses et qui n'étaient pas mariées, celles qui étaient mariées et celles qui cherchaient un mari. Les hommes se rasaient le dessus de la tête et c'était l'une des dernières ethnies en Chine à porter encore une natte enroulée sous leur turban. Bécassine au pays des Yi, je me suis arrêtée devant un très beau garçon, désireuse de faire son portrait, et j'ai demandé à voir sa natte : il a ôté son turban et sa natte s'est déroulée jusqu'à ses pieds. J'étais stupéfaite car je croyais que la natte n'existait plus en Chine depuis la chute de la dernière dynastie. J'étais tellement impressionnée que je l'ai prise dans ma main. Les Yi qui se trouvaient à côté se sont précipités, m'écartant si violemment que je me retrouvai par terre. Le Yi noir avertit notre professeur : « La chevelure d'un Yi est sacrée. Un Yi a droit de vie et de mort sur la femme qui la touche. » Notre professeur me prévint que je ne m'étais pas rendu compte de la gravité de mon geste et, dès le lendemain, décida de quitter les lieux.

Il était difficile de trouver une maison où dormir. Un jour, invités chez des Yi, l'homme ordonna à sa femme : « Nous avons des hôtes, il faut tuer le coq. » L'aïeule me demanda si j'étais tombée du ciel. Comme mon vieux maître me parlait toujours de la « voie du Ciel », je lui répondis que non, pas encore. Elle m'expliqua qu'elle avait rencontré, encore toute petite, un étranger qui me ressemblait et qui lui aussi était tombé du ciel. Mon professeur se renseigna : pendant la guerre, un pilote anglais, tombé en parachute, avait passé le reste de son existence chez les Yi. Adopté par eux, il avait fondé une famille mais était mort assez jeune à cause des conditions de vie trop rudes. La vieille femme, qui n'avait jamais vu d'autre étranger, était persuadée que je venais du ciel. En discutant avec elle, j'ai compris que, dans son esprit, le monde se limitait aux Yi. J'ai eu beau lui tracer, sur le sol, un schéma de notre planète, elle insistait : si je ne descendais pas du ciel, je ne pouvais venir que des montagnes du Nord...

La vaisselle en bois était joliment ouvragée, ornée de motifs toujours rouges, noirs ou jaunes. J'étais l'hôte d'honneur : le maître de maison me présenta une petite tasse contenant le sang chaud du coq que j'ai dû boire ; refuser eût été une offense suprême, comme me l'expliquèrent ceux qui m'accompagnaient. Au moment de les quitter, ils m'ont offert la tasse sculptée par le maître de maison lui-même. Elle était taillée dans le bois et montée sur un véritable pied de coq. Je l'ai conservée dans mon atelier, parmi les objets insolites rapportés de Chine.

Ils n'avaient rien à manger ; plus nous nous enfoncions dans les montagnes, plus la nourriture était frugale, réduite à des espèces de galettes. Heureusement, il y avait des pommes de terre. On les cuisait sous la cendre, au feu de bois. Je ne mangeais pratiquement plus. Un jour, on m'offrit un bol où se trouvait leur dernier morceau de gras de porc. Il n'y avait pas de viande, rien que ce bout de graisse. Pour eux, c'était un luxe. J'en ai grignoté un peu et j'ai partagé le reste avec ceux qui m'entouraient...

Les histoires d'amour impossible étaient nombreuses car les mariages devaient avoir lieu à l'intérieur du clan, après que le chaman eut décidé des auspices favorables. J'avais remarqué que beaucoup d'hommes étaient balafrés. J'appris que c'était la cicatrice de la cérémonie du mariage.

Entre les fiançailles et le mariage, la fille était libre de s'unir à autant d'hommes qu'elle le désirait, si bien que le premier enfant n'était le plus souvent pas celui du mari. Au jour convenu, le fiancé venait à cheval enlever sa bien-aimée, après que la famille l'eut rossé et lui eut imposé toutes sortes d'épreuves. La tradition voulait qu'au moment où il se saisissait de la fille, celle-ci le griffât profondément au visage ; plus la blessure était profonde, plus l'union serait heureuse, et plus l'homme était fier.

Nous avons séjourné dans une maison où une femme venait d'accoucher. Pendant un mois, elle n'avait pas le droit de faire du feu ni de cuire les aliments de crainte d'offenser le dieu du Foyer, ni de sortir, pour ne pas polluer les dieux des Portes. Cette période écoulée, elle allait présenter le bébé à sa belle-famille.

Chez les Yi, j'ai appris à jouer de la guimbarde ; cela aidait à passer le temps après nos longues journées d'exploration. Un soir où je m'exerçais, un jeune homme est venu me retrouver car, quand une femme joue de la guimbarde, c'est pour appeler un homme – situation assez embarrassante...

À notre arrivée dans un petit village, on nous a annoncé : « L'aïeule vient de mourir. Il y aura un rituel exceptionnel. Vous nous accompagnerez demain matin. » Nous sommes donc partis à l'aube dans les montagnes. Un bûcher avait été préparé pour brûler le corps. Les pleureuses entonnaient des chants funéraires qui rappelaient ceux des monastères tibétains ; un chaman récitait des incantations. Je craignais que notre présence ne trouble la cérémonie, mais les Yi paraissaient contents qu'on y participe car c'était une fête où l'on se retrouvait pour honorer la mémoire de l'ancêtre. On nous a seulement priés de nous tenir un peu à l'écart. Les villageois ont tué un cochon et, suprême honneur, sont venus m'offrir la tête de l'animal. Mes camarades se sont fort amusés en me voyant avec la tête du cochon pendue au bout d'un bâton. Je ne savais trop quoi en faire et je ne pouvais décemment pas l'enterrer. Pour les montagnards, c'était une très belle offrande. Le chaman prit les entrailles du cochon et lut les présages dans la vésicule biliaire et le pancréas.

Autrefois, m'apprit-on, on enveloppait le mort dans une peau de tigre lors de la crémation car les Yi considèrent qu'ils sont les descendants d'un tigre mythique et, ainsi, le défunt rejoint ses ancêtres. Selon la légende, après sa mort ce tigre-totem s'est décomposé : un œil est devenu la Lune, l'autre le Soleil, les moustaches ont donné naissance aux rayons de la lumière, les poils aux arbres, le ventre à la mer, les intestins aux rivières... L'univers serait né de ce tigre. C'est aussi pourquoi, lors de certaines cérémonies, le chaman porte une peau de tigre. Aujourd'hui, faute de tigre, le mort est enveloppé de tissu, de petites ficelles blanches et noires figurant la fourrure.

Quand on a mis le feu au bûcher, tous les Yi des collines alentour se sont levés, les femmes ont hurlé, telles des tragédiennes du théâtre grec. C'était très impressionnant et j'ai pleuré d'émotion face à la beauté de ce rituel, à cette ferveur sacrée de tout un peuple.

J'ai alors commis une énorme bêtise. La crémation touchait à sa fin ; j'ai voulu photographier la scène et j'ai emprunté l'appareil d'un étudiant. Au moment où je visais, un Yi est sorti de la foule, armé d'un couteau, et s'est précipité vers moi pour me tuer. Deux membres du Parti se sont jetés sur lui et l'ont désarmé juste à temps. Les étudiants prenaient souvent des photos mais s'en étaient abstenus pendant la cérémonie car c'était interdit : les Yi craignaient en effet qu'en la photographiant on s'empare de l'âme de l'aïeule. Je n'avais même pas emporté d'appareil photo pour faire bien comprendre que j'étais venue uniquement pour peindre. Aujourd'hui encore, j'ai du mal à comprendre mon réflexe stupide. Notre professeur, très ennuyé, essaya en vain d'expliquer que nous étions venus pour dessiner, attirés par la beauté du lieu. J'ai compris alors que je n'avais pas cessé d'être surveillée, que le Parti était toujours présent, même dans les petits villages. Les responsables du Parti qui avaient d'abord admis ma présence étaient maintenant persuadés que j'étais une espionne à la solde de l'étranger, et ne voulurent rien entendre. Ils s'imaginaient avoir capturé une criminelle dangereuse. Je fus arrêtée et conduite en voiture jusqu'au district. Furieux, mon professeur dut interrompre le voyage alors que nous n'étions qu'à mi-parcours. Il s'inquiétait également de mon sort car il ignorait ce qu'on allait faire de moi et se sentait responsable. Une fois en ville, je fus enfermée dans une cellule. Les policiers se montraient très agressifs, crachaient par terre, se moquaient de moi. Je sentais leur violence, leur mépris, comme une intention, aussi, de se venger. Des jésuites avaient colonisé les Yi, au début du XIXe siècle, et leur action, les massacres qu'elle avait provoqués, restaient ancrés dans les mémoires. Au cours des XIXe et XXe siècles, les quelques étrangers venus jusque-là s'étaient montrés humiliants envers les autochtones. Ceux-ci n'avaient donc pas une haute idée des Occidentaux. Quand j'ai essayé de discuter avec les responsables de la prison, ils m'ont répondu : « Ferme ta gueule et tiens-toi tranquille. » Ils ont refusé que j'envoie un message au directeur de l'Institut et que je communique avec quiconque. Mon professeur, comprenant que j'étais dans de sales draps, a obtenu de ses anciens collègues de l'école qu'ils envoient un télégramme au directeur de l'Institut. Une fois encore, celui-ci fut mon sauveur. Il m'avait accordé un permis pour me rendre dans la seule province du Yunnan, moins dangereuse : les populations étaient plus intégrées et l'assimilation avec les Chinois plus avancée que dans le territoire, encore très sauvage, où nous nous trouvions. Il a téléphoné au chef du district, qui lui a donné sa version des faits : j'avais commis un délit, j'étais une espionne, je n'avais pas le droit de me trouver là et j'avais pris des photos. Le directeur a dû en appeler à des gens haut placés de la province. Pendant les trois jours qu'ont duré les démarches, enfermée, maltraitée, j'ai dormi par terre et mangé une nourriture infecte. Enfin relâchée, j'ai été jetée dehors avec mon carton à dessins. Notre professeur m'en voulait à mort. Pas question de rester un jour de plus : nous avons pris le premier train pour Chengdu. J'avais commis, je le reconnais, une bourde monumentale et connu la peur de ma vie. Je me sentais horriblement mal à l'aise vis-à-vis de mon professeur et de mes camarades étudiants. Pendant le voyage de retour, ils s'en sont pris à moi : je n'étais qu'une imbécile ; ils regrettaient de m'avoir emmenée ; d'ailleurs, que pouvaient-ils attendre de la part d'une étrangère ?

Les voyageurs, d'une saleté repoussante, s'entassaient sur des banquettes en bois. Épuisée, j'ai ouvert mon carton à dessins sous les bancs, au milieu des crachats ; je me suis couchée dessus enroulée, comme les Yi, dans ma veste, cachant mon humiliation. Je me suis endormie ainsi jus-qu'au lendemain matin car le voyage durait toute la nuit.

À mon retour, la responsable du Parti, estomaquée, en resta sans voix. Quant à mon malheureux professeur, certainement contraint à faire son autocritique, il m'a dès lors détestée et n'a plus jamais accepté de m'enseigner quoi que ce soit. Désormais, au moindre déplacement, on vérifiait mon lieu de destination et je devais être accompagnée par deux professeurs de l'université : ceux-ci, muets comme des carpes, devinrent aussitôt moins intéressants.

Mes cheveux avaient, eux aussi, souffert du voyage : ils étaient si sales, si emmêlés que je n'arrivais plus à les coiffer. Autre joyeuseté, j'avais attrapé des tiques et des morpions. Je n'osais aller à l'infirmerie de peur qu'on se moque de moi. Allongée sur mon lit avec un miroir, telles les belles des estampes d'autrefois, j'entrepris de me raser le sexe et tentai, à l'aide d'une pince à épiler, d'ôter les morpions. Pour les tiques, ce fut plus difficile et je me décidai à consulter l'infirmière qui me donna obligeamment de l'éther pour m'en débarrasser.

Ce peuple à la culture si riche m'avait tellement impressionnée et émue que je suis retournée le voir avec deux accompagnateurs, quatre ans plus tard, lors de ma dernière année à l'Institut. Entre-temps, un « nettoyage ethnique » avait eu lieu : les Yi ne portaient plus leur costume traditionnel mais l'uniforme de l'armée. Pour la grande fête du Feu, les haut-parleurs avaient remplacé les chants d'amour ; les combats de buffles, les compétitions de lutte étaient interdits. Les Yi, pris en main par l'armée, semblaient accablés. Dans les campagnes, les enceintes du Parti crachaient la musique de supermarché de Richard Clayderman ; une vraie calamité culturelle. Un soir, j'ai rencontré dans une ville sordide un Yi complètement saoul qui m'a lancé avec violence : « Rentrez chez vous et racontez ce qui nous arrive, ce qui se passe ici. Il n'y a plus de culture yi, on n'a plus le droit de parler yi, on ne peut plus penser yi. On n'a plus le droit d'être yi. »

9

Les clochards célestes

*Là où les dieux du bonheur
ont caressé mon front.*

Un jour, maître Huang m'annonça son intention de faire une excursion au mont Emei. Un mois au moins serait nécessaire pour visiter tous les temples de ce massif montagneux. La perspective de quitter l'université si longtemps me ravissait. Plusieurs étudiants m'avaient parlé de cette montagne qui offrait des paysages parmi les plus beaux de Chine. Un matin, nous sommes donc partis pour Chengdu. De là, nous avons pris un bus pour Meishan, car le maître désirait rendre hommage au grand lettré du XIᵉ siècle, Su Dongpo, originaire de cette bourgade. Nous avons visité sa maison et le temple qui lui était dédié. Les Chinois construisent des temples à la mémoire de leurs grands hommes : pour les confucianistes, ils représentent des modèles à vénérer et, pour les fidèles de la religion populaire, des incarnations des puissances stellaires. Il fallait beaucoup d'imagination pour se faire une idée de ce qu'avait pu être sa demeure au milieu des bâtiments en faux style traditionnel, de toute évidence restaurés assez récemment pour y abriter une sorte de musée. Il n'y avait pas grand-chose à voir sinon quelques éditions modernes de ses œuvres. Quant au temple, il était vide : les statues, détruites par les Gardes rouges pendant la Révolution culturelle, n'avaient pas encore été remplacées. Si le fantôme du poète habitait encore les lieux, il devait plutôt hanter le jardin qui, seul, évoquait l'atmosphère du passé. Nous nous y sommes assis et le maître m'a raconté la vie de l'écrivain.

« Su Dongpo est né ici ; sa mère, fort cultivée, était une bouddhiste fervente, son père un propriétaire foncier. À l'origine assez inculte, ce fut sa femme qui lui donna le goût des lettres et c'est tard dans sa vie qu'il s'est mis à étudier. Il s'y est consacré avec une telle ardeur qu'il est devenu un lettré aussi important que ses deux fils qui, eux, avaient eu accès dès l'enfance à l'éducation ! Tu vois, il n'est jamais trop tard pour apprendre et même si, dans la vieillesse, l'étude n'apporte plus une lumière étincelante mais la flamme vacillante d'une bougie, celle-là est encore préférable à l'obscurité.

« Après les examens impériaux, Su Dongpo est devenu fonctionnaire, comme la plupart des écrivains chinois. Sa vie officielle fut ponctuée de malheurs. Il connut la prison. Par deux fois il fut envoyé en exil dans des régions lointaines et mis en demi-solde, mais ces expériences douloureuses n'altérèrent en rien sa sagesse. Il prenait plaisir à une vie simple et la pauvreté ne lui déplaisait pas. Cependant il voulait servir l'État, soulager la misère du peuple et l'exil empêchait l'une et l'autre tâches. Son époque n'était pas sans parallèle avec la nôtre. Certains ministres imposaient des réformes ; ils instauraient des milices, des coopératives, la socialisation des terres, la responsabilité collective, avec les meilleures intentions du monde. Su Dongpo a tout de suite compris que, au lieu d'améliorer la vie des gens, l'emprise de l'État ne créait que souffrances. Il eut le courage de s'y opposer ouvertement, ce qu'il dut payer de son renvoi quand ces ministres réformateurs furent au pouvoir. Il vouait une grande admiration à Tao Yuanming, poète du Vᵉ siècle, dont il calligraphia l'œuvre. Il aurait souhaité ressembler à cet homme qui avait choisi de vivre à la campagne, dans le dénuement, n'avait accepté qu'un poste de fonctionnaire local subalterne et encore, pendant peu de temps, parce qu'il y avait vu l'occasion d'obtenir du vin. Tao Yuanming a regretté cette faiblesse passagère dans l'un de ses poèmes :

Depuis toujours, j'ai été en désaccord avec le monde
Mon amour instinctif va aux collines et montagnes
Par malheur, je suis tombé dans les filets de la poussière
Et, pendant treize ans, fus éloigné de ma demeure
L'oiseau migrateur rêve de sa forêt natale
Le poisson dans le réservoir se souvient des eaux profondes
Maintenant, je défriche quelques arpents au sud de la ville
Et reste un homme simple, revenu à la terre.

« J'ai oublié le reste du poème, s'attrista mon maître. Je ne me souviens que des deux derniers vers :

Pendant trop longtemps je fus un prisonnier en cage
Voici que je retrouve la liberté.

« Mais Su Dongpo fut incapable de démissionner : il resta prisonnier de l'illusion qu'il pouvait changer la société. »

Le vieux Huang continua : « J'avais un ami qui, à la fin de la Révolution culturelle, a cru, lui aussi, qu'il était possible de modifier le cours de l'histoire. Il est entré au Parti. Il disait qu'il fallait participer à la vie politique ; au lieu de critiquer et maugréer, mieux valait réformer de l'intérieur ; c'était la seule façon de faire évoluer la situation. Il avait oublié qu'il fallait du temps, beaucoup de temps, pour changer les mentalités. Il s'est lancé dans des propositions trop radicales pour être acceptées et, très vite, c'est lui qui a été réformé : maintenant, il n'ose plus rien dire et doit se contenter de soupirer ses regrets. N'entre jamais en politique : tu ne changeras rien mais la politique te changera. Mieux vaut être la tortue qui agite sa queue dans la boue loin des hommes, plutôt que la tortue qui finit dans la marmite.

— Vous avez sûrement raison, maître, quand il s'agit d'une dictature, mais en France, grâce au vote et à la liberté d'expression, nous pouvons du moins empêcher certains excès et lutter contre les atrocités, ne pus-je m'empêcher de rétorquer.

— Assez de sornettes ! Interférer en politique, c'est remplacer son idéal par la rouerie des compromis, s'entraîner à se leurrer soi-même. Les hommes politiques sont, comme ceux qu'ils gouvernent, les jouets de situations qui les dépassent. Oui, tu peux changer le monde, et même en profondeur, non par la politique qui ne sait qu'osciller entre la domination des uns et la soumission des autres mais par ton art. Dis-moi, quel empereur, quel chef ont autant transformé la société que ceux qui ont inventé la scie et le rabot, la roue et l'horloge, la voiture et l'avion ? Pourtant, tu serais bien incapable de me citer leur nom. Le Petit Livre Rouge n'est pas si vieux et il n'est déjà plus qu'un objet de collection recherché par les antiquaires, alors que Lao Zi et Confucius continuent à être lus. Ce sont les savants et les penseurs qui changent le monde, et aussi les artistes, de façon moins évidente, mais tout aussi féconde. Léonard de Vinci a changé le regard des Occidentaux, et Wu Daozi celui des Chinois. Tu veux aider autrui ? Alors, cultive ta peinture, parfais ton art. Tu proposeras aux autres, au lieu de le leur imposer, un fil de pensée, une ouverture sur un ailleurs.

« Toute sa vie, Su Dongpo s'est cru obligé de demeurer un dignitaire de l'État. Que reste-t-il de son action ? Une digue inutile sur un lac, à Hangzhou. En revanche, par ses essais, ses poèmes, il a laissé une trace durable. Il nous a rappelé un art de vivre empreint de sagesse qui enseigne à mieux supporter les vicissitudes. Que demander de plus ? »

Le lendemain, l'ascension commença, d'abord au milieu des touristes et des pèlerins ; mais très vite, le maître abandonna le chemin principal qui conduisait au sommet pour suivre des sentiers de traverse où nous étions seuls la plupart du temps. Nous montions et descendions sans cesse, traversions des vallées où s'accrochaient quelques fermes, avec des vergers en pente et de petits champs en terrasses. Le soir, nous nous arrêtions chez des paysans ou dans un monastère. Le maître était venu si souvent que presque tout le monde le connaissait et nous cédait volontiers une chambre pour passer la nuit, avec deux lits de camp et une couverture chacun. Les repas qu'on nous offrait étaient très simples mais bons. Après une journée de marche, malgré de nombreuses haltes, nous étions fourbus. Au cours de l'ascension, inspirée par la beauté du site, je retrouvais certaines pensées poétiques que je tentais de partager avec lui, celle de Paul Valéry dans *La Fileuse* par exemple : « ... un arbuste et l'air pur font une source vive... ». Je la clamais dans la montagne qui s'en faisait l'écho. Ou bien, pour le plaisir, je hurlais dans une faille minérale ces mots de Goethe : « L'instant qui passe est de l'éternité. » Ensemble, nous vivions des émotions intenses, d'une joie limpide. Quand l'apprenti progresse et qu'il ose, spontanément, offrir quelques pensées fugitives au maître, c'est que le fruit mûrit. Mon maître était heureux et fier pour la journée. C'était comme si, peu à peu, les cellules de mon cerveau établissaient, avec une extraordinaire vélocité, des rapports instinctifs entre le vécu de ma modeste expérience poétique en France et les moments que je vivais dans ces altitudes. J'étais étonnée de la mutation qui se produisait en moi, à mon insu, naturellement.

Avant de nous coucher, le maître procédait à un rite immuable : il empruntait deux cuvettes, y versait de l'eau très chaude et nous restions assis, les pieds dans l'eau, pendant une heure. Selon lui, c'était un moyen infaillible pour bien dormir et repartir de pied ferme le lendemain. Nous profitions de ces moments pour bavarder et, n'oubliant jamais qu'il était de son devoir de m'éduquer, il en profitait pour me transmettre des légendes, me réciter des poèmes qu'il m'expliquait ensuite. Plusieurs fois, nous sommes revenus sur certains aspects de la pensée chinoise.

Notre grand amusement était de discuter à perte de vue sur le thème du microcosme et du macrocosme.

« Un astrophysicien éminent de chez nous, du nom de Hubert Reeves, lui disais-je, pense que nous ne sommes finalement que des poussières d'étoiles !

— Il a raison, cet homme.

– Un vieux sage grec a même dit : "L'âme est une étincelle d'essence stellaire." Croyez-vous cela possible ?

– C'est, en tout cas, une jolie approche. »

Je lui parlais des images que le télescope spatial Hubble nous avait rapportées de l'espace, à plus de sept mille années-lumière de la Terre. Je lui racontais combien j'avais été frappée par la ressemblance entre une pierre de rêve[1] et les photos prises de la planète Mars. Je lui expliquais aussi que, quand j'étudiais à la loupe la composition de l'encre dans les lavis des tableaux que nous travaillions ensemble, j'y décelais la même matière que dans les jets de jeunes étoiles du cosmos : d'épais nuages de poussières transportées par des gaz, telles les poussières minérales de l'encre de Chine nées d'un flux d'énergie obéissant certainement aux mêmes forces magnétiques.

Le maître se moquait de moi : « Cela fait plus de deux mille ans que nous, Chinois, en avons l'intuition, mais il est bon d'écouter ton histoire et d'avoir aujourd'hui, grâce aux progrès technologiques, quelques images révélatrices du mystère de l'univers en mouvement. J'aimerais beaucoup voir ces images ! Comprends ceci : dans l'infiniment petit de l'espace de nos tableaux, nous ne faisons que reproduire le principe de l'infiniment grand du cosmos. »

Avec un regain d'enthousiasme je lui rétorquais : « Finalement, nous pourrions dire, et ce serait très joli, que la création d'un tableau est identique à la naissance d'une étoile... »

J'étais ravie de mon idée qui venait justement de surgir alors que nous avions toujours les pieds dans la bassine !

---

1. Pierres de rêve : sorte de marbre dont les veines brunes et noires sur fond gris ou blanc évoquent des paysages célestes.

L'eau tiédissait, le maître souriait, la cigarette au coin des lèvres. Nous restions ainsi, heureux, dans le silence de la montagne, perdus dans nos drôles de réflexions, pourtant si fondamentales.

Désireuse de le remercier de son enseignement, je me lançais à nouveau dans une tentative de traduction :

« Quand j'étais petite, ma tante me répétait souvent cette pensée du poète anglais William Blake :

> *Voir un univers dans un grain de sable*
> *et le ciel dans une fleur des champs.*
> *Tenir l'infini dans sa paume,*
> *mettre l'éternité dans une heure.*

– Bravo, Fabi, me rétorquait le maître, hilare. Je te répondrai en évoquant le peintre Bada Shanren :

> *Ah, l'univers entier*
> *Dans une fleur de lotus !*

Puis il partait dans une longue réflexion :

« Je t'ai déjà dit qu'il n'est pas nécessaire de connaître le sens des caractères que tu calligraphies ; ce n'est pas ton propos puisque tu es peintre. En revanche, pour maîtriser la calligraphie et la peinture chinoises, tu dois en connaître l'esprit et, pour cela, ne pas te limiter aux textes esthétiques. Il y a, dans le taoïsme et le bouddhisme, de quoi glaner pour nous, artistes. Les penseurs taoïstes de l'Antiquité n'ont jamais parlé d'art et pourtant ce sont eux qui ont fourni la base de notre pensée esthétique : il faut apprendre, puis oublier ce qu'on a appris, retrouver le naturel jusqu'à parvenir à créer sans effort. Cela paraît simple mais, en fait, il est très difficile de retrouver sa véritable nature, surtout à une époque où la famille, l'éducation, les règles sociales, la pression des autres, les modes nous façonnent à notre insu.

« Précisons, à présent, certains courants philosophiques, puisqu'ils te concernent en tant que peintre. Lorsque le bouddhisme, venu de l'Inde, a fait son apparition en Chine, les premiers traducteurs ignoraient quels termes employer pour traduire les concepts indiens ; ils ont donc eu recours à des mots empruntés à la philosophie taoïste. C'est pourquoi, chez nous, taoïsme et bouddhisme se ressemblent souvent. De même, beaucoup de jeunes Occidentaux, m'a-t-on dit, s'intéressent au zen ; c'est une forme de zen venu du Japon mais, le sais-tu, c'est une pure création chinoise : nous l'appelons le *chan*. Son principe fondamental est taoïste : il faut se débarrasser de ses pensées, de ses croyances. Si vous rencontrez le Bouddha, a dit l'un de ces bonzes taoïstes, tuez-le. Le but est d'être conscient sans être conscient *de* quelque chose ; de créer le vide en soi. Pour y parvenir, bouddhistes et taoïstes ont élaboré des méthodes basées sur la respiration. Voilà pourquoi, chaque matin, avant de nous remettre en route, je te demande de rester assise un moment, immobile, devant un paysage. Cette position nécessite un long entraînement mais, le jour où l'on y parvient, c'est en effet une illumination. Tu ne vivras pas différemment des autres pour autant, mais tu acquerras un autre regard sur ce qui t'entoure. L'inconscient parlera alors à ta conscience.

« Certes, ce sont pour toi des notions difficiles à saisir. Que donnent nos textes traduits en langues occidentales ? De même que nous avons traduit les soutras bouddhiques, vous avez dû trouver des termes occidentaux qui ne collent sûrement pas parfaitement au texte et vous induisent en erreur. Vos concepts sont issus de la philosophie grecque et du christianisme. J'imagine que leur emprunt, pour la traduction de nos textes, les affuble de curieux déguisements ! Ne serait-il pas préférable de les laisser en transcription phonétique pour conserver leur autonomie ; quitte à les expliquer, à l'aide de différents passages où ils sont cités, pour en fournir au moins une approche ? Vous enrichiriez votre vocabulaire de mots tels que *Tao*, *Li*, etc. Le *Tao* n'est ni votre Dieu, ni l'Être, ni un principe qui régit l'univers, mais peut-être un peu de tout cela. Le *Li* n'est pas ce que vous appelez raison, ou logique, mais n'y est pas complètement étranger. Autre exemple, je sais que vous parlez de la "querelle des rites" lorsque les jésuites voulurent christianiser la Chine. Il y eut certainement querelle, car le mot "rite", en chinois, n'a pas du tout le même sens que pour vous. Pour nous, ce sont avant tout des règles sociales destinées à éviter la violence, à respecter l'autre.

« Lorsque des textes t'intéressent, essaie d'en trouver des traductions différentes. En les confrontant, tu finiras par te faire une meilleure idée du sens... à condition que les traducteurs ne se copient pas ! Même pour nous, il y a problème, non de distance géographique mais de temps. Les mêmes notions, chez des auteurs de siècles différents, n'ont pas forcément le même sens ; certains mots utilisés à certaines époques sont tombés en désuétude et ont été remplacés par d'autres. Aussi nos textes philosophiques sont-ils toujours publiés avec des commentaires et des explications apportés par les générations successives. Peut-être devriez-vous, vous aussi, traduire nos textes avec des commentaires différents, voire contradictoires. Cela faciliterait leur compréhension pour le lecteur étranger. Mais, de toute façon, méfie-toi des livres : on y croit trop par le seul fait qu'ils sont écrits. Apprends notre pensée surtout par la pratique de la peinture. Tu iras beaucoup plus loin ainsi.

– Certes, la Chine est la Chine, contestais-je, mais j'ai été frappée par des similitudes. Certaines pensées de nos philosophes ou poètes occidentaux rejoignent les vôtres. Et je perçois leur vérité justement dans la pratique.

– Je n'en doute pas. Si la Chine est la Chine, comme tu dis, l'homme est partout l'homme. Sinon, comment pourrions-nous nous comprendre ? Seule une expérience historique singulière nous sépare. Mais fais attention : si certaines phrases isolées semblent presque similaires alors que les unes ont été écrites par des Occidentaux, les autres par des Chinois, cette similitude est souvent illusoire. Replacées dans leur contexte, elles ont un sens très différent et ces différences sont souvent plus intéressantes que leur apparente similitude. Bada Shanren n'est pas Dürer, même si tous deux ont peint des brins d'herbe ou un lapin, car ils appartiennent à des cultures différentes.

– Oui, maître, mais, en tant que peintre, je pense que je ne perçois pas les choses comme un sinologue ou un intellectuel. Contempler un brin d'herbe peint par différents maîtres m'enseigne beaucoup. Je suis comme l'abeille laborieuse qui cherche un bon miel pour nourrir son esprit ; et chaque fleur est une expérience unique, l'approche d'essences ou de parfums subtils. En méditant vos propos, je ne peux m'empêcher de penser au conseil de Victor Hugo d'écouter "vents, ondes, arbres, cailloux, car tout vit, tout est plein d'âme" et qui conclut : "Je suis un écho sonore." Ou encore Gérard de Nerval évoquant cette force invisible qui pénétrait son esprit : la nature prenait alors des aspects nouveaux ; il ressentait des résonances d'harmonies qui le conduisaient à la folie créatrice. »

J'ai retrouvé récemment ce passage que je tentais de lui traduire, à l'époque, dans *Aurélia* : « Tout vit, tout agit, tout se correspond ; les rayons magnétiques émanés de moi-même ou des autres traversent sans obstacle la chaîne infinie des choses créées ; c'est un réseau transparent qui couvre le monde et dont les fils déliés se communiquent de proche en proche aux planètes et aux étoiles. »

Le maître souriait de mon désir fou de lui prouver qu'il existait aussi en Occident des âmes sensibles qui avaient perçu le pouls de l'univers, comme les lettrés nous l'enseignaient. Cherchais-je éperdument une explication à ma propre histoire ? En secret, même si le maître se moquait parfois de moi, je tissais ce fil ténu entre Orient et Occident et je m'accrochais de toutes mes forces à ma foi en une universalité intemporelle du sentiment poétique.

Je n'avais pas l'habitude des longues marches en montagne. Je transpirais, m'essoufflais et, la fatigue aidant, me sentais comme intoxiquée. L'effort physique agissait en profondeur, telle une drogue, une purification du corps et de l'esprit. J'étais si épuisée physiquement que j'en oubliais mes soucis. Le vieux maître m'expliquait que je vivais la préparation d'une attitude mystique et spirituelle. Je me rappelai alors le si joli texte de Pétrarque qui avait accompli l'ascension du mont Ventoux pour s'imposer lui aussi cette démarche intérieure.

En escaladant les rochers, je me remémorais les légendes racontées par le maître au clair de lune et les montagnes me paraissaient réellement habitées par des esprits. Dans la forme des arbres, je voyais des monstres aux bras tordus dressés en l'air qui semblaient vouloir s'emparer des vivants ; dans la crête des hauteurs, des serpents ou des dragons fossilisés. J'avais l'impression que se cachaient dans les taillis des fantômes prêts à nous barrer le chemin, surtout lorsqu'on entendait dans les fourrés les frôlements produits par le vent ou des animaux invisibles. Les chemins cédaient parfois la place à des escaliers taillés par la main de l'homme et, quand il y avait une forte brume ou que nous avions atteint le niveau des nuages, on aurait cru que ces marches s'élevaient jusqu'au ciel pour pénétrer dans un royaume d'êtres célestes faits de nuées. Je me rappelais les illustrations fantastiques de certains livres, tel le *Classique des montagnes et des mers*, sorte de géographie hallucinée. Je fus tentée de suggérer dans mes croquis de paysages cet univers de rêves. Je m'y amusai un soir, mais le sourire un peu méprisant de mon maître me fit comprendre que ce n'était pas le genre d'expérience qu'il prisait : « Elle donne, au mieux, des illustrations pour livres d'enfants. Tu supprimes le plaisir de qui regarde ta peinture si tu l'enfermes dans une interprétation unique qui ne suggère rien d'autre qu'un univers de science-fiction. »

Les monastères ont toujours accueilli les visiteurs et certains lettrés y séjournaient quelque temps pour étudier en paix. Le premier soir où nous nous arrêtâmes dans un temple, le bonze en charge des hôtes exigea un prix élevé sous prétexte que j'étais une étrangère et que les étrangers ont les moyens de payer. Il fallut de longues palabres au cours desquelles mon maître expliqua que j'étais une étudiante ne bénéficiant que d'une bourse chinoise pour que le religieux près de ses sous finisse par céder. Le dîner fut délicieux et amusant ; entièrement végétarien, on aurait juré, tant les plats étaient ingénieusement présentés, qu'il n'en était rien : les cuisses de poulet étaient des champignons ; le poisson de la pâte de soja. En somme, un repas de presti-digitateur destiné à nous rappeler que le monde où nous vivons n'est qu'illusion. Avant le dîner, nous avons visité le sanctuaire. Les bâtiments étaient très beaux ; malheureu-sement les statues, détruites pendant la Révolution cultu-relle, avaient été assez grossièrement restaurées puis ripolinées de couleurs criardes. Peut-on attendre autre prouesse d'artisans qui ne croient plus aux divinités qu'ils représentent ? Les chambres donnaient sur un balcon en bois surplombant un à-pic. La vue était impressionnante et, après une tasse de thé, c'est là que nous nous sommes assis pour notre méditation matinale avant d'entamer un petit déjeuner substantiel. Sur l'esplanade, devant le monastère, je vis des singes gambader. Un bonze s'appro-cha et nous expliqua qu'ils n'étaient pas méchants mais qu'il valait mieux ne pas leur prêter attention ni leur don-ner à manger. « Si toutefois vous tenez à leur offrir de la nourriture, placez-la dans une main, derrière le dos et, de l'autre, puisez-y ce que vous leur jetez. Quand vous n'aurez plus rien, tendez vos deux mains ouvertes. Ils compren-dront qu'ils n'ont plus rien à attendre. Sinon, ils croiront que vous cachez encore quelque chose, vous sauteront des-sus et déchireront vos vêtements. » Peu rassurée, je décidai que les singes se passeraient de cacahuètes ce jour-là !

Un après-midi où il faisait très chaud, nous décidâmes de faire une longue sieste. Je ne sais pourquoi, je me mis à penser aux êtres chers que j'avais laissés en France. Et si, à mon retour, nous étions devenus des étrangers ? Malgré ma joie de les revoir, ne serais-je pas mal à l'aise ? De leur côté, ils attendaient celle qu'ils avaient connue mais je n'étais plus cette personne. Le maître lut peut-être une certaine tristesse sur mon visage et me demanda à quoi je pensais :

« À des amis, à mes parents en France, soupirai-je.

– Admire la puissance de l'esprit : tu es ici, allongée sur le versant d'une montagne chinoise, et ton esprit peut se transporter dans ton pays natal ! L'esprit possède des possibilités d'excursion infinies ; tu dois t'en servir pour voyager. Il établit des connexions tout seul ; il est de même nature que le nuage qui passe ; le stable n'existe pas pour lui. Suis ses variations sans fin. Il faut accepter nos pensées diverses, même contradictoires. Pour le nourrir, sois attentive à la petite brume du matin, au balancement de la branche dans le vent, à tous les lieux où tu te trouves car les lieux cultivent l'esprit. Pourquoi t'aurais-je amenée ici sinon pour cette raison ? Nourris ton esprit, pas seulement de connaissances livresques comme tant de gens, mais de la réalité qui t'entoure, de tes songes aussi – entraîne-toi à rêver et à te souvenir de tes rêves une fois éveillée ; à les commander en réfléchissant, juste avant de t'endormir, à ce que tu souhaites que soit leur point de départ –, alors tu verras fonctionner la plus haute qualité de l'esprit qui est de produire des intuitions. Elles fuseront en grand nombre et il te suffira de transcrire cette poésie qui passe dans l'instant. Arrête de cogiter, d'essayer de comprendre ; oublie, oublie, et ton esprit comprendra "subitement" pour toi. »

Lors d'une étape dans un temple, je n'ai pu me retenir de lui poser une question délicate : « Maître, croyez-vous aux dieux, à ces bouddhas qui nous entourent ici ? » Il a semblé assez décontenancé par ma question, a réfléchi quelques secondes, puis m'a répondu :

« Je ne crois certainement pas à ces représentations naïves douées d'une seule qualité esthétique mais dont la beauté s'explique par la spiritualité des artisans qui les ont créées. Je ne crois pas non plus à ce que racontent les bonzes et autres prêtres dont l'esprit est enfermé dans des dogmes, et j'admets que certains, mais certains seulement, sont des exploiteurs cyniques des croyances populaires. Mais la pensée religieuse ne se réduit pas à des superstitions, comme l'affirme le gouvernement. Je crois qu'il existe quelque chose qui nous dépasse et qu'un cerveau humain ne pourra jamais saisir complètement. En cela, je suis de l'avis de Confucius : je ne sais déjà pas ce qu'est l'homme, comment veux-tu que je sache ce que sont les dieux et les esprits, ni même s'ils existent ? En tout cas, s'ils existent, ce n'est sûrement pas sous la forme que nous imaginons. Il y a des questions auxquelles nous ne pourrons jamais répondre et il faut accepter cette impuissance. Que savons-nous de ce qui nous arrive après la mort ? Le mieux est de suivre les appels de son cœur. L'homme bon y obéit et parle ou garde le silence, suivant les moments.

— Vous me faites penser à Flaubert qui disait : "Je ne peux supporter ni ceux qui affirment que Dieu existe ni ceux qui affirment qu'il n'existe pas."

— Tu veux parler de l'auteur de *Madame Bovary* ? J'ai lu ce roman ; nous en avons d'excellentes traductions en chinois. Il n'est pas étonnant que ce perspicace analyste du cœur humain ait une approche aussi intelligente de l'au-delà. Croire ou ne pas croire au Ciel n'est pas important. L'essentiel, c'est qu'il existe ; non pas au sens de la voûte céleste mais en tant qu'ordonnance de l'univers, genèse du tout à partir de l'œuf cosmique. Notre esprit en fait aussi partie et ce qui importe c'est d'être en harmonie avec lui. Il faut donc essayer de pénétrer l'ordre secret des choses et prendre modèle sur la nature du Ciel. C'est un modèle de grandeur, de vide et un générateur d'absolu. Ce n'est qu'en suivant sa voie que l'on peut s'approcher de l'Être. Comme l'a dit un peintre du VIIIe siècle : "À l'extérieur j'ai pris la nature pour maître et j'ai trouvé la nature de mon cœur."

— Je dois avouer que j'ai parfois du mal à saisir le sens profond de vos paroles comme de celles de vos penseurs quand j'en lis des traductions. J'ai même l'impression de ne pas être digne de votre enseignement.

— N'essaie pas de comprendre. Si tu trouves le chemin difficile, c'est que tu es déjà sur la bonne voie. Apprends à te connaître et tu connaîtras le Ciel, car il fait partie d'un même tout. Nombreuses sont les voies pour y parvenir, qui ne sont que les facettes d'une seule voie. Le Ciel nous en offre au moins une que tu peux toujours suivre : la sincérité. Ne cherche pas à éblouir, à faire la maligne, reste vraie. Mais je t'en ai trop dit ; je ne fais que te brouiller l'esprit. Il y a une vérité fondamentale que j'aimerais exprimer, mais les mots me manquent. Le Ciel et la Terre ne parlent pas, ni les quatre saisons et pourtant, ils nous enseignent tellement mieux que des paroles. On se gargarise trop facilement de mots. »

Au détour d'un sentier, au pied d'un arbre, nous avons rencontré, assis sur un petit muret, un personnage étonnant qui m'a fait un peu peur. Il avait des ongles très longs, une grande barbe, un visage tanné par le soleil, si émacié qu'on avait l'impression qu'il était devenu caillou ou minéral. C'est tout juste si de la mousse ne poussait pas sur ses épaules. Il portait une cape en paille, des sandales de corde et tenait une canne sculptée. Il avait un regard malicieux et un sourire d'une grande bonté. Il puait affreusement mais dégageait un rayonnement extraordinaire. Le maître était ravi de rencontrer un ermite de la forêt et lui a offert une cigarette. Le vieil homme savait lire dans les lignes de la main. Le maître, fort intéressé par les sciences occultes, me pressa de lui tendre la mienne. Je voulus refuser mais, comme il insistait en disant que cela lui ferait plaisir, je cédai. Le vieillard prit ma main et un long silence suivit. Enfin, il déclara : « C'est excellent. » Mon maître était ravi. « Tu as un destin merveilleux, ajouta le devin. Ton chemin sera très dur, épuisant, mais tu seras riche et heureuse. Ne te fais plus aucun souci. Tu vivras de ta peinture et de poésie. »

J'étais évidemment sceptique : à suivre un vieux maître, perdue sur les chemins brumeux d'une montagne sacrée, apprentie peintre sans le sou, loin du monde et des miens, mon baluchon et ma canne en noyer pour uniques richesses, n'étais-je pas plutôt devenue la clocharde du Sichuan ? En même temps, inexplicablement, je me sentais rassurée par ces paroles de bon augure. Le maître, tout à coup, semblait soulagé. Je n'ignorais pas qu'il avait été critiqué à l'université car les responsables se rendaient compte que son enseignement prenait des proportions beaucoup plus importantes que celles prévues au départ : la discipline technique était devenue une véritable initiation. Bien qu'il ne m'ait pas tout dit, je savais que les attaques de ceux auxquels il ne voulait plus jamais avoir affaire ni rien devoir avaient dû lui rendre la vie infernale. Cette prédiction lui paraissait donc magnifique : malgré toutes nos difficultés, les siennes comme les miennes, l'avenir, devant nous, s'éclairait. Quand nous avons quitté le devin, j'étais toute guillerette et le maître avait retrouvé une énergie nouvelle.

Le soir, il se lança dans des histoires d'immortels et d'ermites. Il me raconta la vie d'un membre de la famille impériale dont le frère avait été exécuté et les proches maltraités. Écœuré par l'état lamentable de l'Empire, il part dans les montagnes pour méditer. Un jour, deux immortels lui demandent ce qu'il fait là :

« Je cherche la Voie, répond-il.

— Quelle Voie et où est-elle ? »

Il reste un instant silencieux puis montre son cœur du doigt. Satisfaits, les deux immortels lui déclarent : « Le cœur est le Ciel et le Ciel est la Voie. » Et ils l'invitent à se joindre à eux.

Mon immortel préféré était celui qui chassait fantômes et démons avec un chasse-mouches ! Il fallait y penser mais pourquoi pas ? Il lui suffisait de dépoussiérer sa tête pour les faire disparaître. Hanshan, lui, était l'excentrique, le poète. Bonze, il refusait de se plier aux règles de la vie monastique et vagabondait dans les montagnes avoisinantes. Il est représenté dépenaillé, les cheveux hirsutes, le visage hilare. Il écrivait des poèmes sur les flancs des falaises rocheuses et sur des pierres plates. On en recueillit environ trois cents après sa mort. Il était l'ami d'un frère convers affecté aux cuisines qui, poète lui aussi, lui réservait les restes des repas des bonzes bien-pensants !

Le maître admirait Ge Hong, alchimiste du IVe siècle, qui rechercha l'immortalité par les drogues et les techniques respiratoires et sexuelles. J'ai trouvé une traduction de son livre à mon retour en France : « Il passe les portes de l'infini, se promène dans les espaces merveilleux, voyage au sein de l'indistinct, va et vient aux frontières de l'indéfini, se promène dans l'obscure immensité, vole dans l'épars et le subtil, marche sur les arcs-en-ciel, foule la Grande Ourse. Tel est l'homme qui a trouvé la Voie. » Pour le maître, Ge Hong était celui qui savait exister à l'écart du monde sans le servir, pour qui honneurs et humilité revenaient au même, qui préservait sa simplicité originelle, ne laissait pas les événements extérieurs troubler son essence, restait détaché et paisible. « Si tu décides de vivre de ta peinture, concluait mon maître, ne crains pas l'anonymat. Certes, il est plus agréable et plus profitable pour être soi-même d'habiter à la campagne, mais on peut rester un ermite dans des villes, dans le plus affreux bâtiment perdu au milieu des usines. Vivre en ermite, ce n'est pas seulement se retirer dans une grotte, au fond des montagnes ; c'est une attitude de l'esprit qui engendre un certain regard sur le monde, certaines relations avec les autres. C'est parvenir à être bête, ce qui est bien difficile quand on est devenu intelligent. »

Puis, avec sa manière en apparence décousue de m'amener d'un sujet à un autre, il m'expliqua le mot chinois *yun* : « Dans son sens moderne, il veut dire rime mais, de façon plus large, rythme. Celui-ci est capital en musique mais aussi dans les autres arts, comme l'art de vivre. Sans rythme, il n'y a pas d'art. Cependant, à l'origine, ce mot avait un autre sens ; il signifiait raffinement. Ce n'est pas un hasard si l'on est passé du raffinement au rythme ; on en a simplement réduit le sens. Cultive le raffinement dans tes pensées, dans ta conduite ; ainsi, tu seras plus humaine. Ce qui est inhumain et même à l'opposé de la vie, de son évolution, c'est la vulgarité et la violence. Les plantes, les animaux eux-mêmes n'ignorent pas le raffinement. »

Après de longs détours, nous finîmes par parvenir au sommet le plus élevé, à trois mille mètres. Un monastère y avait été construit. Il faisait froid. Heureusement, les bonzes prêtaient aux pèlerins de longs manteaux fourrés de l'armée.

Ce qui me frappa, à cette altitude, ce furent les bambous qui poussaient à côté des edelweiss, bambous très fins qui survivaient, ployés sous la neige en hiver. Ils me rappelaient l'anecdote du vieillard édenté qui dit à son disciple : « Tu vois, les dents, qui sont rigides, ne résistent pas à l'usure du temps alors que la langue, qui est souple, ne vieillit pas. C'est comme l'eau qui court partout, qui est fluide et qui finit par user les pierres les plus dures. »

De la terrasse, à côté du temple, nous surplombions une mer de nuages. J'avais entendu dire que, si l'on était béni des dieux, on pouvait y apercevoir l'espace d'une seconde l'ombre du Bouddha, quand le soleil frappe les nuages sous un certain angle. Des pèlerins avaient déposé des offrandes au bord du précipice, des Tibétains avaient accroché des tissus de prières multicolores sur des fils tendus entre deux piquets, tandis que les touristes photographiaient ou regardaient à la jumelle. Je fixai ce vide, cette mer de nuages en mouvement qui s'en allait vers l'infini. Sans prendre garde, je me penchai pour tenter de voir l'image du Bouddha et me sentis littéralement aspirée par ce gouffre de trois mille mètres qui s'ouvrait sous mes pieds. J'allais tomber quand un pèlerin me rattrapa de justesse et me plaqua au sol en poussant un hurlement. Mon maître faillit avoir une crise cardiaque. J'éprouvai rétrospectivement un vertige effrayant qui m'empêcha de me relever, ce qui déclencha l'hilarité de mes voisins. Le soir, dans le dortoir aménagé pour les visiteurs, mon maître me dit : « Sais-tu que des pèlerins fervents viennent ici se jeter dans le vide pour rejoindre le Bouddha en lui offrant leur vie ? Exactement à l'endroit où tu as failli tomber. C'est une belle fin mais, je t'en prie, attends un peu. Tu reviendras quand tu seras vieille, si tu veux partir dans l'infini du vide. »

Je croyais que nous allions redescendre directement. Pas du tout. Nous n'en étions qu'à la moitié du voyage. « Je veux continuer, déclara mon maître. Il nous reste encore des endroits extraordinaires à visiter, dont un monastère suspendu sur un pic rocheux où j'aimerais passer quelques jours. » Ce furent encore cinquante kilomètres de sentiers et d'escaliers. J'étais épuisée. Heureusement, nous nous arrêtions parfois une journée entière. Mon maître se reposait, car chaque étape était éprouvante pour un homme de soixante-dix ans et moi, je faisais des croquis dans les environs. Le soir, tandis que nous mangions notre bol de riz garni de quelques légumes, il me parlait peinture et poésie.

« As-tu déjà vu, dans un temple, des médiums incarner une divinité ? C'est un spectacle rare aujourd'hui car il est considéré comme une superstition et interdit ; jadis, il faisait partie de toutes les fêtes religieuses. Les dieux se manifestaient aux humains en s'emparant de certains, dont l'âme s'absentait momentanément. Ces médiums entraient alors en transe. Insensibles à la douleur, ils pouvaient se couper la langue avec une épée, se flageller avec des boules hérissées de pointes sans souffrir ; ils saignaient à peine et ne conservaient aucune cicatrice. Ils jouaient, dans cet état second, les rôles d'esprits ou de dieux, avec la gestuelle stylisée de l'opéra et, naturellement, ne faisaient parler que des dieux qu'ils connaissaient. Les acteurs, quand ils incarnent un personnage sur scène, sont eux aussi possédés par leur rôle mais restent conscients. Vois-tu, le peintre doit imiter le médium mais, comme l'acteur, demeurer conscient. Il doit s'oublier complètement, se perdre pour devenir branche de prunus, bambou ou paysage. Il faut qu'il sente le bambou pousser en lui. Il n'aura plus alors besoin de réfléchir à la forme qu'il doit lui donner ; elle se présentera d'elle-même. C'est pour retrouver cet état, à mi-chemin entre le conscient et l'inconscient, où l'inconscient parle au conscient, que certains artistes ont peint en utilisant leurs cheveux trempés dans de l'encre ou en tenant leur pinceau entre leurs orteils. D'autres ont eu recours à la méthode de la planchette : ils tenaient une baguette de sourcier à la pointe de laquelle ils fixaient un pinceau enduit d'encre et laissaient la baguette les guider sur le papier. »

Je pensai alors à Victor Hugo qui étalait de l'encre sur une feuille de papier, la pliait puis travaillait à partir des taches : des paysages apparaissaient qu'il dessinait ensuite. Je songeai aussi à Alexander Cozens qui, déjà au XVIIIᵉ siècle, prônait l'invention dans la composition des peintures de paysages. Il avait mis au point une théorie sur « l'art de la tache » ; il ne manquait pas d'audace pour l'époque et je salue son passionnant travail de recherche. J'évoquai aussi l'écriture automatique des surréalistes ; mais elle ne fournissait qu'un point de départ, des suggestions à partir desquelles il fallait créer. Ces techniques chinoises auraient peut-être intéressé l'Ouvroir de Littérature Potentielle de Raymond Queneau.

« Attention, précisait mon maître, cette voie risque de

conduire à la folie, elle n'est pas sans danger. La plupart
des chamans savent revenir à la réalité quand ils le veulent,
mais certains restent égarés dans le monde des ailleurs. Il
faut savoir maîtriser la faculté que nous possédons de nous
débarrasser du carcan de la raison évidente. Il en va de
même avec le vin. Peintres et poètes boivent pour libérer
leur esprit mais savent que, trop ivres, ils ne feront que
dormir. Dans le vin, pourtant, il y a un goût de profondeur. C'est encore la meilleure des drogues si on sait le
doser. Connais-tu ce poème amusant de Tao Yuanming ?

> *Résident toujours en moi deux personnes différentes*
> *Qui me tirent en des directions opposées.*
> *L'une s'enivre toute seule,*
> *L'autre reste sobre toute l'année.*
> *Ils se moquent l'un de l'autre, l'ivrogne et l'abstème*
> *Et ne comprennent jamais ce que l'autre dit.*
> *Qu'il est stupide, cet être borné,*
> *Le détachement de l'ivrogne semble plus sage.*
> *Mais un conseil à celui qui s'enivre :*
> *Allume une bougie quand le soleil se couche.*

« L'artiste est comme l'adepte du kung-fu qui concentre
son énergie sur un point donné. Une fois initiée, rien ne
saurait l'arrêter. Une alchimie intérieure est nécessaire pour
que naisse en soi une joie que rien ne pourra détruire,
même dans les pires conditions. Peindre c'est lutter,
comme au kung-fu ; celui qui libère le plus d'énergie
gagne.

« Méfie-toi des connaissances. Trop de connaissances
tuent la création ; on ne sait plus où donner de la tête ; on
est assommé par leur diversité. Quand tu prépares un plat,
tu n'utilises que les ingrédients nécessaires ; tu n'iras pas

acheter des oignons si tu n'en as que faire. Même chose en art : ne t'intéresse qu'aux connaissances dont tu as besoin pour faire ton omelette. Laisse aux universitaires cette course éperdue vers les connaissances qu'ils ne savent même plus digérer, encore moins régurgiter. Apprends les techniques mais dépasse-les. Il faut que tes traits sur le papier soient empreints de vie, naissent d'eux-mêmes, surtout sans labeur ni relents livresques. »

Un jour, le ciel s'est couvert ; il faisait moins chaud et nous avons cheminé plus facilement entre les escarpements. Lorsque nous avons fait halte chez un paysan, le maître a levé les yeux vers les gros nuages qui roulaient au gré du vent. « Regarde, m'a-t-il dit, voici une bonne image du chaos. C'est ton point de départ. Dans le chaos et l'obscur réside le mystère originel. Suis, toi aussi, le principe cosmique pour donner vie à ta création. Comme le Ciel, crée à partir du chaos. Suis ton intuition et débroussaille l'informe pour aller, à travers les formes, au-delà de celles-ci. Transmets l'*esprit* des choses et n'oublie pas que l'esprit réside aussi dans les montagnes et les plantes ; elles ont une âme, et c'est le Ciel qui la leur a donnée. La forme naît de l'informe : il ne faut pas avoir peur du chaos. Prends un pot par exemple : c'est le vide qu'il enferme qui crée le pot. Toute forme ne fait que limiter du vide pour l'arracher au chaos. »

Depuis lors, j'explore le chaos. Pour certains tableaux, je garde le geste qui décrit un rond, car tout naît du cercle et, dans ce chaos d'encre que j'efface et recrée, dans ce tourbillon, ce maelström, soudain, mystérieusement, la forme s'inscrit et l'objet de mon intuition naît de lui-

213

même. Je reste alors émerveillée comme devant un phénomène de magie.

« L'acte de peindre doit être l'agir du non-agir, l'agir
naturel, sans désir, qui n'est pas tourné vers le moi. C'est
par l'oubli de soi qu'on obtient la fusion avec le Ciel, avec
le Tout. Cesse de penser, de vouloir, de calculer. Instaure
en toi la non-contrainte totale pour être en harmonie avec
la source de ton cœur. Fuis le rationnel, le conventionnel.
Quand cette source où tu bois le meilleur de ton œuvre se
tarit, ne te force pas, n'essaie pas d'extraire à tout prix,
avec effort, l'inspiration qui passe, aussi fugitive que le
désir. Sors, promène-toi, parle à ton oiseau. Et ne regrette
rien : tu n'aurais créé qu'œuvre morte.

« Considère le bouddhisme : il exige un cheminement
intellectuel étranger au paysan qui peine sur la glèbe. Le
bouddha Amitabha sauve pourtant ce dernier : il suffit de
l'invoquer une seule fois avec un cœur pur pour qu'il vous
accueille en son paradis. Garder un cœur pur est sans
doute plus facile pour un être simple que pour un intellectuel. Pour toi, peintre, c'est une condition nécessaire si
tu veux entrer au paradis de l'art. Sois généreuse, fuis les
concessions, mets une sourdine à l'ambition et le succès
viendra sans que tu aies à le regretter par la suite. »

Je savais que l'art réaliste-socialiste qui prévalait en
Chine le rebutait. Lors d'une étape, pour le taquiner et
observer sa réaction, je me lançai :

« C'est un art différent de l'art traditionnel chinois, dis-
je fort naturellement. Mais n'est-ce pas un art, au même
titre que l'art occidental ou africain ? Giacometti a déclaré
très sérieusement qu'il admirait ces statues de paysans
tenant une faucille ou d'ouvriers brandissant un marteau,

214

car les artistes avaient réussi ce que lui-même avait tenté sans y parvenir : la sculpture en couleurs.

– Certes, elle aurait pu être un art tout à fait valable. L'erreur est d'avoir soumis l'art à la politique ; il en résulte des œuvres didactiques. Je te l'ai dit, le critère, en art, n'est pas le beau, notion subjective qui varie suivant les lieux et les époques, mais la sincérité, l'authenticité. Les statues socialistes sont des échecs, non parce qu'il s'agit d'œuvres de commande mais parce qu'elles prétendent représenter l'esprit des travailleurs alors qu'elles sont réalisées par des gens qui ne sont pas des travailleurs. De même pour l'art actuel qui s'inspire du folklore ou des estampages de pierres gravées qui décoraient les tombes ; il se prétend le continuateur de l'art populaire. Quelle outrecuidance de parler ainsi au nom des paysans et des ouvriers quand on ignore tout de leur mode d'existence ! Quelle prétention de soutenir que l'on sait mieux qu'eux ce qu'ils souhaitent, et même ce qu'ils pensent ! Nos souffrances viennent en grande partie du fait que les dirigeants du Parti stipulent qu'ils ont le monopole de ce qui est bon pour le peuple.

« Toutefois, si l'art est incompatible avec la politique, il revêt toujours un aspect moral. Le tracé sur le papier est l'empreinte de ton cœur et y transparaît, pour qui sait le lire, ta personnalité morale. Combien de fois te l'ai-je ressassé : le paraître ne fait illusion qu'aux ignorants aveugles ; la vulgarité est vite discernable. Lorsqu'on juge une peinture, on juge aussi la personnalité de son créateur. Si tu n'as pas su cultiver le détachement, la sobriété, ta peinture révélera leur absence et aucun discours ne parviendra à la cacher. En art, il ne s'agit pas de dire mais de suggérer. Mais, plus qu'un paysage, tu suggères ton esprit et sa qualité ; tu dévoiles, à travers une branche de noisetier ou une montagne, tes dispositions intérieures. Ce qui est remarquable, c'est que tu les suggères sans les dire, comme la poésie suggère les émotions, alors que la prose les fait vite basculer dans la mièvrerie, l'indécence. »

Le maître souhaitait que nous terminions notre périple par la visite du plus ancien temple, celui des Dix Mille Années, fondé au IVᵉ siècle et construit en haut d'un escarpement. Au centre du sanctuaire se trouvait la statue d'un Bouddha assis sur des lotus. À un moment de l'année, un rayon de soleil passant par un trou dans le dôme éclairait son front, comme pour manifester la sagesse du Bouddha. Le maître tenait à me faire admirer les trésors encore conservés dans le temple, récompense bien méritée puisque nous avions marché longtemps pour y parvenir. Les bonzes nous montrèrent des manuscrits enluminés de textes sacrés copiés sur des feuilles de palmier, un sceau impérial datant de la dynastie Ming, un petit Bouddha en jade et, joyau suprême, une dent de Bouddha.

« Nous avons donc parcouru cinquante kilomètres pour voir une dent ! m'écriai-je.

– N'oublie pas qu'elle est sacrée, répondit mon maître en riant. Le pèlerin la mérite au bout d'un long cheminement intérieur. »

Les murs du sanctuaire étaient peints de fresques magnifiques, hélas très abîmées par le temps. C'étaient des sujets religieux dans un style évidemment fort différent de celui que j'apprenais.

« En Chine, commenta mon maître, il existe deux sortes de peinture, celle des lettrés que tu commences à connaître et celle des peintres artisans dont tu vois ici un très bel exemple. Dans la première, comme l'a noté Su Dongpo, il est facile de faire illusion : l'eau des lacs ou des rivières, les sommets montagneux offrent des aspects toujours changeants et l'artiste peut soutenir qu'existe ce qu'il a peint. Mais quand il s'agit de personnages, de bâtiments, d'objets, la moindre maladresse est aussitôt reconnaissable. L'art des peintres artisans offre des chefs-d'œuvre, notamment dans l'utilisation des couleurs. Il est regrettable qu'on ait réduit notre histoire de l'art à celle de la peinture des lettrés. Cela s'explique : il n'y a eu que les lettrés pour écrire sur l'art. La peinture des peintres artisans est immédiatement lisible même si, pour comprendre les thèmes de peintures religieuses comme celles-ci, il est nécessaire de connaître les récits de la vie du Bouddha et des bodhisattvas. Celle des lettrés, en revanche, est abstraite : le peintre ne travaille pas en posant son chevalet devant un paysage, comme Monet ou Cézanne ; il le *crée* et celui qui regarde non seulement voit, mais aussi comprend la montagne ou le vieux pin, car l'artiste est allé au-delà du paysage, ne traçant que le bâti nécessaire à un voyage imaginaire. En tout cas, devant un tableau, quels que soient son style et son sujet, recueille-toi car sa trace éphémère enseigne l'éternité. »

Pendant notre périple, nous avons vécu comme des clochards célestes et de cette façon de vivre j'ai conservé au moins un héritage : je peux me contenter pendant des mois de pousses de bambou et de soupe au riz !

Ce pèlerinage reste l'une de mes plus belles expériences en Chine. Tout au long du voyage, j'étais gaie comme un pinson, et mon vieux maître aussi.

10

Les damnés de la Chine

> *Depuis les temps anciens*
> *les sages et les bons ont été*
> *abandonnés à leur solitude.*

Pour mes deux dernières années d'études au Sichuan, j'ai obtenu une bourse d'une fondation américaine ; ma tante ethnologue s'était chargée de la demande à ma place ; elle considérait sans doute que ce séjour constituait également une expérience ethnographique et sa relation un document intéressant. J'ai ainsi pu m'acheter des livres et procéder à des recherches plus systématiques. J'ai décidé d'aller visiter d'anciens hauts lieux de la culture chinoise où vivaient encore de vieux peintres calligraphes. Mon maître et quelques enseignants qui les connaissaient personnellement ou de réputation m'ont donné les noms de ces survivants d'un monde disparu. Aller à leur rencontre me semblait important car, comme dit un proverbe chinois, une conversation en apprend souvent plus qu'une charretée de livres ; et si j'ai voulu raconter mon histoire, c'est aussi pour faire connaître ces derniers grands maîtres, détenteurs d'une tradition ancestrale.

Pendant les vacances d'été, je suis donc partie à Shanghai. J'ai vécu quelque temps chez les parents d'un enseignant de notre Institut. Ils habitaient un vieux quartier qui n'avait pas encore subi les coups des bulldozers. Il n'y avait pratiquement qu'une seule grande pièce, avec une petite cour à l'arrière. Trois générations vivaient là : la grand-mère dormait sur un transat, à côté du ventilateur, le grand-père sur un matelas, par terre ; il y avait un lit pour le couple, un autre pour les enfants. La chaleur, les ronfle ments m'empêchaient de dormir. Une seule bassine servait à se débarbouiller ; un seau, dans un coin, faisait office de toilettes ; chaque matin, il était déposé dans la rue quand le videur de seaux annonçait son arrivée en criant. Tout le quartier empestait. Je n'arrivais pas à aller aux toilettes devant les membres de la famille et je les ai bien fait rire en demandant s'il ne serait pas possible de tendre un tissu devant le seau. Très gentiment, ils ont accédé à ma requête.

Le quartier était animé d'une vie intense. À cause de la chaleur, fenêtres et portes restaient ouvertes ; certains dormaient dans la rue, sur un lit de camp. Le soir, télévisions et radios, le son au maximum, transmettaient d'interminables variétés chinoises : des gens s'insultaient, des couples se disputaient ; c'était une telle cacophonie qu'on ne s'entendait même plus parler. L'atmosphère, à Shanghai, beaucoup moins tendue qu'à Chongqing, était bon enfant, sympathique ; on n'y vivait pas dans la peur constante des critiques. Personne ne semblait tenir compte des autorités alors qu'au Sichuan, lors d'un séjour dans la famille d'un professeur, j'avais dû informer le poste de police local. Cela ne veut pas dire que j'avais cessé d'être surveillée et je m'en suis vite aperçue quand j'ai voulu rencontrer les vieux lettrés.

Dans la famille où je séjournais, le grand-père, le père et le petit garçon, surnommé Petit Singe, se passionnaient pour les combats de grillons. Petit Singe est devenu mon ami. Chaque fois que je revenais de mes visites en ville sur le vélo qu'il m'avait prêté, j'allais explorer son univers, un élevage de grillons installé dans la courette, derrière la maison. Petit Singe, âgé de huit ans, était débordé par les soins apportés à son propre grillon mais aussi à ceux de son père et de son grand-père. J'essayais de comprendre son attachement pour ces petites créatures. Dans la cour carrée, je m'allongeais par terre pour être à la hauteur de ce monde de lilliputiens. Son grillon aimait à entendre chanter ; cela lui rendait sa gaieté quand il était soucieux. « S'il est bien dressé, m'expliquait le garçonnet, il deviendra courageux et téméraire, capable de combattre jusqu'à l'épuisement ; il remportera de nombreux combats et deviendra l'honneur et la fierté de la famille. » Celui-ci était déjà un guerrier qui aimait écouter de la musique. Sans doute faut-il fréquenter les grillons pour rencontrer des guerriers mélomanes !

Grâce à mon jeune ami, j'en ai appris beaucoup sur les grillons. « Il ne faut pas confondre le grillon avec le criquet vert, m'expliquait-il avec gravité. Ce dernier est prisé pour la variété de son chant ; on l'élève dans une petite cage en fibres tressées. Les hommes aiment écouter son cricri qui est de bon augure. On en trouve souvent sur les marchés. Mon vieil oncle, colporteur qui vit à la campagne, se déplace avec ses cages sonores de criquets accrochées à un bâton pour les vendre. Les grillons sont différents ; eux seuls sont capables de combattre. On les surnomme "chevaux à sonnette" ou "chenilles musicales", mais mon grand-père préfère les appeler "libellules célestes". Je déteste mon cousin, continuait-il, intarissable, car il les donne à manger aux oiseaux. Mon père et moi les élevons pour gagner de l'argent, beaucoup d'argent. Le dressage est difficile et les soins quotidiens délicats. Comme pour les grands sportifs, il faut passer un temps infini à les muscler, à fortifier leur corps et leur esprit pour qu'ils soient performants au combat. Il existe de nombreuses techniques ancestrales d'élevage et les Chinois pratiquent cette forme d'art depuis plus de mille ans. On a même écrit des ouvrages de stratégie sur les méthodes d'entraînement des écuries de grillons. »

Un récit de Pu Songling, écrivain du XVIIe siècle, raconte que, sous un empereur de la dynastie Ming, les combats de grillons étaient fort en vogue à la cour. Les fonctionnaires étaient chargés d'en récolter, si bien que chacun se mit à chasser les grillons et à les élever. Les prix grimpèrent : un bon grillon valait plus cher que le jade. Un pauvre lettré, chef de quartier, incapable de percevoir les impôts exigés des habitants, avait été bastonné pour son inefficacité. Il partit donc à la chasse aux grillons. Après bien des aventures, il finit par en trouver un, petit et laid, mais capable de battre n'importe quel adversaire et qui défia même un coq en sautant sur sa tête et en lui mordant la crête. L'animal fut remis à l'empereur et valut au pauvre lettré une telle récompense qu'il put acheter des terres, de nombreuses maisons et un grand troupeau. Et Pu Songling de conclure : « Chaque geste d'un empereur concerne la vie du peuple tout entier. Aucune négligence n'est donc permise. Ce pauvre lettré, d'abord en butte à la cupidité des fonctionnaires, acquit grâce à un grillon une si grande fortune qu'il se pavanait sur de belles montures et dans des fourrures magnifiques. Le ciel avait voulu récompenser un honnête homme. » Les poètes, les lettrés se sont tous passionnés pour ces petits insectes.

Les propriétaires de grillons s'enrichissaient grâce à des paris importants. Le vainqueur recevait le titre de général d'armée. Parfois, au terme d'un cruel combat, le héros dévorait le corps de son adversaire épuisé. Le grand-père m'a assuré que les vainqueurs étaient sans le moindre doute les réincarnations de valeureux guerriers des temps passés. Certains Chinois vouent un véritable culte à ce monde passionnant des insectes ; monde vivant et amusant offert par la nature, créatures complexes et admirables de la mécanique céleste en action jusque dans ces phénomènes en miniature. Petit Singe possédait un pot en terre cuite décoré d'une divinité guerrière, abri pour son insecte, chambre obscure et fraîche demeure à l'ombre des chaleurs insoutenables de Shanghai. Il sortait l'animal dans une cage aux petits barreaux de bois, sorte de cage à oiseaux miniature, munie d'une porte coulissante et de tout le confort nécessaire pour une balade agréable en plein air. Sur le haut de la cage était écrit : « Chacun a sa raison de se réjouir. » Il y avait également des pots allongés, en argile grise, chambres de rencontres car, à la saison des amours, il fallait trouver une épouse au général. C'était un lieu idéal pour les réjouissances nuptiales. Les grillons possédaient également des mangeoires en porcelaine décorée et de délicats accessoires : fines badines de bambou, peintes de motifs différents selon les régions, utilisées pour taquiner l'animal. Au bout de la badine, deux poils de moustache de rat. On pouvait ainsi exciter le grillon en chatouillant certaines parties de son corps. Le langage était très codifié et l'insecte, de manière étonnante, obéissait aux ordres, également donnés par le propriétaire en tapotant sur le bord du pot : selon les vibrations, le grillon percevait les messages et obéissait. Surprenant spectacle ! Cet élevage de pur-sang miniatures provoquait une activité épuisante dans la maison. Des plats d'honneur étaient préparés pour le général : concombre, graines de lotus, laitue finement hachée. Quand je rapportais un moustique plein de sang qui venait de me piquer, Petit Singe me faisait fête : le sang, me disait-il, rendait son grillon plus fort et agressif au combat. Il me demandait même de lui mâcher des haricots mélangés à de la chair de poisson frais que nous allions chercher ensemble au marché. Le général en était très friand. L'été, il fallait préparer les grillons pour la saison des « combats-rencontres », la grande distraction de Shanghai à l'automne. Participer au grand prix de Shanghai exigeait que l'on soit membre de l'Association chinoise des éleveurs de grillons, comme Petit Singe, son père et son grand-père. Officiellement, les paris étaient interdits en Chine mais il y avait un marché aux grillons rue de la Terrasse-de-l'Est et les amateurs se retrouvaient là-bas, dans des jardins, des cours retirées, des maisons de thé réputées pour cette activité clandestine. Avant le combat, chaque insecte était pesé sur une minuscule balance pour décider si le futur champion entrerait dans la catégorie des poids lourds, des poids plume ou des poids moyens. Avec un extraordinaire sérieux, l'arbitre énumérait les trophées remportés par le guerrier de chaque famille, préparait et excitait les candidats à l'aide d'une petite badine, les positionnait en attitude de combat. C'est alors que le tenancier du tripot recueillait les paris. La bataille était redoutable et l'ambiance véhémente autour de la minuscule arène. Quand un guerrier décapitait sa victime un cri d'admiration s'élevait de l'assemblée. Petit Singe m'expliqua que son père risquait d'importants paris qu'il ne pouvait naturellement honorer en cas de perte. Rien ne parvenait à le raisonner et, plus d'une fois, il avait ruiné la famille. Ses paris inconsidérés rendaient l'épouse hystérique et il n'osait parfois même plus rentrer à la maison !

De retour au foyer, le général, épuisé, avait droit à un bain dans une tasse de thé. S'il attrapait un rhume ou un coup de froid pendant la promenade, Petit Singe lui préparait une décoction particulière avec son urine d'enfant, remède radical pour soigner le grillon qui se requinquait d'un seul coup. S'il était blessé, il fallait le mettre à un régime spécial que lui confectionnait la famille. Pour lui rendre ses forces avant le prochain combat, on lui donnait des tartines de miel. Nous vivions tous au rythme du général si bien que la nuit, sur ma paillasse, bercée par les ronflements du clan, je ne cessais de rêver de lui.

Pendant la journée, j'essayais de rencontrer les grands peintres et calligraphes de Shanghai. Un jeune professeur de l'école locale des beaux-arts m'accompagnait, m'aidait à prendre mes rendez-vous et m'introduire auprès d'eux pour qu'ils acceptent de me recevoir. D'une maison à l'autre, je retraçais l'histoire de ces artistes, élèves des grands maîtres que j'avais étudiés. Je commençais à relier ce que j'avais appris dans les livres, l'enseignement de mon vieux maître et ce qui subsistait chez ces héritiers d'une haute tradition. J'avais l'impression de pénétrer dans un chapitre de l'histoire de l'art.

J'ai d'abord rendu visite à maître Zhu Qizhan, le doyen centenaire, qui jouissait d'un statut officiel. C'était un adorable petit monsieur, modeste et très *british*, doué d'une forte personnalité. Il se montra d'une gentillesse extrême quand je lui dis que je souhaitais me documenter sur son art, la façon dont on le lui avait enseigné, et que j'avais apporté quelques-uns de mes rouleaux pour obtenir son avis. Son épouse devait avoir cinquante ans de moins que lui. J'avais aussitôt compris, à son attitude hautaine, qu'il s'agissait d'une femme intéressée qui vivait avec lui pour en tirer de l'argent. Elle m'a vite interrompue : « Je vous accorde cinq minutes. Il n'est pas question de rester davantage. Il est très occupé. » Un vrai flic. J'ai eu juste le temps d'entrer dans son atelier, d'admirer quelques tableaux qu'il a déroulés. Il commençait à prendre plaisir à me raconter son histoire quand deux cadres communistes, appelés par sa femme, sont arrivés et m'ont demandé : « Que faites-vous là ? Vos papiers, s'il vous plaît. Vous êtes bien étudiante à l'École des beaux-arts du Sichuan ? » Ils m'ont invitée, poliment mais fermement, à quitter les lieux. L'ambiance était pénible et il devenait difficile de poursuivre l'entretien. Sur le palier, le vieux peintre, derrière sa porte, m'a seulement dit, s'inclinant à plusieurs reprises : « Surtout, continue à peindre et je t'en prie, pardonne-moi... »

J'ai ensuite rencontré Li Tianma, le premier et le seul à ma connaissance, dans toute la Chine, à occuper une maison magnifique située dans le quartier des anciennes concessions. Partout ailleurs j'avais vu les artistes logés dans des habitations en béton, loin de tout, vivant dans des conditions misérables. Li Tianma jouissait d'un statut officiel et enseignait la calligraphie. À Shanghai, on était beaucoup plus respectueux de cette forme d'art. Je n'ai pas eu de problèmes avec Li Tianma. Il faisait partie de l'Association des calligraphes de Shanghai et donnait des cours à domicile. La maison lui appartenait. Il y vivait comme au XIXᵉ siècle, en Chinois lettré, parmi des pierres de rêve et des fauteuils en bois de rose. Il semblait n'avoir pas souffert des changements provoqués par la Révolution culturelle. Il était spécialiste d'esthétique, et un très grand maître de la petite écriture régulière[1]. Auteur de nombreux essais, il possédait une bibliothèque extrêmement riche contenant des ouvrages précieux et des exemplaires rares que je n'avais encore jamais eu la chance de feuilleter.

C'est lors de cette visite que se produisit un événement inattendu qui a révolutionné ma technique de peintre. Sa femme est venue nous servir le thé, rituel différent selon chaque région. Il était, cette fois, préparé à la mode de Chaozhou, infusé dans de petites théières en terre et servi dans des tasses minuscules. C'était une très vieille dame, d'un raffinement et d'une élégance extrêmes. Sa robe traditionnelle était d'une si fabuleuse beauté que je lui demandai à en toucher le tissu. Il était d'une couleur ocre sur l'endroit, d'un noir brillant sur l'envers. Usé par le temps, il faisait penser à une peau de bête ou une peinture de paysage de l'époque Song. Le vieux calligraphe était sidéré de me voir plus intéressée par la robe de sa femme que par lui. « C'est une soie très connue à Shanghai, m'apprit-elle ; on l'appelle la "toile de soie aux nuages parfumés". Il n'en reste plus qu'une fabrique en Chine. Tissée à la main, elle dure toute la vie. Plus elle est usée, plus elle est agréable à porter. Les gens de Shanghai aiment confectionner des vêtements dans cette soie parce qu'elle est d'une légèreté extrême, ne colle pas à la peau et isole de la chaleur.

---

1. *Kaishu* : style de calligraphie qui a servi de base aux caractères d'imprimerie.

« Vois-tu, mademoiselle Fa, je porte cette robe depuis soixante ans et elle n'a pas un trou, elle est indéchirable. À chaque lavage, elle laisse apparaître de nouveaux dessins. La couleur ocre que tu apprécies est obtenue grâce à une teinture à base de sédiments de lits de rivières. Une fois la toile sortie des ateliers de tissage, elle est teinte une première fois avec des ignames, qui lui donnent une couleur rouge tabac, puis trempée dans la rivière où les sédiments apportent cette nuance d'ocre si particulière. »

J'ai prié la dame de m'emmener dans une boutique qui vendait cette soie. Aux Beaux-Arts, j'étais malheureuse car je trouvais les papiers qu'on utilisait trop blancs : comme base de création, le blanc ne m'inspire pas. J'étais fascinée par les peintures des époques Song et Yuan dont les fonds ocre-brun invitent au voyage. Par la suite, j'ai fait des expériences avec cette soie. Je l'ai usée artificiellement en essayant de recréer la vie mystérieuse qui animait le tissu. Étaient-ce les puissances de la Terre, ces montées de brume matinales sur bord de lac, ces épais passages nuageux laissant subitement apercevoir une clairière vide qui incitait à la rêverie ?

À Pékin, quand j'ai eu mon atelier, avec mon employée de maison « tante » Xu, nous mettions dans la baignoire des métrages de soie à tremper dans les teintures. J'ai obtenu des fonds qui me satisfaisaient parfaitement. Mes premiers tableaux sont nés de cette toile teinte. J'ai utilisé les mêmes pigments, la même technique. Puis j'ai essayé d'autres pigments, le thé par exemple, mais je n'ai jamais obtenu d'aussi beaux résultats. Cette « toile de soie aux nuages parfumés », véritable trésor national de savoir-faire, j'ignore si elle existe encore.

Je n'étais pas venue parler chiffons avec la femme de Li

Tianma, et celui-ci me conduisit dans son atelier, situé à l'étage, où il enseignait. Imprégné de morale confucianiste, il tenait à transmettre avec rigueur ses connaissances. Il a jugé, d'après mes exercices, que mon écriture régulière n'était pas au point : j'apprenais par intuition, j'allais vers le flux naturel et spontané qui me fascinait sans avoir, d'après lui, suffisamment pratiqué l'architecture des caractères. Il a critiqué sévèrement l'enseignement de mon vieux maître : « Qu'est-ce que c'est que ce taoïste ? Il ne t'a même pas appris l'ossature essentielle ! Tu ignores les règles de base. » Il s'est lancé dans un long discours sur la subtile constitution-proportion des traits d'un caractère. Sa critique radicale me donna des sueurs froides. Son analyse de l'écriture était purement formelle, sa méthode très rationnelle. Il me remémora toute la nomenclature technique. Jamais mon maître ne m'avait critiquée ainsi ; il usait toujours de métaphores poétiques pour se faire comprendre. Cette première journée fut épouvantable. Li Tianma m'assaillait de critiques sur les règles de composition, la forme des caractères. Il revenait sans cesse sur l'étude des méthodes, que je n'avais pas assez travaillées. Son discours logique, sans un brin de poésie, échoua à me convaincre. Il me paraissait évident que, si je parvenais à pratiquer le principe enseigné par mon maître – vivre dans mon trait calligraphié la métamorphose infinie des formes de l'univers –, j'embrasserais d'un seul coup les règles rationnelles. Forte de son enseignement, j'écoutais avec un certain détachement les sèches démonstrations de Li Tianma. Il le sentait et cela l'énervait. Ses propos, toutefois, méritaient l'attention et j'en conclus que je devais me montrer plus exigeante et rigoureuse avec moi-même.

Après cette douche froide, sentant mon désarroi, il m'invita à visiter sa bibliothèque. C'était une véritable forêt d'estampages de calligraphies gravées sur pierre et de manuels anciens. Tout excité, il me présenta un modèle exquis de petite écriture régulière dont il était très friand et voulait me faire goûter la saveur. Nous avons passé le reste de l'après-midi à examiner l'estampage à la loupe.

Je suis revenue le voir plusieurs fois pour contempler en détail l'idéal d'absolu atteint par les grands maîtres qu'il vénérait. Curieusement, chaque maître avait son maître. À mes yeux, ses propres compositions ressemblaient à une armée de petits soldats bien rangés, bien équipés, harmonieusement bâtis, marchant les uns derrière les autres en entités bien distinctes. Malgré leur sévérité apparente, ses caractères étaient remarquables : leur structure était charnue ; chacun était parfait et pourtant différent. Il se dégageait de l'œuvre une rigueur puissante, impressionnante ; ses caractères répondaient à une logique habile et déconcertante. J'en reconnaissais la beauté mais jugeais dangereux d'y plonger pour un cœur épris de liberté comme le mien. Tiraillée entre confucianisme et taoïsme, la culture chinoise tire sa richesse non d'une synthèse de ces deux courants de pensée, mais des milliers de synthèses possibles que chaque individu peut composer à son gré. Après avoir pratiqué quelques mois ce style de calligraphie, je me suis rendu compte que son esprit était étranger à ma nature. Persévérer m'aurait noyée dans la quête de l'écriture régulière parfaite.

J'aimais beaucoup me promener dans Shanghai. Je me baladais à vélo avec le jeune professeur qui m'accompagnait chez les artistes. Comparée à Chongqing, ville très dure, Shanghai était un enchantement. Dans les anciennes concessions, cultures et religions se mêlaient. On découvrait tout à coup un temple japonais, une église orthodoxe, des églises catholiques. Le soir, nous allions écouter du jazz au Shanghai-Club, dans un grand hôtel. La vie ici était très différente de ce que j'avais connu ailleurs en Chine. Je passais des vieux quartiers où les gens vivaient sur le pas de leur porte, dormaient, l'été, dans la rue, aux majestueux édifices occidentaux sur le Bund puis aux chantiers de modernisation qui commençaient à tout détruire. À cinq ou six heures du matin, des adeptes du taï-chi-chuan pratiquaient dehors, à l'ombre d'un arbre, sur des airs de tango ou de disco. Nous dînions souvent dans des échoppes ambulantes de raviolis frits et de bols de nouilles.

J'ai voulu m'offrir ma première pierre à encre et je suis allée explorer les boutiques traditionnelles de peinture. Shanghai recèle des trésors pour un peintre. Quand on entrait dans l'une d'elles, on avait l'impression de se trouver chez un luthier ou dans un magasin d'instruments de musique en tous genres. Je découvris, extasiée, le matériel d'un peintre idéal :

— des casiers remplis de porte-pinceaux à tête de dragon ou de phénix taillés dans du bois de camphre ou de palissandre ;

— des pinceliers, suites de nattes tressées pour ranger les pinceaux ;

— des petits pains d'encre venus d'innombrables provinces, pétris de résidus de bois de pin et de colle de poisson. Ils exhalaient encore des parfums d'hibiscus et de musc ; les plus prétentieux étaient décorés à la feuille d'or ;

– des presse-papiers gravés de dictons poétiques ;

– des cuillères à eau sculptées, en bronze ou en cuivre ;

– des rince-pinceaux, des pots à eau ou des rosaces à couleurs. Faux Ming en vulgaire porcelaine blanche aux motifs bleus, ils ne charmaient plus le regard comme ceux d'autrefois. En revanche, on pouvait encore trouver en vitrine certains pots à pinceaux en *huang-huali*, bois aux pures lignes zébrées, denses et sombres ;

– des pose-pinceaux modestes et simples. L'un d'eux hante encore ma mémoire, précieux, insolite, fantastique : trois cimes montagneuses de jadéite d'un vert laiteux, aux veines transparentes d'ocre-brun. Il suffisait de poser le pinceau dans leurs vallées ou leurs gorges profondes pour qu'elles invitent au voyage ;

– de chaque côté de la boutique, des piles de rames de *xuanzhi*, de papiers de riz, de fibres de bambou aux vertus immortelles, de palettes de rouleaux d'exercices liés par un brin de chanvre. L'« Étoile Rouge », fabriqué à Jingxuan, était réputé pour son absorption « crue », si sensible qu'il diffusait l'encre à merveille ;

– sur les murs du fond, du sol au plafond, des pinceaux en poil d'animal. Toute une variété de fabrication pendue la tête en bas : une féerie.

Certains utilisent la barbe de rat ou le poil de renard. Le *langhao* est souvent choisi pour la peinture de paysages. Le poil de lièvre est aussi le plus raide et le plus nerveux, pour les traits vifs. Le poil de mouton est très robuste, mais l'un des plus difficiles à manier à cause de son excessive souplesse. Le *yanghao*, ou chèvre grise, se prête à la peinture des fleurs et des oiseaux. Le poil de sanglier, de loutre, et le *shihuanbi*, blaireau au poil dur, la martre, de préférence celle d'hiver, sont également prisés pour leur touche vigoureuse. Du cochon, mais aussi du crin de cheval, plus rude, permettent un fort encrage pour les grandes toiles.

Je trouvai aussi des pinceaux en plumes de coq, de faisan ou de duvet de canard, appréciés pour les lavis.

Les manches étaient de différents diamètres et longueurs. Ainsi, avec un long manche, est-il plus facile de peindre le cœur des iris ! Il en existait en corne de buffle, en bois vernis, en tige de bambou aux nœuds bien choisis.

De ces lieux magiques, l'humble peintre ressortait ivre, halluciné, pâle d'envie ou de rage de ne pouvoir s'offrir et essayer ces merveilles.

Le calligraphe confucianiste avait demandé à l'un de ses élèves de m'aider à choisir une pierre à encre. L'une d'elles représentait un « œil de merle » et me fascina. Ces traces de fossiles végétaux que les sculpteurs mettaient en valeur lors de la taille de la pierre étaient, paraît-il, destinées à écarter les mauvais esprits. C'était de bon augure : je l'ai choisie et l'ai toujours conservée car j'y attache un grand prix.

Ma troisième visite, décevante, fut pour un calligraphe célèbre. Âgé de soixante-quinze ans, multimillionnaire, il possédait une boutique avec pignon sur rue. Il fallait payer cher pour voir ses calligraphies. Il était quasiment considéré comme un écrivain public et ne travaillait que sur commande, à condition d'être bien rémunéré. Il pouvait se le permettre : il s'était présenté au concours mondial de calligraphie et, sur dix mille candidats, était sorti sixième. Il était très fort en écriture cursive[1]. Dès l'âge de sept ans, initié par son grand-oncle, il était déjà capable de calligra-

---

1. *Xing shu* : style de calligraphie où plusieurs traits sont liés sans qu'on lève le pinceau. C'est l'écriture courante des lettres et des manuscrits.

phier vingt caractères par jour. Il possédait évidemment des bases solides. Il avait trouvé son propre style, qui manquait de personnalité car il suivait les règles trop à la lettre. Quel personnage bizarre ! Bossu, vêtu d'un costume-cravate, il se montra grincheux, mal luné le plus souvent, toujours le mouchoir à la main pour essuyer sa sueur, peut-être due à une mauvaise santé. Il ne pensait qu'à l'argent et s'exprimait parfois de façon inintelligible. Quand je lui ai montré mes exercices, il m'a demandé combien je vendais mes calligraphies. L'idée de vendre mes œuvres ne m'avait pas effleurée et je lui ai répondu que j'étais encore une apprentie. Il s'est aussitôt désintéressé de mes travaux : je n'étais pas connue et ne figurais pas sur le marché de l'art. Il m'a déclaré que je le gênais, qu'il avait beaucoup de travail...

À Shanghai, j'ai rencontré deux femmes peintres. Rares sont les femmes qui exercent ce métier. La vie de l'une d'elles, telle qu'elle me l'a racontée, fera peut-être comprendre pourquoi. Voici le récit de Li Guoxiang :

« Je suis née en 1915, dans la province du Zhejiang. Je descendais d'une famille de lettrés tombés dans la pauvreté : mon père dut quitter notre petite ville pour gagner sa vie ; ma mère, analphabète, ne savait pas lire les lettres qu'il lui envoyait. Elle appartenait à cette société où, pour les filles, ne pas avoir d'instruction était une qualité. Pourtant, elle voulut à tout prix que j'étudie et elle m'envoya à l'école traditionnelle. L'instituteur, très cultivé, s'intéressait beaucoup à la calligraphie. Il m'apprit à tracer les caractères et, quand je rentrais à la maison, je passais des heures à m'exercer avec un pinceau trop grand pour ma petite main. Un jour où je m'appliquais sur ma feuille, ma mère, qui regardait par-dessus mon épaule, m'emmena dans sa chambre et tira une malle de dessous le lit. Elle était pleine d'estampages de calligraphies, héritage, me dit-elle, de ses ancêtres. Elle me conseilla de m'entraîner à les copier. Ces œuvres étaient celles de grands artistes dont me parlait le maître d'école. Quand je les lui montrai, il m'encouragea à persévérer : "La calligraphie ressemble à une rivière, me dit-il ; ce n'est pas en un jour que celle-ci devient un fleuve puissant ; mais, à force de couler, elle finit par creuser son chemin à travers les pierres et, quand elle est devenue un cours d'eau majestueux, rien ne saurait lui faire obstacle." Depuis, je ne me suis jamais arrêtée. Quand j'eus treize ans, ma mère m'inscrivit à l'école secondaire de notre ville où, selon les méthodes occidentales, on donnait des cours d'art. Le professeur de dessin avait étudié au Japon ; il nous emmenait parfois dans la campagne étudier la nature et j'ai commencé à peindre des fleurs, des oiseaux, des insectes. À la maison, quand je ne m'exerçais pas à la calligraphie, je peignais. Ma mère me dispensa d'apprendre, comme les autres filles, la couture et la broderie. Mon père voulut me marier dans une famille aisée pour que j'échappe à la pauvreté et c'est ainsi que mes fiançailles se décidèrent. Vivre avec un homme que je ne connaissais pas me faisait horriblement peur. Je dis à ma mère que je ne voulais pas me marier, que je préférais étudier, mais elle me répondit avec tendresse que mon père m'imposait ce mariage pour mon bien. J'allai le supplier ; il m'aimait beaucoup et se laissa fléchir : je fus autorisée à poursuivre les trois années d'études qui me restaient à accomplir au lycée. Un membre de ma famille qui avait regardé mes calligraphies m'avait asséné : "Les filles seront toujours des filles : tes caractères manquent de force." La famille de mon fiancé s'impatien-tait : "Une fille doit connaître les travaux féminins, servir sa belle-famille, donner des enfants à son mari. Qu'a-t-elle besoin de passer ses journées à étudier!" Cette fois, l'échéance arrivait. Je ne voulais pas devenir un oiseau en cage à jamais incapable de voler. J'écrivis secrètement à mon fiancé, l'implorant de rompre notre engagement. Ma lettre fut renvoyée à mon père qui, furieux, fixa immédia-tement la date de mon mariage. C'est ainsi qu'à dix-sept ans, je me suis retrouvée dans un palanquin décoré et conduite, en grand cortège, chez ma belle-famille, commerçants prospères qui possédaient plusieurs bouti-ques. Mon mari administrait celle de changeur. Il sortait souvent boire avec des amis, fréquentait des filles et jetait l'argent par les fenêtres. Avec moi au contraire, il se mon-trait regardant : je devais lui rendre compte du moindre centime. Impossible d'acheter du papier et de l'encre et, une fois dépensée la somme que j'avais apportée avec moi, je continuai à m'entraîner en écrivant mes caractères sur des pierres, avec de l'eau. Un an après mon mariage, j'eus une fille et, la deuxième année, un fils. Je ne voulais plus d'enfant et essayais toutes sortes de recettes pour éviter de retomber enceinte. Mon mari rentrait souvent très tard, complètement ivre, et se servait de moi en m'insultant : je ne valais pas mieux qu'une planche à côté des filles qu'il fréquentait. "Si tu veux d'autres femmes, va les chercher ailleurs ; de toute façon, c'est la calligraphie que j'aime, pas toi", lui répondis-je un jour, excédée.

« À la fin de l'année 1937, les Japonais occupèrent notre ville et nous nous enfuîmes à Shanghai. Je lus dans un journal une petite annonce proposant des cours de calligra-phie donnés par Li Zibai. À la fin du premier cours, je le priai timidement de m'accepter parmi ses élèves. Il me demanda d'écrire quelques caractères et je calligraphiai, en écriture régulière, le poème de Du Mu, *Soir d'automne* :

Lumière froide de ma lampe et de l'automne sur la peinture
  du paravent,
Mon petit éventail de gaze légère chasse les papillons de nuit.
La couleur de la nuit qui gravit les marches du ciel est
  fraîche comme l'eau.
Allongé, je regarde les étoiles du Bouvier et de la Tisserande.

« Surpris, il me demanda avec qui j'avais étudié :
"Avec mon maître d'école et je me suis exercée toute seule pendant plus de dix ans.

— Tu as du talent. Si tu avais étudié avec moi, tu aurais pu réussir, mais il est trop tard.

— Il n'est pas trop tard."

« Je lui pris la main, suppliante :
"Acceptez-moi. Je consacrerai tous mes efforts à étudier."

« Il me donna un estampage de l'époque Wei à repro‑duire et, dès lors, j'allai le voir une fois par semaine pour qu'il corrige mes exercices. Il écrivait chaque semaine trois caractères que je devais copier chaque jour, autant de fois que je le pouvais. Au bout de deux jours, j'étais dégoûtée : j'avais déjà étudié pendant des années ; à quoi bon repartir de zéro ? Quand je lui rapportais mes trois caractères, à la fin de la semaine, il y trouvait plein de défauts. Au bout de deux mois, il augmenta la dose : j'eus six caractères à copier. En quelques mois, j'acquis une base solide. Il ne voulait pas que je copie trop d'estampages différents mais que j'en choisisse trois. Un an plus tard, sa tuberculose s'étant aggravée, il fut incapable de se lever et j'allais chez lui environ tous les dix jours. Je lui apportais les fruits et les légumes qu'il aimait, car il était très pauvre. Quand il sentit sa fin approcher, il me dit : "Guoxiang, je n'en ai plus pour longtemps. Continue. Je n'ai eu que deux élèves comme toi. Je vais te confier à mon ami Gu Kunbo." Et sur son lit, d'une main tremblante, il écrivit cette note : "Mon frère, je te confie Li Guoxiang..." Je suis tombée à genoux à côté de lui et j'ai pleuré. Je n'oublierai jamais ce maître qui consacra sa vie à l'art.

« Gu Kunbo était un artiste célèbre et riche ; il formait des centaines d'élèves. Il me demanda si je connaissais son tarif : quarante dollars d'argent mexicains par an. Je ne les avais pas. En rentrant chez moi, je songeai à l'argent qui se trouvait au fond d'une malle d'habits : au fil des années, parents et amis me l'avaient donné pour mes enfants, lors de différentes fêtes. Je pris la somme nécessaire pour mes cours. Quelques jours plus tard, mon mari alla puiser dans la même réserve pour offrir un cadeau à une taxi-girl et découvrit qu'il manquait de l'argent. À mon retour, il me frappa à coups de poing et de pied en m'insultant : "Une femme est faite pour s'occuper des enfants, pas pour faire de la calligraphie. N'as-tu pas honte ? La vérité c'est que tu vas chercher des mecs !" Il sortit et ne rentra pas de la nuit. J'allai à ma table de travail et écrivis ce poème :

Quand on retrouve le calme, on se remémore le passé.
En pensant à mes enfants, je pleure cette nuit, angoissée.
L'homme à qui je suis liée ne désire que plaisirs et sourires,
Qui pourrait comprendre ma douleur ?

« En 1941, Gu Kunbo organisa une exposition de ses œuvres, en y ajoutant quelques-unes de ses élèves. C'était la première fois que j'exposais. J'avais vingt-sept ans. Je vendis les dix toiles que je présentai et gagnai deux cents yuans. L'argent dans mon sac, j'allai le remettre à la veuve et à l'orphelin de mon vieux maître Li Zibai à qui je devais tant. En 1946, je participai à une exposition de femmes artistes chinoises. Le plus célèbre peintre de l'époque, Zhang Daqian, remarqua mes œuvres et demanda à me rencontrer. Mais ces peintres connus, tels Gu Kunbo et Zhang Daqian, malgré la bonté qu'ils me témoignèrent, n'occupèrent jamais dans mon cœur la place de mon premier maître, Li Zibai.

« J'ai connu aussi Tang Yun, qui me confia quelques-unes de ses œuvres pour que je les copie. Je ne sais pourquoi, mon mari était très jaloux de lui. Profitant un jour de son absence, j'étais en train de copier une peinture de Tang Yun représentant des branches de prunus quand il entra sans que je l'entende. Quand je me retournai, il se tenait debout, derrière moi, et me regardait avec haine. Il voulut déchirer la peinture de Tang Yun ; je parvins à la lui reprendre en lui disant que tout son argent ne suffirait pas à rembourser le peintre. Il passa alors sa fureur sur ma propre peinture, qu'il déchira, et sur mon matériel de peintre qu'il jeta à terre et brisa.

« En 1949, ce fut la Libération et, en 1952, je pus divorcer. Mais ma liberté ne dura pas longtemps. À partir de 1957, et pendant trente ans, ma vie fut très dure. Il y eut le mouvement anti-droitiste, le Grand Bond en avant dont on commençait à peine à se remettre quand la Révolution culturelle survint. Je fus attaquée. Les estampages que j'avais réunis à grand-peine furent brûlés, mes œuvres déchirées en petits morceaux. Ma fille fut enfermée dans un atelier sombre et humide ; une nuit, la police vint arrêter mon fils. Pendant vingt ans, je n'eus plus le droit de vendre mes calligraphies. Je vivais avec les vingt yuans que me donnait ma fille chaque mois, dont huit partaient pour le loyer ; il ne me restait que quarante centimes par jour pour me nourrir. Quand mon fils fut libéré, il se maria et je lui laissai mon unique pièce ; je dormais sous l'escalier, où je n'avais même pas assez de place pour m'allonger complètement. Je n'avais pas de quoi m'acheter du papier ; je récoltais de vieux journaux, des cahiers d'écolier jetés à la poubelle, et je continuais à pratiquer la calligraphie. En 1979, ma situation changea et je commençais à revivre quand ma fille fut tuée dans un accident de voiture. Je tombai malade. Mes cheveux blanchirent d'un seul coup, mon dos se voûta un peu plus et ma vue baissa. Mes amis peintres m'aidèrent ; ils me firent entrer à l'Institut d'art et d'histoire. Là, je connus Wang Ziping et, en 1984, nous nous mariâmes. Vous voyez, les sentiments finissent par l'emporter. Il ne faut pas désespérer et, quand on a une vocation, il faut la suivre quoi qu'il en coûte. Je ne suis pas trop alerte mais mon mari est solide ; il va vous montrer quelques-unes de mes œuvres. »

En la quittant, je me sentais profondément mal à l'aise et triste. Le cœur amer, je comprenais que ma dure initiation était une bien petite souffrance comparée à ce douloureux destin de femme peintre calligraphe.

J'allais visiter les jardins de Suzhou. Quel émerveillement : recréation d'un univers idéal, tentative pour comprendre la grande règle de la métamorphose du monde et, qui sait, retrouver l'unité primordiale qui nous mène à l'éveil ! Je marchais dans une atmosphère surréaliste parmi des pierres dressées, inclinées, couchées, évoquant la course des nuages, les éclairs de la foudre, les éclaboussures de l'eau jaillissante, l'empreinte du pied d'un bouddha, la tête d'un tigre rugissant, un dragon endormi au bord de l'eau ou des grottes d'immortels. Il se dégageait de ce lieu une harmonie sereine, un jeu de cache-cache entre minéral, végétal, terre, ciel et eau. Des visions de peintures ou d'estampes s'inscrivaient par fragments au travers d'ouvertures rondes comme la pleine lune, compositions parfaites, révélant une perception cosmogonique surprenante. J'ai découvert des pierres de rêve, accrochées dans les pavillons disséminés au cœur des jardins. Dans celui du Maître des Filets de Pêche, elles étaient présentées sur les murs de réception de la résidence. Le blanc laiteux du marbre évoquait les formations nuageuses qui s'insinuaient dans le paysage, et les veines aux tons gris et bruns suggéraient parfaitement quelque monde céleste oublié. Un vieux maître me disait qu'il était possible, avec ces éléments minéraux vivants, d'engager une conversation sur la vérité...

Je retrouvais des chocs hallucinatoires, tels ces coups de bambou sévères appliqués sur les épaules par les moines zen pour provoquer l'Éveil, ces visions réelles que j'avais tenté de transcrire avec mon pinceau en étudiant l'esprit des paysages des maîtres de l'époque Song. J'ai eu là une intuition fondamentale : si les peintres de paysages ont réussi à reproduire leurs visions avec une puissance telle qu'elles semblent presque rélles sur le papier, c'est parce qu'ils ont compris, avec une suprême humilité, qu'ils étaient les petits frères des pierres et des arbres sur cette terre et que nous étions capables, par notre alchimie intérieure, de donner vie au minéral comme la nature nous donne la vie. J'avais dépassé la peinture figurative sur le

240

motif, ou même celle de mémoire, enseignée en Occident. Cette journée m'a aidée à saisir le pourquoi de mes nombreuses années de pratique au pinceau et à comprendre enfin le lien fondamental entre l'acte de création de l'homme et l'acte de création de la nature.

Chaque fois que je venais méditer dans ces lieux de recueillement, ma pensée ricochait sur ces subtiles curiosités qu'ils offraient, et cette attitude contemplative m'aidait parfois à avancer dans ma quête spirituelle. C'était alors un jour faste, un bonheur absolu, et je repartais déambuler dans les rues de Suzhou à bicyclette, le cœur en fête.

Je suis allée visiter l'École des beaux-arts de Hangzhou d'où sont sortis les plus grands peintres et qui reste la plus célèbre. Elle est située au bord d'un lac. C'est le seul endroit où se trouvent les départements de calligraphie et de peinture traditionnelle que j'avais cherchés en vain à Chongqing. Ces cours venaient de reprendre car, ici aussi, les étudiants avaient dû se concentrer uniquement sur la peinture à l'huile. Une Française avait eu la chance d'y étudier. Le professeur de calligraphie qui nous a reçus avait quatre-vingt-cinq ans ; il connaissait par cœur l'histoire de son institut. Il m'a raconté les souffrances des vieux maîtres pendant la Révolution culturelle, notamment celles du grand peintre Li Kuchan. Celui-ci avait obéi aux directives du Grand Timonier et dirigé l'école comme l'exigeait le gouvernement. Mais son œuvre exprimait sa pensée politique sans qu'il en souffle mot. C'était un disciple de Bada Shanren, le grand peintre du XVIIᵉ siècle dont les œuvres traduisaient sa résistance à l'occupation mandchoue : il dessinait un caillou, très raffiné, dans la grande tradition chinoise et, sur ce caillou, posait un vautour redoutable qui surveillait les alentours en s'accrochant à la pierre ; il peignait des chats hargneux, terrifiants, dans un univers de fleurs. Li Kuchan fut persécuté par Jiang Qing, la femme de Mao, et roué de coups. Il en mourut.

À Hangzhou, j'ai plusieurs fois rendu visite à Shao Menghai. Âgé de quatre-vingt-douze ans, il était l'un des derniers grands maîtres calligraphes de Chine dont l'écriture, dans le style de la cursive folle, dégageait un souffle puissant. J'avais du mal à communiquer avec lui car il était très sourd ; je devais hurler dans son oreille. Gravement malade, il faisait de fréquents séjours à l'hôpital. D'une politesse et d'une délicatesse extrêmes, il me raccompagnait toujours à la porte malgré son grand âge. Il fut impressionné par les exercices que je lui montrai. Malheureusement, quand, après deux ou trois entretiens, j'ai voulu le revoir, j'ai appris qu'il se trouvait à l'hôpital. Il était mourant. Il fut très ému de ma visite : « Nous allons entretenir une correspondance, me dit-il. Surtout, continuez. Je n'ai jamais vu une élève comme vous, et j'ai pourtant enseigné de nombreuses années. Il y a quelque chose dans vos calligraphies, il faut continuer. » Quelque temps après, hélas, j'ai appris qu'il était décédé.

À Hangzhou, j'ai également rencontré un autre genre de peintre. Vêtu à la Mao, maître Xie Zhiliu avait habilement manœuvré. Reconnu officiellement, il n'avait aucun souci politique. Il vivait dans une magnifique demeure ancienne. Il collectionnait les antiquités et gagnait beaucoup d'argent en en faisant commerce. On le consultait comme le grand spécialiste des antiquités chinoises et des peintures d'autrefois. Il avait de solides connaissances dans l'art du paysage, la calligraphie, la pensée esthétique. Historien, il avait écrit plusieurs ouvrages sur l'art ancien. La rencontre fut amusante car sa femme, peintre elle aussi, était présente. Plus douée, ses tableaux étaient plus intéressants que les siens, ce qui mettait son époux en fureur !

Lu Yanshao était le dernier maître de paysages de la Chine du Sud le plus grand héritier vivant de Shitao dont il avait parfaitement assimilé l'esprit. C'était un personnage haut en couleur, bohème, avec de longs cheveux hirsutes tombant jusqu'aux épaules. Il avait un humour décapant, des réactions inattendues, extravagantes, d'une justesse et d'une acuité fulgurantes. Il respirait l'intelligence. Dès notre première rencontre, dans son immeuble crasseux, nous nous sommes sentis amis comme si nous nous connaissions depuis toujours. Il me traitait comme sa propre fille. À force de solitude, il avait du mal à s'exprimer distinctement et bavait en parlant. Âgé de quatre-vingts ans, il avait tout appris par lui-même. Il me confia qu'il n'avait plus d'amis car ceux-ci étaient tous morts. Il préférait vivre dans la montagne pour peindre et il me raconta ses pèlerinages dans des paysages merveilleux. À l'entendre, je ne savais plus s'il s'agissait de la réalité ou de descriptions de ses tableaux : ses souvenirs vécus et le vécu de sa création ne faisaient plus qu'un.

« Mon père, me raconta-t-il, tenait une boutique de riz. Il avait une très belle écriture en caractères réguliers. Ma mère était sa seconde femme : elle avait trente ans quand

243

elle s'est mariée. Après plusieurs garçons morts à la naissance, elle eut une fille qui mourut de maladie à peine âgée d'un an. Je suis né ensuite, exactement le même jour du même mois qu'elle. Elle aurait dû être un garçon, pensait ma mère et, née fille par erreur, elle s'était réincarnée en moi. Cette superstition la consolait. Elle m'éleva donc comme une fille, me laissa pousser les cheveux, m'habilla de tissus à fleurs. Les enfants plus âgés se moquaient de moi. Une fois, ils m'ont attrapé : ils voulaient me percer les oreilles et me mettre des boucles d'oreilles, mais je réussis à leur échapper. Ma famille me traitait également comme une fille et m'obligeait à uriner accroupi. Mon esprit était si confus que j'avais l'impression d'être anormal et, faute de me sentir un vrai garçon, je me suis réfugié dans la peinture et la calligraphie. J'aimais beaucoup accompagner ma mère chez mon grand-père maternel. J'y voyais mon oncle, un authentique lettré, licencié des examens impériaux, qui mourut très jeune, à trente-six ans, laissant orpheline une petite fille de mon âge, qui avait alors six ans. Quand elle eut douze ans, mon grand-père maternel décida que nous nous marierions. Par la suite, quand nous nous rencontrions, nous étions tellement intimidés que nous n'osions pas nous regarder. Mon professeur, qui savait que j'étais fiancé, me disait : "L'époque d'avant le mariage est celle du plus grand amour ; c'est la plus douce, la plus savoureuse, l'âge d'or de la vie, et vous deux, vous n'osez même pas vous approcher l'un de l'autre ; quel dommage !" Maintenant, quand j'y songe, je me dis qu'il avait raison. J'étudiais la peinture et la calligraphie en regardant les maîtres travailler. J'appris aussi à graver des sceaux, à copier des peintures. Au lycée, je me levais à quatre heures du matin pour m'exercer. J'avais pour principe que le changement de professeurs constitue le meilleur enseignement pour assimiler les qualités de chacun, en saisir les particularités et en tirer son propre style. Je commençai par étudier la calligraphie de l'époque Wei, puis celle de l'époque Han et ensuite celle de Wang Xizhi. Il ne faut pas étudier de façon stérile mais recréer ce qu'on apprend. Quand les gens regardent mes calligraphies, ils ne peuvent reconnaître les maîtres dont je me suis inspiré ; c'est ma façon d'étudier. Mes peintures sont meilleures que mes calligraphies.

« En 1955, le directeur de la Culture du district du Anhui insista pour me confier le poste de directeur de l'École des beaux-arts de la province. Il m'offrit deux cents yuans par mois ; je n'en gagnais alors que quatre-vingts. Pourtant, je refusai. J'habitais Shanghai où devait se créer une Maison des artistes qu'on me proposait d'organiser avec l'aide d'un ami. L'argent ne m'a jamais intéressé et j'estimais que cette Maison des artistes, qui regrouperait les ateliers des soixante meilleurs peintres, serait un lieu idéal pour étudier, confronter les créations, élever le niveau artistique et contribuer à la culture de notre pays. Au début, j'y fus très heureux. Plein d'espoir, je pensais que l'art et la politique pouvaient s'unir pour le plus grand bénéfice de chacun. Je rêvais. Un jour que je discutais avec un peintre, celui-ci me dit : "Je crée un certain genre de peintures et ceux qui déboursent pour les acheter veulent ce genre-là ; si je me renouvelle, change de style, ils prétendront que c'est un de mes élèves et non moi qui tenait le pinceau ou encore que c'est un faux, et ils refuseront d'acheter. Toi, c'est différent : tu progresses, tu fais ce qui te plaît, tu recherches librement la nouveauté." Il déplorait son manque d'audace en vain et désirait fuir la répétition de la peinture traditionnelle.

« Lui non plus ne voyait pas les nuages sombres qui s'amassaient sur nos têtes. En 1958, le Parti décida que nous devions exprimer librement nos idées. Le mot d'ordre était : "que cent fleurs s'épanouissent, que cent écoles rivalisent sans contrainte". Je crus à cette liberté et exprimai ouvertement mes opinions sur le milieu artistique. Un ami en qui j'avais confiance a dit du mal de moi et m'a causé les pires ennuis. Quand le vent tourna, je me retrouvai avec un bonnet de droitiste sur la tête, mis au ban de la société sans avoir droit à la parole. Je me consolai en me disant que, si j'avais accepté ce poste au Anhui, je n'aurais pas échappé aux bouleversements politiques. À la Maison des artistes, je fus, dès lors, affecté aux tâches matérielles jusqu'en 1961. L'École des beaux-arts de Hangzhou tenait absolument à m'engager pour enseigner la peinture de paysages ; les autorités de Shanghai refusèrent de me laisser partir parce que j'étais soupçonné de droitisme. Finalement, un compromis fut trouvé : j'enseignerais deux mois à Hangzhou et reviendrais deux mois à Shanghai. En 1963, lors d'une visite médicale à Hangzhou, on découvrit que j'étais tuberculeux ; le Rimifon, médicament miracle à l'époque, resta sans effet ; je fus sauvé grâce à un ami qui me procura du Dibaifen.

« En 1966, ce fut la Révolution culturelle. Malgré mes dénégations, on m'accusa d'appartenir à la classe des grands propriétaires fonciers. Quand je n'avais cessé de peindre un seul jour de ma vie, on m'interdit de toucher à un pinceau et on détruisit mon matériel. Rongée par l'angoisse, ma femme se demandait chaque soir si je rentrerais des séances où l'on m'attaquait. Ce supplice dura dix ans. Mon épouse me consolait, essayait de me cacher ses larmes. Sans elle, je ne sais pas si j'aurais survécu. Nous étions cinq à la maison ; en plus de nous deux, il y avait ma belle-mère, mon fils et ma fille. Nous touchions cinquante yuans par mois et les conditions matérielles étaient très difficiles. Nous vivions dans deux pièces – vingt-cinq mètres carrés en tout – dont seule celle du devant possédait une fenêtre ; elle était à la fois notre living-room, notre chambre, notre cuisine et mon studio. Dans la pièce de derrière dormaient mes enfants et ma belle-mère. L'unique table était tour à tour la table de cuisine, mon bureau et celui de mes enfants pour y faire leurs devoirs. L'hiver, le soleil ne pénétrait jamais chez nous. Le plafond était en planches et, par fortes pluies, l'eau passait au travers ; sans parler des insectes et des rats. Je me sentais coupable : c'était à cause de moi que ma famille endurait ces souffrances. Pendant des mois, un camarade chercha à me faire avouer que j'appartenais à la classe des propriétaires fonciers. Lors d'une séance, il me frappa si fort à la tête que je faillis m'évanouir. Alors je pris un bus, projetant d'aller me noyer dans un lac. Mais en route, je réfléchis que je n'avais pas le droit de laisser ma femme se débattre seule. Je suis revenu. À la séance suivante, mon tortionnaire me demanda pourquoi un salaud comme moi ne s'était pas suicidé. Il organisa une réunion où il me força à porter sur la tête un bonnet d'âne où il était écrit que j'étais un grand propriétaire foncier ; il m'obligea ensuite à avancer sur une planche glissante, au-dessus d'une rivière, et à y puiser de l'eau avec un seau, espérant que je tomberais et me noierais. En 1978, âgé de soixante-dix ans, je fus réhabilité On reconnut que j'avais été accusé de droitisme à tort et on me reversa mon salaire de quatre-vingts yuans. En 1979, je fis partie d'une délégation d'artistes envoyés à Osaka. Je fus également choisi comme représentant à la sixième session de l'Assemblée nationale populaire. J'étais tellement ému que je fus incapable de dormir pendant plusieurs nuits. Finalement, en 1982, on me rendit ma dignité. À mon retour de Pékin, en juin 1983, je m'installai à Hangzhou où un logement me fut attribué. J'étais si heureux que je ne savais comment remercier le Parti de sa sollicitude. J'en eus l'occasion quand l'État me commanda une grande fresque pour décorer un mur du siège du gouvernement. »

Lu Yanshao m'a montré une partie de son œuvre, déroulant douloureusement chaque peinture de ses mains tremblantes. Il m'expliquait ce qu'il avait recherché dans tel ou tel détail, me désignait du doigt une brume évanescente enveloppant le sommet d'une colline ou un vieux pin à demi déraciné, désespérément accroché à une paroi abrupte, se moquant du gouffre terrifiant au-dessus duquel il était perché. Puis il me regardait en souriant. Je ne pouvais cacher mon émotion. Il était heureux. Il se lança un jour à la recherche d'un trésor, disait-il. Il trébuchait dans ses papiers, ses cartons de documents poussiéreux ; il était à quatre pattes devant ses placards quand, soudain, il poussa un gémissement de bonheur : il avait trouvé son trésor emballé, à la manière chinoise, dans du papier journal. Il me l'offrit avant mon départ. Je l'ouvris avec impatience : c'était une pierre de rêve. « Si tu veux, me dit-il, peindre un jour des paysages, crois-moi, étudie de près la profonde fraternité de destin entre l'œuvre de la nature et celle de l'homme. Médite sur cette pierre, j'en serai fier. Elle t'ouvrira les portes du paysage intérieur. » C'était ma première pierre de rêve ; j'étais à la fois comblée et bouleversée.

Ce présent provoqua en effet un éveil violent à mes

recherches futures. Sur le moment, j'eus du mal à croire à la beauté naturelle de la pierre : ses veines suggéraient un paysage sublime dans une composition simple et harmonieuse. Je la frottais, la polissais nerveusement, incapable de me convaincre qu'elle n'était pas peinte. Depuis ce jour, je fais collection de pierres de rêve : elles ne cessent de m'apprendre les mystères du vivant.

J'étais toujours surprise de rencontrer ces êtres d'exception, revenants des temps anciens d'avant la Révolution culturelle, purs produits de ce que la culture chinoise pouvait offrir de plus raffiné, vivant au milieu d'un environnement pseudo-moderne où les couches sociales, toutes générations confondues, avaient été détruites, terrorisées ou marquées au fer rouge par les années Mao. Dans cette Chine nouvelle de brutes corrompues, de cadres du Parti vénaux, d'analphabètes vaniteux, comment ces vieux lettrés, ces rescapés du raz de marée parvenaient-ils à survivre ? Ils avaient été à deux doigts de sombrer dans la folie, usés par une agression quotidienne absurde, souvent incompris de leurs proches, regardés avec honte par leurs propres enfants, critiqués avec acharnement pendant des années ; leurs biens, rouleaux anciens, bibliothèques savantes, brûlés ; eux-mêmes battus et torturés, et pourquoi ? Parce qu'ils peignaient ? Parce qu'ils étaient poètes ? Parce qu'ils osaient parler de l'insaisissable et, par la voie des arts, se libérer des entraves ? Aujourd'hui, dans la grande « Chine ouverte », ils restaient des laissés-pour-compte, des bannis de la terre pour n'avoir cessé d'aimer la peinture, les pensées poétiques et philosophiques, la contemplation inlassable des merveilles de la nature. Quand j'arrivais, je trouvais toujours le vieux Lu Yanshao seul, perdu dans ses pensées, ultime îlot de survie dans un environnement qui l'avait oublié.

Comment exprimer le profond désarroi ressenti à rencontrer ces derniers maillons de la chaîne de l'histoire de la peinture, ces passeurs d'éternité, ces héritiers du patrimoine de l'humanité ? Comment expliquer qu'à ce degré de connaissance, de détachement absolu presque imposé par le régime totalitaire, ils avaient atteint une universalité puissante ? En leur compagnie, j'oubliais complètement qu'ils étaient chinois alors que je me trouvais au cœur même de la spécificité chinoise. Avec eux, d'emblée, les barrières culturelles tombaient, celles-là mêmes auxquelles je m'étais douloureusement heurtée.

11

Adieu jeunesse, adieu la Chine

*Demande à la rivière
qui est le plus long,
son cours qui coule vers l'est
ou notre sentiment en nous séparant ?*

La fin de l'année scolaire 1989 approchait où je devais présenter mon travail pour obtenir mon diplôme car j'avais tenu à suivre le même cursus qu'un étudiant chinois. Je travaillais dur pour y arriver. « Tu passes "notre" doctorat, me dirent mes camarades, et tu vas bientôt nous quitter, il faut fêter ce double événement. Nous allons libérer la galerie pour te permettre d'exposer tes œuvres et inviter des personnalités locales. » L'exposition était prévue pour juin 1989, mais juin 1989 devait entrer dans l'histoire de la Chine pour une tout autre raison.

Mes copains m'avaient parlé de ce qui se passait à Pékin où la situation était grave. L'ambiance à l'université devenait tendue, chacun s'inquiétait et la nervosité montait de jour en jour. Nous manquions de nouvelles. Nous nous retrouvions le soir pour tenter de glaner quelques informations. Un matin, je vis des bandelettes de tissu blanc accrochées partout dans les arbres. J'interrogeai la vieille Laopo qui s'occupait de ma chambre : « Ce sont les étudiants, me répondit-elle. Il paraît que les militaires débarquent ; les chars ont marché sur les manifestants de la place Tianan men. Il y a eu des morts. Les étudiants ne sont pas contents et ont accroché ces tissus blancs en hommage aux défunts car, pour nous, le blanc est la couleur du deuil. » Des gens de l'Institut qui avaient des enfants ou des cousins à Pékin prétendaient que des membres de leur famille avaient disparu. Du jour au lendemain, l'atmosphère tourna au tragique. Ce fut un soulèvement, une révolution au sein de l'université. La responsable du Parti ne savait plus où donner de la tête. Nous avons appris qu'à Chengdu il y avait des manifestations très importantes sur la grande place où trône la statue de Mao, ce fameux endroit où, derrière l'ancien Timonier, les homosexuels ont l'habitude de se retrouver. La population avait mis le feu à un poste de police et on avait tiré sur la foule. Je pensais que la moindre étincelle risquait de déclencher des règlements de comptes après les exactions de la Révolution culturelle Soudain j'ai eu terriblement peur : ceux qui rêvent de vengeance vont descendre dans la rue, me disais-je, et ce sera un massacre ; ils le désirent depuis si longtemps. Le gouvernement avait toujours été assis sur un volcan – d'où son autoritarisme –, et voilà que le volcan se réveillait. Nous n'avions aucune information : la télévision était muette, la radio aussi. Restaient les rumeurs, colportées de ville en ville. Nous ne pouvions joindre personne au téléphone. J'avais du mal à croire tout ce qu'on racontait. Je pensais qu'il devait y avoir des malentendus, comme il arrivait si souvent lorsque surgissaient des problèmes entre les officiels et les étrangers ou les gens du peuple, chacun y allant alors de sa petite histoire. Ceux qui réussissaient à capter des télévisions étrangères, notamment CNN, transmettaient des nouvelles alarmantes ; mais, très vite, les Chinois ont compris que tout le monde mentait ; les télévisions étrangères en rajoutaient, transformant la situation en western, avec les bons et les méchants, cherchaient le scoop, et la télévision chinoise, quand elle n'a plus pu continuer à garder le silence, présentait de façon grotesque les manifestants comme d'affreux ennemis de la Chine.

C'est dans cette atmosphère de veille de révolution que j'ai préparé mon exposition. La responsable du Parti avait appelé des renforts ; des militaires campaient autour de l'université. J'étais inquiète car les responsables craignaient des protestations d'étudiants et des destructions. Elle m'a annoncé qu'il fallait annuler. Encore une fois, le directeur est intervenu en ma faveur : « Elle travaille ici depuis six ans ; on doit lui rendre l'hommage qu'elle mérite. L'exposition aura lieu en présence des officiels. » Plus tard, j'ai appris ses efforts pour obtenir la libération d'étudiants arrêtés parce qu'ils voulaient manifester. Le calme revenu, il a été envoyé en « maison d'arrêt » pour avoir soutenu les contestataires et a dû faire son autocritique.

Le jour du vernissage, une vraie foule est arrivée de la ville ; les trois étages étaient bourrés de visiteurs. Il y avait même du personnel et des patients du petit hôpital qui m'avait accueillie lors de mon hépatite, certains en pyjama. On aurait cru que la seule façon pour ces gens d'exprimer leur espoir d'un changement était d'être présent à cette exposition. La remise officielle de mon diplôme fut une

253

cérémonie très émouvante, en présence d'invités venus de partout, que je ne connaissais pas. Joyeuse surprise : mon travail était reconnu mais aussi la valeur contestataire de l'art ! Il régnait une curieuse ambiance : des tissus blancs, hommage aux morts, flottaient sur les arbres et les haut-parleurs hurlaient sans cesse des avis aux étudiants pour les prier de se tenir tranquilles s'ils voulaient obtenir leur diplôme et ne pas être envoyés en rééducation à la campagne.

Finalement, lors de ces journées, il n'y eut pas d'incident grave, sauf quelques déprédations dont les auteurs furent vite arrêtés. La responsable du Parti avait parfaitement accompli son travail : les autorités ne furent pas dépassées par les événements comme à Pékin.

Je pensais organiser mon déménagement tranquillement et passer l'été à emballer dans des caisses les affaires accumulées en Chine. Un jour, alors que la situation s'aggravait à Pékin, la responsable du Parti reçut un télégramme de l'ambassade de France : « Demandez à la ressortissante Fabienne Verdier, étudiante chez vous depuis plusieurs années, d'appeler l'ambassade. » Quand j'ai téléphoné, on m'a répondu : « Nous ignorons ce que sera la Chine demain. Il est possible qu'elle ferme ses frontières. Nous avons reçu des directives vous concernant : vous ne devez pas rester. Un avion spécial, faisant escale à Chongqing, viendra vous chercher. » Je voulus protester : mes tableaux se trouvaient encore exposés à l'Institut, je n'étais pas prête, pouvaient-ils retarder mon départ ?... Ils m'ont fait peur : « Impossible. Les événements vont très vite. Du jour au lendemain, vous risquez de vous trouver coincée et alors, qui sait ce qui vous arrivera. » La responsable du Parti, ravie, m'a ordonné : « Prépare tes valises, débrouille-toi. Nous t'aiderons, mais tu pars demain. » La décision tomba comme un couperet. Jamais je n'aurais cru qu'il serait si difficile de partir dans cette atmosphère irréelle. On affréta un car spécial pour me conduire à l'aéroport. J'avais une tonne de bagages : notes, carnets, ce que j'avais griffonné au cours de ces six années, et je ne pouvais monter à bord qu'avec le poids autorisé. Le soir, mes amis sont venus me voir et m'ont conseillé de ne rien laisser sur place : « Et attention, si tu as pris des notes sur ton séjour ici, même sur le vieux Huang, mieux vaut t'en débarrasser avant de passer la douane. » J'avais enfreint de nombreux interdits durant ces années et j'avais peur de ce qui arriverait aux autres si on me confisquait mes notes à la frontière. Après des pleurs et beaucoup d'amertume, j'ai décidé de tout brûler. Je n'ai emporté que certains tableaux. La nuit, ce fut un défilé d'amis qui apportaient des cadeaux, des offrandes que j'ai dû, à regret, laisser pour la plupart. Chacun était soucieux pour l'avenir mais tenait à me rassurer. Ils avaient déjà vécu, me dirent-ils, des situations semblables et prévoyaient leur autocritique. Mon vieux maître tomba malade de tristesse mais, devant moi, il observait un détachement suprême.

Le lendemain dans le car, le directeur de l'Institut, mes amis, mes professeurs et leurs épouses étaient là. J'ai essayé de donner le change jusqu'à l'aéroport mais quand il a fallu se séparer... Les douaniers ont ouvert tous mes cartons : je n'avais pas de valises, uniquement des cartons fermés par des ficelles contenant des peintures, du matériel de peintre, quelques objets personnels. J'étais dans un tel état que je ne savais plus où j'étais ni ce qui m'arrivait. J'avais tant de mal à m'arracher à ceux que je laissais derrière moi. Je m'étais attachée à mon univers carcéral, aux survivants du système totalitaire qui étaient devenus mes amis. Impossible d'expliquer un tel déchirement quand j'aurais dû être heureuse d'échapper à ce monde de folie... Quand ils sont partis, j'ai erré, épuisée, dans la salle d'attente, ne sachant où me poser. Je suis arrivée à Hong-Kong dans un état pitoyable. Mes cartons s'étaient ouverts dans la soute car les douaniers les avaient mal reficelés. Une fonctionnaire du consulat m'attendait. Elle a récupéré la pauvre loque que j'étais et, pendant une semaine, m'a gardée chez elle. En lisant la presse, j'ai appris ce qui s'était vraiment passé à Pékin. J'ai vu les photos des chars, des blessés, des morts. Ce fut un tel choc que j'ai sombré dans une profonde dépression. La dame qui m'hébergeait se montra d'une grande gentillesse ; elle me faisait même couler des bains chauds ! Je ne savais plus vivre dans un appartement normal, avec de la moquette, une cuisine fonctionnelle ; je ne savais plus me servir des objets usuels ni même parler français ; il m'arrivait de répondre en chinois. J'étais complètement perdue, incapable de raconter quoi que ce soit de mon histoire. Mon hôtesse, qui avait suivi les événements, comprenait mon état. Je me demandais ce que j'allais faire de ma vie. On m'embarqua dans un avion et j'arrivai à Paris, mes rouleaux sous le bras et sans un sou.

Constatant mon état pitoyable, mon oncle Jean-Louis et ma tante Yvonne se sont occupés de moi. « Tu n'as pas fini ton apprentissage là-bas, me dit ma tante. Tu repartiras. » Quel bonheur d'entendre ces mots ! « Patiente quelques mois pour observer comment la situation évolue. Tu dois d'abord te refaire une santé. N'oublie pas que je t'ai obtenu une bourse d'ethnologie. Tu vas te mettre à l'étude et rédiger ton rapport sur l'enseignement et la transmission des connaissances par les vieux maîtres. Je t'aiderai. » Le travail s'avéra en effet un excellent remède. Ses amies ethnologues, Hélène Clastres, Tina Jolas, m'ont soutenue pendant ma dépression. Elles m'ont redonné confiance en moi. Elles me pressaient de continuer à peindre, de trouver ma voie : j'avais accompli le plus dur.

Un jour, mon oncle et ma tante sont partis en weekend dans leur maison des Cévennes. J'appris peu après qu'ils avaient eu un accident de voiture et qu'ils étaient morts tous les deux. Après le choc de mon départ de Chine, ce deuil fut une douleur presque impossible à supporter. Mon oncle était chercheur en mathématiques. Nous confrontions les idées mathématiques avec l'enseignement de mes vieux maîtres. Il était étonné que l'étude esthétique m'ait permis d'aborder des aspects de la pensée chinoise qui rejoignaient jusqu'à un certain point ses recherches en mathématique aléatoire. Il m'avait proposé de repartir avec lui en Chine où il devait se rendre pour rencontrer de grands mathématiciens chinois. Ma tante, elle, étudiait les poètes anglais. Elle avait des idées passionnantes sur l'interprétation du *Petit Chaperon Rouge* ! Nous passions des soirées entières à échanger nos connaissances. Il est triste qu'ils soient morts avant d'être allés au bout de leurs recherches. Ils restent ceux qui ont cru en mon histoire.

Mon oncle et ma tante m'avaient suggéré d'offrir mes services au Quai d'Orsay au cas où un poste d'attaché artistique se libérerait. Je me rappelais avoir rencontré M. Malo, ambassadeur de France, lors d'un passage à

Pékin. Je lui avais demandé : « Comment m'y prendre, après mes études, pour revenir à Pékin ? Je connais bien le Sichuan, j'ai rencontré les grands maîtres de Shanghai et Hangzhou, mais le Nord me reste à découvrir. » Rare Français à le connaître, il me parla dans le dialecte du Sichuan et me demanda même si une certaine boutique de cacahuètes, la Numéro Vingt-Six de Chengdu, existait encore ! Je lui répondis en sichuanais et sentis alors une amicale complicité naître entre nous

J'effectuai les démarches à Paris et obtins un rendez-vous avec des responsables des Affaires étrangères. Un entretien intimidant s'ensuivit avec une commission qui voulait sonder ma personnalité, mes réactions et s'assurer que j'étais capable de « représenter » la France à l'étranger. En sortant, je décidai que je n'avais aucune chance : je ne correspondais pas du tout au profil recherché. Je savais qu'il y avait une dizaine de candidats plus intéressants que moi, possédant une expérience des services culturels dans plusieurs pays du monde et qui connaissaient leur métier. Deux ou trois jours après avoir appris la nouvelle de la mort de mon oncle et ma tante, je reçus une réponse du Quai d'Orsay : « Vous êtes nommée à Pékin. Vous partez dans trois semaines. En attendant, vous devrez suivre un stage et rencontrer les représentants des organismes culturels français auxquels vous aurez affaire. »

C'est ainsi que je me retrouvai en Chine, à Pékin cette fois. L'ambassadeur était toujours M. Malo. J'allai le remercier car il avait soutenu ma candidature. « On a besoin de gens comme vous, qui connaissent bien le terrain, me dit-il. Il faut maintenir les contacts avec les intellectuels et le monde artistique chinois ; hélas, nous n'avons pas de budget, et les relations diplomatiques sont au point mort après les événements de Tianan men. » Ma mission s'annonçait déjà impossible : comment, sans budget, aider les acteurs importants de la culture chinoise ? De l'état de « clocharde du Sichuan », vivant au milieu des Chinois, je passai à une existence de diplomate avec appartement de fonction, cuisinier et une employée de maison que j'appelais affectueusement « tante » Xu. Un tel confort matériel, l'obligation de donner des instructions à des domestiques me mettaient mal à l'aise. On m'expliqua que le personnel faisait partie de mes fonctions : appelée à recevoir régulièrement, je ne pouvais être à la fois « au bureau et au fourneau ». Dès le début, j'ai été débordée. Outre mon travail au Centre culturel, je devais assurer la comptabilité, tenir un budget, tâches pour lesquelles je n'avais aucune compétence. À minuit, j'étais encore au bureau à essayer de comprendre les rouages de l'administration. Pas assez avancée dans le métier de peintre pour en vivre, il fallait pourtant que je travaille. Au début, j'espérais disposer d'assez de temps pour continuer à peindre mais je rangeai vite cette idée au nombre des illusions perdues. De plus, le Quai d'Orsay m'avait fait comprendre qu'il m'envoyait en Chine pour exercer la fonction d'attachée artistique et non celle de peintre. Je devais oublier ma vocation et me consacrer à ma mission.

Je connus une nouvelle hiérarchie ; non plus celle de la bureaucratie communiste chinoise mais celle de l'administration française. Là aussi il existait des règles à suivre, des comportements à adopter, des missions à remplir. La première critique toucha mes relations amicales avec le cuisinier et « tante » Xu ; ils étaient supposés me servir, pas me tenir compagnie. On me reprocha ensuite mes amis chinois. Après des mois de lutte au Sichuan j'avais fini par obtenir l'autorisation de les rencontrer librement. À Pékin, je me retrouvais au quinzième étage d'une tour, dans un lotissement gardé par des militaires : le quartier du personnel diplomatique. Les chiens pouvaient y entrer librement, pas les Chinois ! Ils devaient décliner leur identité ; ils étaient enregistrés. Lorsque, par miracle, l'ascenseur fonctionnait, la liftière rédigeait des rapports méticuleux et détaillés sur nos visiteurs. Au fait, combien de fois ai-je monté ces quinze étages à pied ?

Puisque je suis à ce poste, me suis-je dit, autant me rendre utile et aider les artistes dont je savais la misère. Je me suis aperçue, en consultant les dossiers, que les responsables du service culturel ignoraient pratiquement les artistes contemporains. On me demandait par exemple d'organiser un concert mais je ne possédais aucune fiche sur les meilleurs violonistes ou chefs d'orchestre disponibles. Aucun travail d'archivage n'avait été entrepris concernant le milieu culturel chinois. J'ai donc commencé par rencontrer des créateurs de l'Institut national des beaux-arts. J'y ai retrouvé des amis car je connaissais bien le milieu de la peinture. Je devais m'occuper aussi des musiciens, comédiens, metteurs en scène, danseurs, chorégraphes, photographes. J'ai sollicité des rendez-vous officiels dans chaque université pour rencontrer des spécialistes et les meilleurs virtuoses dans les domaines concernés. J'étais contente de découvrir Pékin mais je me suis vite aperçue que la misère dans laquelle vivaient les grands peintres était la même que celle des artistes et des écrivains. Ces visites officielles étaient toujours cocasses. Au Conservatoire de musique, ils avaient même accroché une affiche : « Bienvenue à la nouvelle attachée culturelle française ». J'ai rencontré des talents, depuis les enfants de trois ans qui jouaient Chopin au piano jusqu'au grand chef d'orchestre dirigeant Beethoven ou Mozart. Il était touchant d'observer avec quelle ardeur ils travaillaient. Je devinais aussitôt leur situation car je retrouvais la même atmosphère qu'au Sichuan : je savais immédiatement qui était enseignant ou représentant du Parti ; je savais comment ils pensaient, ce qu'il fallait leur dire, je devinais leurs réactions.

J'ai visité les coulisses de la Cité interdite grâce à des amis qui connaissaient les conservateurs. Ceux-ci étaient désespérés : ils n'avaient aucun moyen financier pour sauvegarder les collections et les rouleaux de peinture s'abîmaient dans des coffres qui n'étaient pas toujours en camphre. J'ai visité par la suite le musée de Taiwan. Heureusement, les plus beaux objets y avaient été transportés avant la Libération. Ils étaient là, parfaitement conservés, dans des conditions qui auraient fait envie à beaucoup de musées français.

Une fois dans la Cité interdite, je faisais toujours un détour par les jardins du palais de la Longévité Tranquille, *Ningshougong*, pour rendre hommage à la pierre du lac Tai, merveilleusement placée derrière une porte sacrée, entre deux lanternes.

Un autre de mes plaisirs à Pékin devint vite une habitude : j'allais me promener dans le Jardin impérial, *Yuhuayuan*. Il existait là un arbre magique, un tronc de cyprès dressé comme une cathédrale datant, disait-on, de l'époque Ming ! À le contempler, il racontait notre histoire. Souvent, on voyait un ancien méditer sur un banc, à côté de lui, comme s'il se chargeait, encore et encore, de ses énergies, du souffle vital qui émanait de la matière même de l'arbre. Formation bizarre, insolite, le vieux tronc noueux était façonné par les poussées telluriques, les vents, l'érosion et les caresses humaines de plusieurs siècles... On pouvait imaginer, à certains endroits, les mouvements d'une mer agitée de mille et une vagues poussées par la tempête. L'ancien paraissait, en quelque sorte, se nourrir de la longévité du cyprès. Il se recueillait comme devant un temple sacré, un microcosme révélateur de l'histoire de la matière.

Un jour, nous nous retrouvâmes tous les deux sur le banc. En le contemplant, le Chinois me dit tout bas « Mademoiselle, on apprend à vivre, à vieillir avec ce que la nature nous a donné, comme à lui, à la naissance. » Après un long silence, il reprit avec insistance : « Mademoiselle, il faut cultiver le principe de vie qui est en nous. »

Je n'ai plus revu le vieil homme. Mais j'ai souvent fait le pèlerinage pour saluer l'arbre en songeant à ses propos.

J'avais un cuisinier. J'invitais donc des artistes chez moi et essayais, du mieux que je pouvais, d'aider ceux qui s'intéressaient à la France et désiraient des informations. Le bruit se répandit rapidement qu'une Française, différente des fonctionnaires auxquels on avait d'habitude affaire dans les milieux diplomatiques, semblait bien connaître la Chine. J'ai été vite dépassée par les événements : vingt Chinois faisaient la queue devant mon bureau chaque matin. Il m'était impossible de répondre à tant de sollicitations et aussi diverses. J'étais triste et frustrée : j'avais fait la connaissance des plus grands artistes chinois, je savais

262

comment les aider, mener une action qu'aucun pays n'avait réussi à entreprendre, et je ne pouvais jamais rien décider. J'ai cependant réussi à faire sortir de Chine des photographes qui avaient publié des photos sur la tragédie de Tianan men, permis à des metteurs en scène de se rendre en France pour participer à des festivals et négocié avec mon collègue et supérieur hiérarchique Nicolas Chapuis et le ministère chinois de la Culture l'organisation d'une grande exposition des œuvres de Rodin. Je faisais de mon mieux mais je me heurtais à l'attitude des étrangers sur place, au retard des mentalités. Dans les discussions mondaines, on s'apercevait que le temps des colonies n'était pas mort. Des femmes qui, en Europe, travaillaient comme employées de bureau et devaient faire le marché et la cuisine elles-mêmes ne cessaient de se plaindre avec morgue de leurs domestiques. Mes demandes de crédits pour mener une action culturelle efficace se soldaient par des refus : pas de budget ! Il y en avait cependant pour loger dans les grands hôtels des hommes politiques et les chouchous du Quai d'Orsay venus faire du tourisme aux frais du contribuable, pour organiser des cocktails et des dîners en leur honneur, sans parler des prostituées à leur fournir. Et on faisait appel à moi pour convoquer de grands artistes chinois que ces invités français se vanteraient d'avoir rencontrés mais dont ils auraient oublié le nom avant la fin de la soirée. C'était le culte du paraître.

Mon vieux maître m'avait conseillé de rendre visite à l'un de ses meilleurs amis, M. Lan Yusong, comptant parmi les plus grands musicologues d'Asie mais aussi calligraphe hors pair, peintre, graveur de sceaux et historien.

263

C'était un lettré complet, comme il n'en existera jamais plus en Chine. Il avait rédigé deux dictionnaires sur la musique chinoise traditionnelle. Quand je demandai à le rencontrer, on me répondit qu'il ne recevait plus personne sauf quelques spécialistes de Taiwan ou du Japon venus travailler avec lui. Il m'a fallu une autorisation spéciale pour lui rendre visite. Il vivait dans une espèce de cellule qu'il ne quittait jamais. Son lit était couvert de piles de livres et de rouleaux de papiers calligraphiés. Phénomène de la nature, il ne dormait que quatre heures par nuit dans son fauteuil. Les étudiants du Conservatoire m'avaient dit qu'ils se repéraient, la nuit, à la petite lumière du studio de travail du vieux Lan, devenue leur horloge.

Quand j'entrai pour la première fois dans son antre, je vis des documents empilés partout, jusqu'au plafond. Il n'y avait pas deux centimètres carrés où se poser. Dans cet univers oppressant, son sourire exprimait une sérénité malicieuse, déconcertante après ses années d'autocritique. C'était une intelligence supérieure, un savant avec qui chaque discussion, d'un sujet à l'autre, était un émerveillement. De tous les intellectuels chinois, c'est celui qui m'a le plus impressionnée. Ses pensées étaient vives, souvent inspirées. Quand j'arrivais, il prenait son pinceau et calligraphiait à mon intention ses émotions poétiques de l'instant. Il travaillait sans relâche depuis l'âge de quinze ans, ce qui expliquait, selon lui, sa calvitie qui lui donnait à présent l'air d'un vieux bonze. À quatre-vingt-cinq ans, il devait sa survie, prétendait-il, aux bons petits plats que sa femme lui préparait en ronchonnant, car elle ne cessait de se plaindre de la misère dans laquelle ils vivaient. Souvent invité par les plus grandes universités américaines, il n'avait jamais obtenu le permis pour sortir de Chine. Harvard, plus d'une fois, avait rêvé de le faire venir aux États-Unis. Nous sommes devenus très amis et je conserve une immense admiration pour cet être d'un raffinement extrême. Il était capable de citer en français Verlaine ou Lamartine et se lançait dans des comparaisons entre les poésies et les peintures de paysage chinoises et européennes.

Comme avec le maître Huang, nous aimions compulser les reproductions d'anciennes œuvres d'art. Généralement, les anonymes étaient nos préférés ! Nous admirions ensuite *L'Embarcadère au crépuscule*, un tableau de Xia Gui, et il me demandait d'étudier l'expression graphique du feuillage des arbres, d'une légèreté si dense. Il évoquait le fameux tableau de Léonard de Vinci, *L'Adoration des mages*, et parlait de deux arbres, ses favoris, deux merveilles, en haut à gauche de la toile. Il me taquinait quand j'étais trop lente à le suivre. « Je les cherche dans ma mémoire », lui répondais-je, estomaquée de voir à quel point ces arbres vivaient dans son esprit. Puis, en fouillant désespérément dans mes modestes connaissances picturales, je les ai retrouvés à leur place : quelques touches de pinceau, vives et ingénieuses, qui m'avaient tant marquée, moi aussi, lors de mes études en France. Le vieux Lan m'ouvrait ainsi de nouvelles portes, de nouvelles connexions, de nouveaux voyages que je portais en moi sans jamais les faire vivre. Un jour, il sortit de dessous son lit un petit paysage de Shitao, authentique, qu'il avait réussi à sauver pendant la Révolution culturelle en l'enterrant quelque part. Il avait conservé ainsi quelques trésors dont un pan des grottes de Dunhuang, un fragment de peinture murale qu'il cachait, emballé dans une couverture, sous des carreaux du sol de sa cellule. Son grand bonheur, quand il avait un coup de cafard, était de sortir ces objets, de contempler ces œuvres uniques. Il m'expliquait que leur force créatrice l'avait aidé à supporter, sa vie durant, son misérable destin. Il jouait du *erhu*, sorte de violon chinois et, quand il avait un peu bu, m'invitait à m'asseoir. Il improvisait alors une musique fascinante, exprimant les bourrasques du vent d'automne ou les cascades impétueuses des rivières de haute montagne. Très vite, en sa compagnie, on s'embarquait... Il était ravi que je lui montre mon travail et, sur plusieurs aspects de la culture chinoise, il a poursuivi l'enseignement de maître Huang. Il m'a initiée à la céramique et aux antiquités. Il me donnait rendez-vous à cinq heures du matin, sur un petit pont, et nous partions découvrir ce que les paysans avaient apporté dans certains marchés de Pékin où les antiquaires venaient se fournir. « C'est une coupelle ancienne, me disait-il. Observe sa ligne admirable. Il te faut apprendre à goûter cette forme d'art. Achète-la, tu vivras avec elle jusqu'à la fin de tes jours. Elle t'apportera la pureté que tu dois trouver dans ton esprit pour travailler. » Une fois, comme j'avais fait la moue devant un bol, il a éclaté de rire : « Tu n'y connais rien : c'est une céramique de l'époque Song d'une rare qualité. » Il me désignait une poussière sur la surface : « C'est la technique de la "poussière d'étoiles", elle suggère le cosmos. » Il m'expliqua les résurgences des mythes chinois à travers les petits personnages figurant sur le côté, comment on reconnaissait l'époque à laquelle les céramiques avaient été fabriquées. Leur présence au monde, même menue et modeste, devenait source de pensée. Ce n'était pas la ressemblance illusoire avec le réel que l'objet représentait qui nous intéressait, mais sa présence vivante. Le vieux Lan poursuivait : « Tente d'éprouver la plénitude de leur être dans l'espace du silence. Ils sont pleins du vide qui les fait être. Nés du chaos de la matière en fusion, comme ils paraissent tranquilles pourtant... Perçois la réserve, la retenue avec lesquelles ils livrent leur histoire... Déchiffre-la, décris la relation qu'ils entretiennent avec le monde. Saisis l'intelligence pure de leur forme intérieure. Essaie de pénétrer l'univers organique de leur matière ; il apportera à ton œuvre une dimension cosmogonique. Tu dois percevoir au bout de ton pinceau le flux et le reflux de la matière qui leur a donné vie. N'oublie pas, mademoiselle Fa, la perfection de leur forme dans leur maladresse. Elle est connaissance pure. Elle a le pouvoir de nous restructurer intérieurement. Aucun mot ne saurait traduire la joie qu'elle procure. Dans la clarté d'une glaçure ou la brillance lumineuse d'une porcelaine, nos pensées troubles disparaissent sans laisser de traces. L'objet est reposant. Il possède réellement un pouvoir magique sur l'individu qui le contemple. Inconsciemment, inlassablement, peut-être recherchons-nous l'esprit originel. Tu dois savoir que ces objets de lettrés sont un ressourcement infini pour le peintre, le point de départ de toute méditation, de toute création. Tu en auras besoin autour de toi, dans ton atelier. Je ne parle pas, ici, de "natures mortes" comme vous dites en Occident, mais de "natures vivantes". Comme nous, ces objets portent l'émouvante patine du temps. Ils sont gardiens de secrets. Ne crois pas qu'ils se livrent facilement ! Quel souffle mystérieux les anime ? Imagine ce que va nous raconter cette coupe en forme de feuille de lotus où le jade et l'ambre dansent sur un socle tortueux ; la glaçure légère d'une coupe sur pied des Ming ; les boîtes à thé aux odeurs de bois de camphre ; ce vase tripode à encens, gravé de veines de dragon ; ce pot en céladon dont l'embouchure représente l'Être suprême ; cette coupe de verre mouchetée de signes des constellations ; ce bassin en grès dont la marbrure représente le feu de l'énergie vitale ; ce plat en forme de châtaigne d'eau ; ce bac à bulbes massif et raffiné des Tang ; ce bol noir, luisant comme la Voie lactée, destiné à mettre en relief la clarté du thé ; ce brûle-encens en bronze incrusté de "taches solaires" d'or ; ce vase-maillet d'une porcelaine rare, à glaçures unies "poudre de thé" ; cet assemblage de vases "sang-de-bœuf" ; ce bol lobé calorifuge en forme de fleur de lotus Song ; ces pots à alcool craquelés, mémoires vivantes d'une nature sèche. Ces objets sont pour moi des îles de repos où l'âme va, par instants, puiser quelques pensées cachées de sérénité. »

En écoutant l'initiation du vieux Lan, je pensais au peintre Giorgio Morandi et à son écriture intérieure. Les tableaux de Morandi qui vivaient dans ma mémoire et les propos du vieux Lan s'entendaient à merveille. J'y retrouvais l'éloge de la sobriété dans son interprétation de quelques pots, sortes d'« intentions neutres », des révélations limpides, quelques coups de pinceau qui entraient en conversation avec l'au-delà de l'objet.

La grande récréation de ma vie de diplomate était d'aller retrouver mon ami Lan pendant les week-ends. Nous nous promenions, un dimanche matin, quand il me demanda : « Entends-tu ? » Je ne percevais que le brouhaha des embouteillages. « N'entends-tu pas les pigeons musiciens dans le ciel ? » Je levai la tête et ne vis rien. « Allons prendre une tasse de thé et je te raconterai. On trouve, à Pékin, des amateurs qui élèvent des pigeons et leur attachent aux pattes de minuscules sifflets. Quand les cages sont ouvertes ils s'envolent et, selon la forme des sifflets et les arabesques qu'ils dessinent dans le ciel, se crée une véritable symphonie où chacun joue sa partition ; chaque sifflet est comme un instrument de musique différent. Ces chefs d'orchestre-éleveurs de pigeons organisent des concours récompensant celui qui possède la formation d'oiseaux capable de produire les plus jolies mélodies. » Par la suite, j'ai reconnu ces sons particuliers parmi les bruits de la ville et, chaque fois que je les entendais, je m'arrêtais pour les écouter. Lorsque je visitai la maison-musée du grand acteur d'opéra Mei Lanfang, j'appris que lui aussi élevait des pigeons, mais dans un autre but : il suivait leurs évolutions dans l'air pour entraîner les muscles de ses yeux car un acteur doit exprimer les sentiments avant tout par les jeux du regard.

Pékin, outre les pigeons musiciens, était aussi, pour moi, le paradis des cerfs-volants qu'enfants et adultes faisaient voler sur la place Tianan men, témoin de tant de tragédies. Papillons, phénix, dragons aux yeux globuleux, scolopendres de plus de dix mètres de long et autres animaux fantastiques y dansaient dans les airs au gré du vent et adressaient un pied de nez au portrait de Mao encore accroché au-dessus de l'entrée de la Cité interdite.

Quand je piquais une colère contre le Centre culturel français, le vieux Lan se moquait de moi : « Ne nous embête pas avec ça ; monte et descends en courant le grand escalier qui conduit en haut de la Montagne de Charbon et tu te sentiras beaucoup mieux. » Lorsque j'allais le voir il nous arrivait de calligraphier ensemble. Son écriture était d'une grande beauté ; on sentait, en la regardant, qu'il était musicien. Il avait mis au point un style musical de calligraphie reconnu par les grands maîtres. Sa cursive « herbes folles[1] », la plus appréciée des amateurs, correspondait à un rythme rapide en musique ; chaque note, ici sous forme d'idéogrammes, restait bien liée aux autres et les différences dans l'épaisseur des traits et la grandeur des caractères apportaient des variations rythmiques à l'ensemble de la composition. C'étaient des caractères proches des styles anciens tracés avec une vivacité, une finesse, un raffinement de haute volée. Tout était dans la retenue d'où jaillissaient des rivières de pensées.

« Vous qui possédez des connaissances si vastes, vous êtes là, seul, en train d'écrire, oublié du monde. Que va-t-il advenir de vos manuscrits ? lui demandai-je un jour.

— Si je pouvais m'acheter un ordinateur, j'enregistrerais tout sur disquettes. Je m'arrangerais pour que quelqu'un m'aide. Ce serait parfait. Mais ne t'en fais pas ; ce n'est pas indispensable. »

J'ai fait une demande à l'ambassade pour obtenir un ordinateur, en vain.

Comme Huang, il soutenait qu'il fallait passer au moins dix ans avec lui pour qu'il puisse véritablement transmettre son expérience : « J'ai eu trois étudiants, me confia-t-il. Ils sont partis au bout de cinq ans, croyant en savoir assez ; ils avaient pris des notes et m'ont quitté sans un merci ni même un au revoir. À Hong-Kong ou à Taiwan, ils sont devenus de vénérés professeurs, grassement payés. Ce fut la fin des recherches que nous faisions ensemble en musicologie. J'ai été très déçu par ces jeunes chercheurs qui ne s'intéressaient qu'à l'argent. » Il avait horreur de ce qui représentait le monde contemporain et observait un

---

1. *Kuang Cao* : cursive rapide, particulièrement esthétique, utilisée dans la calligraphie, et difficile à déchiffrer.

complet détachement. Il souriait en racontant des anecdotes sur ses conditions de travail : « Des gens ont essayé de m'aider mais je n'ai pas eu le droit d'en profiter. Un ambassadeur américain désirait me rencontrer. Il a demandé une autorisation spéciale et nous nous sommes vus une fois, sous surveillance, lors d'un banquet officiel. Nous avons discuté de musique car, rareté chez les diplomates, il s'y intéressait. Il m'a demandé quels appareils j'utilisais pour écouter mes enregistrements. Je dus lui avouer que je n'en possédais aucun. Il m'a promis qu'à son prochain passage aux États-Unis il s'arrangerait pour m'en procurer. Après notre entrevue, je n'eus plus aucune nouvelle. Beaucoup plus tard il me demanda, sur un ton fort mécontent, si j'étais satisfait des appareils qu'il m'avait envoyés comme promis. Je m'excusai de ne pas l'avoir remercié et ajoutai que j'allais me renseigner, n'ayant rien reçu. J'ai découvert alors que mon institut était en effet doté d'une chaîne stéréo extraordinaire, de haute technologie. Ce matériel ne m'était jamais parvenu... »

Fruits d'un esprit unique en Chine, les calligraphies du vieux Lan apportaient une résonance nouvelle à cette forme d'art. Ses théories de musicologie ancienne ont certainement nourri son art étonnant, délicat et inspiré, capable de créer une mélodie harmonieuse à l'aide du pinceau. Un jour, me raconta-t-il, un marchand d'art du Japon était venu le voir, lui promettant de faire connaître son œuvre dans son pays en organisant une grande exposition. Le vieux Lan, confiant, lui avait remis quarante de ses plus belles œuvres sur papier. Sans nouvelles de l'homme pendant des années, il avait appris que l'escroc s'était enrichi au Japon en vendant ses calligraphies originales sans l'en informer. Il en eut le cœur brisé. Le plus triste reste la fin de sa vie que j'ai apprise de la bouche de la grande pianiste Zhu Xiaomei qui fut son élève. Je la rencontrai à l'automne 2002, par le plus grand des hasards, dans l'escalier d'un immeuble parisien !

Deux ans plus tôt, le vieux Lan avait eu de graves ennuis de santé : une mauvaise irrigation sanguine du cerveau. Il avait séjourné plusieurs fois à l'hôpital. Pendant ces absences, son épouse avait perdu la raison. Terriblement affectée par son existence de martyre aux côtés du vieux maître, elle avait, paraît-il, vendu le Shitao et les trésors du lettré pour quelques dollars et brûlé également son journal intime. Par dépit, sur ordre du Parti ? Comment expliquer la raison de ce geste insensé : détruire la mémoire de l'homme qu'elle avait aimé toute sa vie ? De retour chez lui après une énième hospitalisation, à la vue des actes de folie commis par sa femme, le vieux Lan mourut. Une célèbre musicologue américaine a récemment déploré la perte de ce journal dont la teneur nous aurait sans doute éclairés sur une partie de l'histoire de la Chine durant ces quatre-vingts dernières années. Comment ne pas pleurer sur un tel destin ? Je garderai toujours en mon cœur la chaleur de notre amitié et son sourire de bonze bienveillant.

J'ai connu à Pékin un autre homme d'exception, maître Jin Zhilin, le meilleur spécialiste des arts populaires. Mon ami Jean Leclerc du Sablon [1] l'a surnommé le Champollion du Shaanxi, titre qui lui sied à merveille. Il était peintre à

---

1. Jean Leclerc du Sablon : journaliste, auteur, notamment, de *L'Empire de la poudre aux yeux* (Flammarion, 2002).

l'origine. J'ai été étonnée de constater que les plus belles toiles dataient de sa première période, quand il était l'élève de Xu Beihong, pour qui il conservait une grande admiration. Lorsque l'enseignement passa sous la férule d'experts soviétiques son art devint académique. Il n'eut pas, d'ailleurs, la possibilité de peindre longtemps. Relégué à la Culture pendant plus de vingt ans dans des villages perdus de la région de Yanan, au nord-ouest de la Chine, il y monta un atelier de peinture paysanne. Au lieu d'imposer aux paysans des œuvres de commande, de leur enseigner un nouveau genre de peinture faussement naïf, comme cela se pratiquait ailleurs, il les laissait s'inspirer librement des papiers découpés et des gravures populaires. Le résultat fut la production d'œuvres hautement originales. Dans les années quatre-vingt, quand la situation se normalisa un peu, il fit venir à Pékin de vieilles femmes originaires de ces lointains villages pour qu'elles exposent leurs papiers découpés, les tableaux surréalistes qu'elles créaient à partir de gommettes ou de morceaux de tissu cousus. Il organisa même plusieurs expositions en France. Devenu très francophile, il se coiffait souvent d'un béret basque rapporté de Paris. Il s'est remis à peindre ces dernières années. Il aime partir à la campagne, quitter la capitale quand il en a le temps, son matériel de peinture à l'huile sous le bras. Désireux, sur ses vieux jours, d'intégrer à son œuvre certaines théories esthétiques de la peinture chinoise traditionnelle, il reste toutefois très XIXe siècle. Suivant la démarche occidentale classique, il va planter, tel Cézanne, son chevalet à la campagne, devant un paysage qui l'émeut et se met au travail. Il pourrait être l'auteur de ce *Garde-chasse dans la forêt de Fontainebleau*, de Sisley. Ses touches horizontales à la soie de porc pour représenter les feuillages ou les jeux de lumière dans leur réalité mouvante sont vives et subtiles. À y regarder de près, leur fraîcheur limpide et transparente aurait pu naître d'un pinceau chinois alors que nous sommes dans une technique occidentale à l'huile. Jin Zhilin possède la finesse et la clarté d'un Eugène Boudin, l'inspiration d'un Camille Corot. Il est étonnant et émouvant de découvrir cette inspiration chez un peintre chinois, doublée d'une démarche sincère et authentique. Nous avons passé des moments merveilleux ensemble, à parler peinture. Il s'est battu pour protéger les arts populaires contre des cadres locaux ignares qui s'entêtaient à détruire les rituels religieux en les taxant de superstitions. Aujourd'hui ils s'aperçoivent qu'ils peuvent en tirer beaucoup d'argent en organisant des spectacles pour les touristes étrangers.

Après la Révolution culturelle pendant laquelle il subit les pires souffrances physiques et morales, il a parcouru une grande partie de la Chine. Il s'est rendu dans plusieurs pays européens ainsi qu'en Inde afin d'étudier les liens entre les différents arts populaires. Il a écrit un livre sur les papiers découpés de la province du Shaanxi pour montrer, à partir d'un cas précis, que cette forme d'art possède une esthétique originale basée sur des croyances religieuses dont certaines remontent à l'Antiquité. Un autre ouvrage, sur l'Arbre de Vie, met en parallèle les résurgences du même thème à travers le temps et l'Eurasie. Il a découvert, dans certaines régions de Chine, des cérémonies, véritables vestiges archéologiques vivants, et des sculptures, probables survivances d'anciens totems.

Un décalage de plus en plus grand se creusait entre ces dépositaires de la culture chinoise et les jeunes qui s'américanisaient, fréquentaient les nouvelles galeries marchandes, les discothèques style Las Vegas, les moins riches se contentant de devenir des « accros » des Kentucky Fried Chicken dont on comptait déjà plusieurs centaines à Pékin. Des Chinois s'enrichissaient tandis que le chômage commençait à sévir ; écoles et hôpitaux devenaient payants. Une grande star, célèbre avant Gong Li, avait investi dans l'immobilier, vivait dans l'opulence et se baladait avec son petit chien. Les fils des hauts cadres se livraient à toutes sortes de trafics, même celui des armes. Quelques Chinois basculaient du jour au lendemain dans le monde des milliardaires. Pendant ce temps, « tante » Xu devait pédaler deux heures pour venir travailler et autant le soir pour rentrer chez elle. Elle habitait un quartier destiné à être rasé et devrait plus tard parcourir un trajet plus long encore. Hors de la ville, les laissés-pour-compte ! « Imagine-toi ! me disait-elle, on va nous loger dans une tour ; aucune vie de quartier, pas de marché ! Nous serons sans repères, isolés, déracinés. Et puis, avec les pannes d'électricité, les ascenseurs ne marchent jamais. » Finis l'art de vivre sur le pas de sa porte, les sorties avec son oiseau, les retrouvailles dans une maison de thé. La grande librairie de l'avenue Wangfujing avait cédé la place à un McDo. Certains peintres, très doués pour se faire de la publicité, gagnaient à présent fort bien leur vie. Pour parer aux accusations de corruption, au lieu d'argent, on offrait aux dirigeants des peintures et la spéculation s'était instaurée sur le marché de l'art. La Chine se modernisait à grande vitesse : les pauvres s'appauvrissaient, les riches s'enrichissaient ou, comme me disait un Chinois, « l'Europe occidentale se socialise et la Chine se capitalise ».

Un jour, scandale à l'ambassade qui me fit appeler d'urgence : posté devant les grilles, un Chinois hurlait des insultes à mon endroit. Très inquiète, je me précipitai : c'était mon vieux maître Huang qui, ayant appris que j'étais de retour en Chine, était venu à Pékin en train. Au tapage qu'il menait, il était clair qu'il avait un peu trop bu pour se donner du courage. Il vitupérait : « Fabi, sors de cette tanière ! Je ne t'ai pas enseigné tout ce que tu as appris pour que tu deviennes une débile de fonctionnaire ! » Certes, il était heureux de mon retour, mais catastrophé que je travaille à l'ambassade. « J'ai à te causer », me dit-il d'un ton autoritaire. Heureusement qu'il parlait en dialecte du Sichuan et que personne ne comprenait les gros mots qu'il employait ! Je l'emmenai dans un petit restaurant pour lui expliquer ma situation. Il m'assaillit de questions et de reproches : « Pourquoi es-tu ici ? Qu'es-tu en train de faire de ta vie ? Nous avons passé six ans à travailler nuit et jour. J'ai tenté de te transmettre l'essentiel. Et toi, tu joues à l'officielle ! » Ni mon père ni mon grand-père ne s'étaient jamais emportés contre moi avec une telle véhémence. Je reconnus que je me fourvoyais mais j'essayai quand même de me défendre :

« Tu as raison, maître, mais je suis une femme, je suis seule, je dois gagner ma vie. Je ne peux rester éternellement une clocharde. Mais je te promets de me consacrer bientôt à la peinture.

— Non, c'est fini ! Ton ambition, le travail que nous avons accompli, la préparation à l'acte de peindre, tout ça, c'est terminé. Tu seras dévorée par les soucis politiques, ta carrière de bureaucrate te laissera insatisfaite. On ne fait pas ces métiers-là impunément. Je t'avais pourtant recommandé de ne jamais te mêler de politique.

– Mais je peux, au moins, aider certains artistes.

– Quelle prétention dans tes paroles ! Oublies-tu qu'aider ne sert à rien ? Nous ne sommes que des balles de ping-pong.

– J'ai rencontré ton ami Lan ; je peux améliorer les conditions matérielles d'artistes comme lui.

– Tu plaisantes ! Tes efforts seront vains. Depuis la nuit des temps, les artistes crèvent de faim. Tu serviras beaucoup mieux avec ton pinceau. Si tu poursuis dans la voie que je t'ai enseignée, au lieu de faire le clown pour gagner de l'argent, ta vie aura un sens. Avec le niveau que tu as atteint en peinture, tu gagnerais plus intelligemment ta vie en vendant des toiles de temps en temps et en acceptant au besoin de petits boulots. On est peintre à plein temps ou rien. Continue à t'affairer dans un bureau : tu te marieras et tu finiras entre les casseroles et les couches sales, en train de te demander si ton mari t'aime toujours, si tu dois céder à un autre homme et autres fadaises. La vie de famille et les sentiments ne servent qu'à perturber. »

Je lui avouai que j'avais un petit ami, ce qui le rendit encore plus furieux. Il partit, désespéré, en me lançant : « J'ai perdu mon temps. » Je me suis soudain sentie affreusement mal.

Quand j'ai raconté à cet ami mon entrevue avec maître Huang, il lui a donné raison. Au cours d'une soirée, j'avais en effet rencontré Ghislain, un Français qui s'intéressait à la culture chinoise. Il travaillait pour une entreprise française implantée en Chine. Notre première rencontre eut lieu lors d'un cocktail mondain. Il parlait si bien le mandarin qu'il était impossible de deviner son pays d'origine. La deuxième eut lieu chez nos amis de Villepoix qui conviaient toujours de bon cœur le Tout-Pékin à de copieux repas. Je ne pouvais m'attarder à cette soirée, ayant des problèmes de comptabilité à résoudre pour le lendemain. Ghislain, fort galamment, proposa de me raccompagner et de m'aider dans ce travail qui n'avait, à ses dires, aucun secret pour lui. Nous passâmes une soirée charmante, dont plusieurs heures à tenter d'équilibrer le budget du Centre culturel français. Le lendemain, je rendis fièrement mes comptes à mon supérieur hiérarchique. L'après-midi même, il me convoqua dans son bureau. Il était dans une colère noire : tous les chiffres étaient faux ! La situation était critique, j'étais sur le point de perdre mon poste. Je téléphonai aussitôt à Ghislain, furieuse de la mésaventure. Il m'avoua qu'il n'avait pas trouvé d'autre moyen de passer un bon moment avec moi... Je restai fâchée un certain temps. Un soir, mes amies de l'ambassade m'annoncèrent qu'une fête était organisée à l'autre bout de Pékin. Elles n'avaient pas de voiture et me demandaient de les accompagner. J'acceptai malgré la masse de travail qui m'attendait. Arrivée là-bas, je fus agréablement surprise par la quiétude et le raffinement qui régnaient dans l'appartement de notre hôte. Je découvris une divinité Han d'une grande pureté, quelques pierres de rêve, des piles de livres intéressants, une mélodie de *Pelléas et Mélisande*. Le logement, chose assez rare à Pékin, faisait partie d'un ensemble donnant sur un joli jardin, habité par des familles chinoises, des artistes, des vedettes de cinéma et le grand peintre Wu Zuoren. J'appris, au cours de la soirée, que je me trouvais chez mon fameux comptable ! Je me sentis soudain émue, paralysée de timidité et le soir, en raccompagnant mes amies, j'avais, pour ainsi dire, perdu la tête.

Tout à coup l'une d'elles se mit à hurler : « Fabienne, ne vois-tu pas que tu roules en sens inverse ! » Les voitures arrivaient face à moi, à grande vitesse, klaxonnant de partout... Je leur fonçais droit dessus ! J'étais ailleurs, j'avais trouvé l'homme que je cherchais.

Le lendemain matin, je l'appelai pour lui dire que j'avais failli avoir plusieurs morts sur la conscience, que je n'étais plus dans mon état normal, bref, que je devais le voir au plus vite. Nous nous retrouvâmes un soir, sur le lac gelé de Pékin. Nous avons dîné ensemble dans un restaurant, près de la tour du Tambour, et marché longtemps sur la glace du lac des Dix Monastères sous un ciel étoilé, merveilleusement limpide. Pour avancer mes affaires, je fis semblant de glisser pour qu'il me rattrape dans ses bras ! Puis, ce fut le nirvana, des jours heureux de bonheurs partagés tels que je n'en avais jamais connus pendant mes longues années d'études solitaires.

Nous allions souvent nous promener dans les jardins du Palais d'Été, *Yiheyuan*, non loin de chez lui. J'ai ainsi découvert les fascinantes « pierres-axes du monde », présentées sur de grands socles en béton. Dans le parc Beihai, au jardin de l'« Ermitage du Cœur Tranquille », *Jingxinzhui*, nous avons appris à nous connaître. Dans ces lieux paisibles, nous discutions interminablement, faisions les projets les plus fous. Il vivait à Pékin depuis bien plus longtemps que moi et m'a fait découvrir des lieux habités par l'histoire, ainsi des temples taoïstes perdus dans la ville, pas encore restaurés mais offrant une harmonie parfaite de proportions et de matériaux. Parfois, nous allions faire un pèlerinage au temple des Nuages Blancs, *Baiyun guan*. L'inscription sur la porte me plut d'emblée : « Domaine Merveilleux de la Grotte du Ciel ». Ce temple ressemble à une montagne sacrée au cœur de Pékin, avec ses mondes profonds et obscurs. Nous venions là pour tenter, qui sait, de trouver une clé au mystère céleste. Le dimanche, à cinq heures du matin, nous aimions chiner dans les brocantes des petits marchés. Nous finissions immanquablement au lit, avec un grog et un gros rhume !

Quelques mois plus tard, un Chinois à qui j'avais rendu service m'a invitée, pour me remercier, dans une petite gargote. Il n'était pas riche et je n'ai osé refuser. J'ai été empoisonnée par une viande de porc avariée ; d'autres clients en sont morts. En quinze jours, j'avais perdu vingt kilos. J'étais si malade que j'ai cru que je ne survivrais pas. On m'a transportée dans un hôpital de Hong-Kong car les médecins de Pékin désespéraient de me sauver. Ce virus a détruit mes défenses immunitaires et, aujourd'hui encore, j'en subis les conséquences. J'ai été condamnée à trois mois de repos complet après mon retour à Pékin. Mon ami Ghislain m'a installée chez lui et a pris soin de moi avec un dévouement touchant. J'éprouvais un sentiment de honte et de gêne à son égard. Me retrouver dans un état aussi pitoyable après notre histoire si joliment commencée ! Quoi qu'il en soit, je n'étais plus en état de me rebeller. Et puis, je devinais, à travers son art de vivre, un cœur pur. J'ai posé mes valises et me suis reposée sur lui. Sa patience et sa tendresse infinies m'ont sauvée.

Après ma convalescence, j'ai essayé de reprendre mon poste au service culturel de l'ambassade. L'absurde de la situation m'apparut alors. Comment croire encore que j'allais apporter ma pierre à l'édifice des relations franco-chinoises ? Je ne mangeais pratiquement rien et je m'éva-

nouissais régulièrement ; il fallait alors me transporter à
l'hôpital pour des perfusions. L'ambassadeur m'a ordonné
un arrêt de travail. Mon corps me lâchait, j'étais en grave
dépression. Le virus en était la cause mais aussi ces dix
années passées en Chine, nourries de trop d'espoirs et de
désespoirs. Je me serais laissée mourir si je n'avais repris
mes pinceaux. Ghislain s'est montré admirable : il a réussi
à persuader mon vieux maître du Sichuan de venir habiter
avec nous. À eux deux, ils m'ont installé un atelier. « Il
faut que tu aies quelqu'un pour te protéger après ce qui
t'est arrivé ces dernières années, m'a dit mon maître. Tu
as subi trop de coups, tu es allée trop loin, maintenant tu
es très malade. Enferme-toi et peins. C'est le seul remède
pour recouvrer la santé et le goût de vivre. »

Nous avons repris nos jeux à quatre mains. Ghislain
était surpris de mes talents au pinceau quand le soir, en
rentrant, il découvrait un ou deux nouveaux tableaux sur
le mur. Quand je commençai à récupérer, je décidai, en
guise d'adieu à la Chine, d'exposer à Pékin mes anciens
travaux du Sichuan et mes œuvres récentes. L'ambassade
m'a aidée. De nombreux visiteurs sont venus. Un ami a
publié un article dans un quotidien français : « L'art au
secours de la diplomatie ! » De grands artistes de Pékin
se sont déplacés. Quand Qi Gong, maître calligraphe et
président des calligraphes de Chine, vit mes œuvres, il
demanda un papier et, devant Huang et moi-même, écrivit
un poème. Puis il remercia mon maître d'avoir su me
transmettre les subtilités de cette peinture savante. Il me
souhaita de m'épanouir dans la forme d'art que j'avais
choisie où, il le sentait, je pouvais ouvrir de nouvelles portes et innover. J'ai reçu nombre d'hommages qui m'ont
comblée ; quant à mon vieux maître, il était profondément

heureux de me voir reconnue par les officiels et les peintres de Pékin grâce à la formation qu'il m'avait donnée.

« Nous allons rentrer en France ; il le faut pour ta santé, me dit Ghislain. Mais d'abord, nous allons nous marier ici ; ce sera l'occasion d'organiser une belle fête d'adieux pour nos amis. » Nous avons loué un hôtel entier sur les Collines Parfumées, près de Pékin, un lieu magique conçu par le grand architecte Pei. Il y avait un jardin sublime avec de vieux pins centenaires, des pierres dressées et un petit lac. Nous avons dépensé nos économies et invité cinq cents personnes dont trois cents comptaient parmi les plus grands artistes chinois. Tous sont venus. Nous avions engagé des acrobates, des musiciens du Conservatoire ; un petit groupe jouait de la musique traditionnelle, un autre de la musique classique. Notre ami Cui Jan, le célèbre rocker chinois, est venu chanter. Il y avait des acteurs connus, des stars de cinéma, de jeunes créateurs amis que nous souhaitions remercier. Des lettrés, dont l'écrivain Shen Dali, m'ont offert un long rouleau où ils avaient calligraphié mes aventures en Chine.

Son Excellence Claude Martin, ému de porter pour la première fois l'écharpe tricolore, nous a mariés officiellement à l'ambassade. Ghislain tenait à un rituel sacré pour notre union : il y eut donc une cérémonie très émouvante à l'église catholique de Beitang. Le prêtre chinois qui nous a bénis avait connu une vie de martyr dans les camps de travail de la Révolution culturelle. Malgré ses malheurs, il était habité par une ferveur et une bonté rares. Très atteint physiquement, il était maigre, incapable d'avaler autre chose que de la soupe et des yaourts. Dans les camps, nous raconta-t-il, il en était réduit à manger de la bouillie faite à base de pâte à papier. Pendant la messe, postés sur les toits autour de l'église, des agents de l'armée nous surveillaient. Situation cocasse dans le moment même où nous éprouvions une émotion religieuse intense.

Nous possédions de nombreux souvenirs après avoir passé l'un et l'autre tant d'années en Chine. Nous en avons expédié une partie par bateau mais il y a certains objets dont un peintre ne se sépare jamais : ses pinceaux, ses sceaux. Certains sceaux, très anciens, m'avaient été offerts par de vieux lettrés. À l'aéroport les douaniers ont fouillé mes affaires et en ont confisqué beaucoup. Je m'étais juré de sauvegarder certains de ces objets, maillons d'une chaîne de connaissances anciennes. On me les a repris, comme si j'étais une voleuse du patrimoine chinois, alors que les officiels détruisaient au même moment des centres historiques d'une valeur inestimable dans les grandes villes de Chine. L'œuvre de destruction systématique des joyaux d'une civilisation, commencée pendant la Révolution culturelle, se poursuivait par l'ouverture de la Chine à l'Occident avec, pour slogan, l'idée de « modernisation ». « Ces objets continueront à vous appartenir mais doivent demeurer en Chine », m'assurèrent les douaniers. Je ne les ai jamais revus et on m'a vivement conseillé de ne pas ébruiter l'affaire car elle nuirait gravement aux relations franco-chinoises. Fin 1992 nous décollâmes, le cœur brisé par ce départ plein d'amertume, pour Paris. Nous survolâmes Pékin, déjà abîmé, avec ses chantiers de « destruction-reconstruction » à perte de vue...

12

La passagère du silence

Des traits de mon pinceau inspiré
je secouais les cinq montagnes sacrées

Ghislain et moi nous sommes installés à la campagne, en Île-de-France. J'avais besoin d'une retraite, d'un temps de silence pour réapprendre à vivre et renouer avec l'ascèse du travail de peintre. Et un fils, Martin, nous est né.

Depuis mon retour, j'essaie de créer à partir de ce qu'on m'a enseigné. J'ai fait une première exposition à Paris, puis une, importante, au musée d'art contemporain de Hong-Kong, d'autres dans une galerie du Palais-Royal, une autre encore dans une fondation célèbre, à Taiwan. J'ai publié un livre de mes œuvres en 2002. Je suis devenue peintre comme d'autres deviennent menuisier, employé de banque ou éleveur de vaches...

Si, en Chine, je fus séduite par le monde minéral qu'on contemple dans les peintures et les pierres de rêve, c'est que j'y retrouvais celui perdu depuis l'enfance. De ce que j'aime, de ce que je recherche en peinture, la source se trouve sans doute dans l'imaginaire des paysages découverts petite fille en Ardèche.

Revenue récemment dans ce pays sauvage, j'ai retrouvé les déserts de pierres à perte de vue, les parfums suaves et puissants des micocouliers, du bois de cade, du buis, du thym et des crottes de chèvres qui m'avaient tant marquée. Sur les hauts plateaux de la Beaume existent toujours les jardins célestes révélés par le clair de lune, les pierres dressées, l'olivier tordu ou le chêne centenaire cherchant la lumière entre deux failles géantes. Je revois aussi les tables des ancêtres creusées dans les plaques ancestrales recouvertes de mousse cachant leurs eaux souterraines, les grottes d'ermites... peut-être des druides y vivent-ils toujours. Enfant, j'étais impressionnée par ce monde minéral, ces sentiers cailloux, les petits ponts de pierres sans âge, les arbres morts aux formes tourmentées.

Ce sentiment d'union avec l'univers et sa beauté, je tente de le transmettre par mes toiles. Pour beaucoup, il y a d'un côté le monde de l'art et, de l'autre, celui de la vie quotidienne ; le monde idéal, mais artificiel, opposé à la dure réalité. Je voulais réaliser l'adéquation des deux. Ma peinture n'exprime pas la volonté de rivaliser avec d'anciens maîtres ni de m'imposer aux autres, mais un désir de volupté, de béatitude, un refuge contre la tristesse, le plaisir procuré par les beaux paysages qui, depuis mon enfance, m'ont apporté les moments les plus intenses de joie et de paix. J'ai compris que l'extase, qu'elle se crie ou se taise, n'est pas un don du Ciel qu'on attend les bras croisés, mais qu'elle se conquiert, se façonne, et que l'intelligence y a aussi sa part.

Pourquoi, songeai-je, ne pas transformer l'enseignement des vieux maîtres ? Je pense à Giotto qui osa transgresser les interdits de l'époque en décorant la basilique d'Assise en 1279. Les peintures étaient bannies des édifices religieux car les cisterciens refusaient la « décoration » des lieux sacrés. Comment ne pas admirer son audace qui recréa par ses peintures les harmonies des chants grégoriens ? Il ne s'intéressait pas à la vraisemblance, plutôt aux résonances de l'esprit. Il avait compris l'expression de la beauté par la voie de la simplicité. Il faut oser transformer ! C'est dans la transformation incessante que nous trouvons de nouveaux langages et, de plus, je pense sincèrement que c'est aussi grâce à elle que nous vivons profondément notre nature d'« être au monde ».

Depuis vingt ans, je cherche, j'invente des fonds de tableaux susceptibles d'accueillir avec grâce la pensée poétique des coups de pinceau. J'ai dû, à mon tour, « transformer » la technique ancestrale. J'ai mis de longues années avant de réussir à passer de la toile de soie marouflée de papier montée sur rouleau à la toile de lin-coton, montée sur châssis à clés. J'ai une conscience aiguë, maladive, presque métaphysique de l'importance d'un fond. Je passe des semaines, des mois à fabriquer ces trames aléatoires.

La physique contemporaine a enfin remis en cause les théories d'Einstein en reconnaissant que le vide n'est pas vide ! Pour les poètes illuminés, le vide, depuis toujours, contient la Vie... Cette épaisseur, cette substance du néant où réside la vacuité suprême dans un mouvement incessant de millions de cellules invisibles m'ont toujours bouleversée.

Le maître Mark Rothko a passé sa vie à rechercher l'archétype de cette « maison-mère » qu'est le néant. Dans ses tableaux, les frontières subtiles, insaisissables, les passages flous, lumineux, vertigineux d'un au-delà du temps des hommes m'ont toujours fascinée. Sa quête du silence, inlassable, pour retrouver l'unité fondamentale de l'univers est d'une beauté mystique.

De la même manière, j'ai étudié de nombreuses années les tableaux des anonymes du XVᵉ siècle chinois. Plongez un instant votre âme dans les fonds de paysages de Guo Xi, tel *L'Automne dans la vallée du fleuve*, ou ceux de Fan Kuan, comme *Voyage par-delà les fleuves et les monts*. Ces tableaux, longuement contemplés dans les collections du Musée national du palais de Taiwan, sont un véritable enchantement, une leçon magistrale des manifestations du vide...

Depuis peu, je me suis donc aventurée à révolutionner le savoir-faire chinois, ai mêlé ses techniques aux principes également fascinants de la peinture primitive flamande ou italienne : glacis, transparence et profondeur des vernis, autant de miroirs révélateurs de la vie du vide-plein. Je redécouvre une matière encore vierge, un terrain originel qui préserve le sacré de la forme auquel j'ajoute l'éclat de la lumière. Ces fonds créés, je m'installe devant et, après des heures de méditation, je trouve le chemin de l'inspiration et voyage enfin, le pinceau à la main, dans d'infinis lointains...

Pendant dix ans, le vieux Huang m'a obligée à transcrire la couleur au travers d'une gamme monochrome, le plus souvent noire, à l'aide du lavis et de l'encre de Chine. Exercice difficile pour retrouver, dans l'intensité des noirs, la richesse subtile des lumières de l'univers. La saveur neutre du lavis nourrit l'être essentiel. Cette beauté dont on ne se lasse pas n'est pas celle du paraître. Sa sobriété, son humilité créent une présence intense dans son effacement.

De temps à autre, je quitte l'ascèse du noir et blanc pour plonger au sein de la couleur. Mon séjour en Chine m'a mise en contact avec des chromatismes sans cesse différents : j'évoque des pensées spirituelles calligraphiées à la feuille d'or dans certains temples bouddhistes ou du pigment de cobalt chez les Tibétains. Un temps, je me suis passionnée pour le rouge cinabre, couleur traditionnellement réservée à l'impression des sceaux de la peinture chinoise. Ce sulfure de mercure naturel, sorte de vermillon sali, se retrouve dans les œuvres de Roger Van Der Weyden. Je l'ai détourné de son usage premier en l'intégrant à mes calligraphies contemporaines pour créer de nouveaux champs d'émotions.

On me demande souvent comment j'ai réussi à supporter pendant mes longues années en Chine une existence si difficile, pourquoi je ne suis pas repartie comme beaucoup d'autres. Lisez la vie des artistes, exemplaire dans tous les domaines. Ils ont connu des débuts difficiles non à cause d'une vague malédiction biblique qui veut qu'on enfante dans la douleur. La qualité d'une œuvre ne tient pas au talent inné de son créateur, même s'il est nécessaire au départ, ce qui n'est pas sûr. La différence réside dans la persévérance, la volonté acharnée de poursuivre. Certains, satisfaits, s'arrêtent en route ; d'autres continuent à chercher jusqu'à ce qu'ils trouvent. D'autres se contentent d'apprendre quelques trucs, fruits de leurs leçons de peinture ou de calligraphie, et croient pouvoir faire illusion. Elle ne dure pas très longtemps. J'ai compris en arrivant en Chine que mon séjour n'aurait de sens que si je me pliais à un apprentissage rigoureux : si je voulais maîtriser le trait, je devais en effet interpréter des barres horizontales pendant des mois, emprunter la voie des grands peintres. Très vite, je me suis rendu compte en maîtrisant la technique que, pour aller plus loin, je devais m'initier à leur philosophie. Je dois beaucoup à mon maître qui n'a jamais dissocié la peinture de la pensée chinoise et a tenu à m'enseigner les deux parallèlement. En Chine, je me suis formée à un style de peinture mais peut-être, avant tout, ai-je formé mon esprit, appris à le gérer pour enfin devenir adulte. Les pensées, les désirs qui s'agitaient en moi comme une bande de singes fous, peut-être aujourd'hui que je sais les calmer, les dompter, les maîtriser...

J'ai appris, à la lumière du taoïsme et du bouddhisme, qu'il est possible de diriger son esprit dans une direction choisie, pas seulement de le laisser éduquer par la société qui nous environne ; et qu'à travers l'ascèse, celle-ci une fois dépassée, on pouvait atteindre l'inaccessible étoile : un grain de sagesse qui est aussi, heureusement, un grain de folie !

Le calligraphe est un nomade, un passager du silence, un funambule. Il aime l'errance intuitive sur les territoires infinis. Il se pose de-ci, de-là, explorateur de l'univers en mouvement dans l'espace-temps. Il est animé par le désir de donner un goût d'éternité à l'éphémère. Mes grandes pièces calligraphiques sont comme des « tables poétiques » ; une sorte d'architecture de la pensée intuitive. J'anime un espace de méditation en fusion.

Ma quête ? Saisir les phénomènes dans leur totalité mouvante et capter ainsi l'esprit de la vie. Il en émane une atmosphère de puissance et de plénitude. À croire que la sérénité naît d'un mouvement incessant, telles la cadence régulière d'une fugue de Bach, les psalmodies des moines, interprétations qui mêlent mobile et immobile par un récitatif incessant et parviennent à dépasser nos contingences terrestres pour atteindre un au-delà. Même le novice peut suivre la psalmodie de l'écriture s'il est en état de réceptivité. Point n'est besoin de comprendre les idéogrammes chinois pour saisir la beauté en mouvement et atteindre ce que Sénèque appelait « la tranquillité de l'âme ».

Aujourd'hui, dans mon ermitage, j'éprouve un sentiment profond d'osmose avec la nature. Tout espace intérieur possède une ouverture sur l'extérieur. La sève des arbres, le passage fugitif des saisons, la richesse et les variations sans fin de la lumière participent étroitement à la vie intérieure. J'aime mon « aquarium de sérénité », sa relation permanente avec le jardin qui entoure la maison.

Monet avait trouvé son équilibre de peintre à Giverny. Je ressens, moi aussi, une sorte de béatitude à habiter un lieu magique et à y travailler en contemplant l'univers-nature. Je vis comme au XIXe siècle : une cuisinière à bois et, entre maison et atelier, une source vive. La géomancie du lieu est parfaite et j'y prends racine.

Depuis de nombreuses années déjà, j'éprouvais la tentation secrète de traiter en peinture le mystère végétal. J'attendais la maturité nécessaire. « La botanique du rêve n'est pas », disait Gaston Bachelard dans *L'Air et les songes*. Célébrer le vivant, découvrir le mystère végétal, la substance cachée du monde, n'a rien à voir avec le « naturalisme » de mes premières études d'art, lorsque je dessinais des planches botaniques. Il s'agit d'une traduction visible de la structure invisible des choses... Le grand maître chinois vénéré pour cette forme d'art se nomme Chuta. Il a su transposer dans ses tableaux la rêverie intérieure qui capte l'âme du végétal. On y perçoit la manifestation d'une force vitale qui nous dépasse. Gaston Bachelard avait compris, tels les vieux sages chinois, qu'il existe une unité profonde et vivante entre certaines images végétales et nous-mêmes. Je n'oublie pas la modestie qui pousse à s'intéresser à l'infiniment petit... La beauté absolue se trouve aussi bien au sommet des hautes montagnes que dans une tige de rhubarbe ou un navet potager !

Au gré du souffle du pinceau, je m'attache aujourd'hui à explorer le génie propre à chaque être : bruissement des branches de bambous, pudeur discrète d'un brin d'herbe, ferveur des jeunes pousses de jonquilles tournées vers la lumière, squelette de l'arbre ployé par les bourrasques d'hiver, tête-à-tête de deux bourgeons, destin d'une fleur au cœur noir, tige d'une vulgaire ronce cherchant l'humidité, éclosion des fleurs de prunier en voie lactée, sourire d'une primevère, humeur impétueuse d'un bois mort...

Pour aider à la concentration, je me suis retirée du monde. Les temps de vacuité, de perception intime sont propices au détachement. Plus j'avance, plus je recherche une banalité de vie au quotidien qui m'offre une solitude joyeuse. Cette quête de simplicité éveille en moi une profonde réceptivité aux manifestations du vivant et de ses lectures, même infimes. C'est seulement dans cet état de sérénité qu'on peut capter la source de son cœur. Cette ascèse, j'ai mis du temps à la saisir, à la pratiquer vraiment. Entre la théorie et l'éveil réel aux mystères de la vie, l'apprentissage est si long qu'on a peine à y croire. Une chose est certaine : c'est la pratique quotidienne de l'éveil qui donne accès à l'authentique connaissance. Vingt années de réflexion m'auront été nécessaires, vingt années pour que la pensée de mon vieux maître se décante d'elle-même.

Je ne suis qu'une apprentie peintre dans le domaine de l'art. Mes œuvres manquent de la maturité nécessaire. Elles sont trop jeunes, vives comme le cabri dans la montagne, heureux de respirer ! Ce n'est que récemment que j'ai compris le principe interne, l'alchimie qui donne la vie. Pour atteindre cette peinture, plus sublime, plus divine encore, je dois toucher à une vérité intime, indicible. Travailler l'insipide. Rechercher encore l'humilité, la liberté vis-à-vis de la maîtrise acquise. Il faut que je devienne *bendan* comme on dit en chinois : « idiote » ou « bécasse »... grande théorie des maîtres taoïstes. Avec le temps et l'ivresse, qui sait ? peut-être y parviendrai-je...

Peu à peu, je me suis familiarisée avec cette vie, le compagnonnage du silence et la présence du non-dit. Il devenait nécessaire d'oublier le temps, de s'oublier soi-même ainsi que toutes pensées, opinions et cultures acquises. Je puis devenir alors « bois brut », « herbe au vent » ou « brise du printemps ». L'esprit léger devient fluide et mobile. On ne se fie plus aux contraintes extérieures. « Faire le vide », en un mot, n'est pas simple affaire d'apaisement. L'unique trait de pinceau, ce « cérémonial du peintre », naît, sous le sceau de l'inspiration, d'un geste spontané, d'une pulsion première, d'une osmose primordiale avec la sève créatrice. Grâce à cette discipline, je tente de vivre « l'esprit un » en sa réalité absolue. On se rend compte que, derrière le vide apparent du silence, la vie grouille de toutes parts et c'est alors, avec pudeur et émerveillement, qu'on saisit la pensée poétique.

Ma vie d'ermite, le fait de peindre à la campagne m'entraînent à percevoir la grande musique du monde dans un « éclat de bourgeon ». Quelle puissance, quelle connaissance savante, quelle complexité dans le « presque rien » d'un bourgeon ! Cette communion charnelle avec la nature, cette ritournelle qui recommence, de plus belle et à profusion chaque saison, nous fait comprendre que la vie ne meurt jamais. Pour moi, l'acte de peindre porte en gestation toutes les modernités possibles. Accueillir sur le pas de sa porte la beauté du monde, libre et sans entrave, l'insouciance d'un instant...

Remerciements

Je voudrais exprimer ici ma plus profonde estime à l'ami de toujours, Jacques Pimpaneau. Sans son écoute érudite, son esprit modeste et subtil, ce récit n'aurait pas pu voir le jour.

Ma plus vive reconnaissance à Thérèse Lauriol pour son aide précieuse à l'élaboration finale de l'ouvrage.

Sources

Photographies

Pour les documents iconographiques reproduits dans le présent ouvrage : « Archives de Fabienne Verdier », il s'agit de tirages papier rapportés de ses voyages en territoires interdits et souvent offerts par les étudiants qui l'accompagnaient.

Certaines photographies sont du photographe des Beaux-Arts du Sichuan, M. Zhang Tianming. Qu'il soit ici chaleureusement remercié pour avoir confié à l'auteur cette mémoire avant de quitter la Chine.

Les portraits des derniers grands maîtres en peinture et calligraphie sont des documents photographiques rarissimes réalisés de leur vivant. Ils ont été reproduits grâce aux différents ouvrages d'art chinois que l'auteur a pu rapporter dans sa bibliothèque. Il va de soi que sont réservés tous leurs droits, selon l'usage, aux propriétaires des œuvres en question.

Citations

Les vers cités en exergue des chapitres sont inspirés des poèmes de Li Po, poète chinois du VIIIe siècle.

Table

DU MÊME AUTEUR

L'Unique Trait de pinceau
préfaces de Cyrille J.-D. Javary et Jacques Dars,
Albin Michel, 2001.

Poésie chinoise
textes de François Cheng,
« Les carnets du calligraphe », Albin Michel, 2000.

Quand les pierres font signe
textes de François Cheng,
Éditions Voix d'Encre, 1997.

Rêves de pierres
textes d'Anne Pion,
Éditions Paroles d'Aube, 1995.

Composition Nord Compo
Impression Bussière en novembre 2004
Editions Albin Michel
22, rue Huyghens, 75014 Paris
www.albin-michel.fr
N° d'impression : 044513/4.
N° d'édition : 23063.
Dépôt légal : septembre 2003.
ISBN 2-226-14185-5
Imprimé en France.